D1943273

Kohlhammer

Theologie elementar

Herausgegeben von:

Peter Müller
Sabine Pemsel-Maier

Anita Müller-Friese

Gott und Mensch

Orientierungswissen Anthropologie

Verlag W. Kohlhammer

1. Auflage 2017

Gesamtherstellung: W. Kohlhammer GmbH, Stuttgart

Print:
ISBN 978-3-17-029668-8

E-Book-Formate:
pdf: ISBN 978-3-17-029669-5
epub: ISBN 978-3-17-029670-1
mobi: ISBN 978-3-17-029671-8

Inhalt

Vorwort

Das vorliegende Buch »Gott und Mensch« gehört in die Reihe »Theologie elementar.« Diese Reihe richtet sich an Studierende der Theologie und Religionspädagogik sowie Unterrichtende aller Schularten und will in zentrale Themen der Theologie einführen.

Entsprechend der Konzeption der Reihe[1] wird Gott als das »Hauptwort der Theologie« in diesem Band unter der Perspektive der Beziehung Gottes zu dem/den Menschen thematisiert.

Die Frage des Menschen nach sich selbst ist so alt wie die Menschheit. Sie wird bis heute auf verschiedenen Ebenen und in vielen wissenschaftlichen Disziplinen gestellt und unterschiedlich beantwortet. Trotz aller Antworten kommt sie aber nie wirklich zu einem Ende: Es gehört zum Wesen des Menschen nach sich selbst zu fragen.

Der Schwerpunkt dieses Buches liegt auf der theologischen Frage: In welchem Verhältnis sind Gott und Mensch zu denken? Was bedeutet es für das Verständnis des Menschen von sich selbst, wenn er sich in Beziehung zu Gott sieht?

Das theologische Nachdenken ist natürlich nicht der einzige Weg, die Frage des Menschen nach sich selbst zu stellen. Gerade in der heutigen Zeit gibt es viele Stimmen, die Anspruch auf eigene Antworten erheben. Einige dieser Stimmen sollen auch in diesem Buch aufgenommen werden. Sie bilden den Kontext, in dem eine theologische Anthropologie ihren Beitrag beschreiben kann und muss. Dabei geht es weniger um Konkurrenz, als um Dialog, gegenseitige Anregung und auch kritisches Infragestellen.

Mit der Zielgruppe dieses Buches (Lehramtsstudierende, Unterrichtende) sind indirekt auch deren berufliche Adressaten im Blick, die Schülerinnen und Schüler. Eine Lebensaufgabe (besonders) für heranwachsende Menschen ist es, sich in der Vielstimmigkeit divergierender Sinnangebote zurechtzufinden und einen eigenen Weg zu finden. Es ist das Anliegen dieses Buches, den Beitrag christlich-theologischer Anthropologie zu formulieren und damit ein Orientierungsangebot zu machen. Darauf zielen nicht zuletzt die religionspädagogischen Anregungen in den einzelnen Kapiteln. Nähere Hinweise zur Konzeption und zum Aufbau des Buches finden sich in der Einleitung (vgl. Kapitel 1.5).

Die Reihe, in der dieses Buch erscheint, ist ökumenisch ausgerichtet. Im Verlauf der Darstellung werden darum auch konfessionelle Unterschiede erkennbar. Die Gemeinsamkeiten stehen aber deutlich im Vordergrund.

---

1 Vgl. dazu, Müller, Gott, 5f. Bereits erschienen sind »Gott und die Bibel« (Peter Müller), »Gott und die Kirchen« (Heidrun Dierk) sowie »Gott und Jesus Christus« (Sabine Pemsel-Maier).

Das Buch hat einen systematisch-theologischen Schwerpunkt. Es geht also in erster Linie um die Frage des Menschen nach sich selbst und seiner Beziehung zu Gott. Dabei kommen immer auch ethische Fragen in den Blick. Diese Themen können hier benannt, aber nicht mit der gebotenen Ausführlichkeit behandelt werden. Das muss einer eigenen Veröffentlichung vorbehalten bleiben.

Ein weiterer Band dieser Reihe mit dem Thema »Gott und das Leben«[2] hängt auch eng mit dem Schwerpunkt dieses Buches zusammen, hat aber stärker die Entwicklung des Gottesglaubens bei Kindern und Jugendlichen und die Bedeutung des Glaubens an Gott im Vollzug des Lebens im Blick. Auch diese Themen können im vorliegenden Buch allenfalls angedeutet werden. Beide Bände ergänzen sich deshalb. Weil der andere Band von einem katholischen Theologen verantwortet wird, ist auch in ökumenischer Perspektive Vielfalt gewährleistet.

Ein Buch wie das vorliegende entsteht nicht im Alleingang. Darum ist es mir ein Anliegen, einigen Menschen zu danken, von denen ich Unterstützung erfahren habe. Ich danke meinem katholischen Kollegen, Prof. Dr. Lothar Kuld, für die kritische und konstruktive Lektüre des Manuskripts, ebenfalls für hilfreiche Ergänzungen und Hinweise aus katholischer Perspektive. Mein Mann, Prof. Dr. Peter Müller, war mir in Bezug auf die Konzeption des Buches ein kritisch-gewogener Berater und Begleiter. Während der Arbeit an diesem Buch hat er mich geduldig und liebevoll unterstützt. Mein langjähriger Kollege PD Dr. Wolfhard Schweiker hat das ganze Manuskript gelesen und stand mir vor allem beim Thema Inklusion beratend zur Seite.

Natalie Drescher hat die mühevolle Arbeit des Korrekturlesens übernommen und Bärbel Herold die Überarbeitung des Literaturverzeichnisses. Beiden danke ich herzlich.

Studierende der PH Karlsruhe haben den Beginn der Arbeit an diesem Buch in einem Seminar begleitet und mir durch ihre Fragen und Kommentare wertvolle Anregungen gegeben.

2 Kuld, Gott und das Leben.

1. Einführung

1.1 Wer bin ich?

Mein Personalausweis gibt Auskunft über mich. Er zeigt ein mehr oder weniger gelungenes Bild. Er nennt meinen Namen, mein Geburtsdatum, Geburts- und Wohnort, Nationalität, Körpergröße und Augenfarbe und enthält ein paar wichtige Daten zu meiner Identifizierung. Bin ich das?

Abb. 1: Personalausweis[3]

Natürlich, aber ich bin noch viel mehr: Zu mir gehören zum Beispiel meine Familie und meine Freunde, mein Beruf und meine Hobbys, meine Eigenschaften, Fähigkeiten und Begabungen ebenso wie meine Grenzen, mein Glaube und meine Lebensgeschichte.

Rückblickend auf mein bisheriges Leben kann ich fragen: Wie bin ich zu der Frau geworden, die ich heute bin? Wer oder was hat mich geprägt, bewusst oder unbewusst, zum Guten oder zum Schlechten?

Im Blick auf meine gegenwärtige Situation lauten einige Fragen vielleicht: In welchen Beziehungen stehe ich? Wie beschreibe ich die Beziehung zu mir selbst, zum Lebenspartner, zu Freunden, zu Menschen meiner näheren und weiteren Umgebung? Was ist mein Beruf und welche Rolle spiele ich dabei? Welche Haltungen habe ich in gesellschaftlichen und politischen Fragen, wo engagiere ich mich und warum (oder auch nicht)? Und was bedeutet mein Glaube für die Gestaltung meines Lebens?

---

3 Bildquelle: http://www.gesetze-im-internet.de/normengrafiken/bgbl1_2010/j1460-1_0010.jpg (15.2.2017).

Bezogen auf die Zeit, die vor mir liegt, stellen sich wieder andere Fragen: Was will ich (noch) erreichen, wie werde ich mein Leben gestalten, was kommt mit/nach meinem Ende? Und im Blick auf mein Leben insgesamt frage ich möglicherweise: Warum bin ich überhaupt auf der Welt? Was ist der Sinn meines Lebens? Wer bin ich? und: Wer kann mir diese Frage beantworten?

Diese Überlegungen über mich selbst, meine Person und mein Leben sind ein persönlicher Zugang zur Anthropologie, und wahrscheinlich ein wichtiges Motiv für alle weiteren Fragen.

Schon hier wird erkennbar: Die Frage eines Menschen nach sich selbst ist vielschichtig – äußerliche Merkmale, körperliche Gestalt, innere Einstellungen, Werte und Normen, Religion, Beziehungen, Lebensgeschichte und auch die Herkunft – all das und noch mehr machen (m)eine Person aus.

Lautet die Frage aber »Was ist *der* Mensch?«, gibt der Blick auf eine konkrete Person allein noch keine ausreichende Antwort.

1.2 Es kommt auf die Perspektive an

Menschen fragen nach sich selbst und finden dabei unterschiedliche, teilweise auch widersprüchliche Antworten. Sie hängen von dem Interesse und der Blickrichtung der Fragenden ab und werden von den gewählten methodischen Zugängen geprägt. Das 2009 erschienene »Handbuch Anthropologie«[4] beschreibt 23 (!) verschiedene Ansätze aus unterschiedlichen Wissenschaftsrichtungen, die alle etwas über den Menschen herausgefunden haben. Es sind z. B. natur-, rechts-, geistes-, kultur-, und sozialwissenschaftliche Erkenntnisse oder philosophische, pädagogische und theologische Einsichten. Forschungsrichtungen wie die Evolutionspsychologie oder Soziobiologie zeigen, dass gegenwärtig zunehmend versucht wird, interdisziplinär zusammen zu arbeiten. Die Ergebnisse der Kulturanthropologie und der historischen Anthropologie verweisen über die Vielfalt und Wandelbarkeit anthropologischer Phänomene hinaus auf die Geschichtlichkeit, Kulturabhängigkeit und damit auch die Relativität aller Theorien über den Menschen. Das Nachdenken über den Menschen ist, wie der Mensch selbst, geschichtlich und kulturell bedingt. Der Philosoph Hans Lenk beschreibt darum den Menschen als »das flexible Vielfachwesen.«[5] Richard Precht macht mit dem Titel seiner Einführung in die Philosophie auf die Verwirrung aufmerksam, die mit der Vielfalt verbunden sein kann: »Wer bin ich und wenn ja, wie viele?«[6]

Aus der Vielfalt der Antwortversuche lässt sich folgern, dass es *die* Antwort auf die Frage nach dem Menschen bisher offensichtlich nicht gibt, wohl auch in Zukunft nicht geben wird und vielleicht auch nicht geben kann. Soll man also auf die Frage ganz verzichten? Diese Möglichkeit liegt nahe, sie lässt sich aber nicht verwirklichen.

4 Bohlken, Handbuch.

5 Lenk, Vielfachwesen.

6 Precht, Wer bin ich.

Seit es Menschen gibt, taucht die Frage immer wieder auf, sie gehört offensichtlich zum Menschen und zum Menschsein dazu. Es ist ein Wesenszug des Menschen, nach sich selbst zu fragen. Jürgen Moltmann behauptet sogar: Der Mensch muss sich kennen, um zu leben und sich für andere erkennbar zu machen. Er muss sich zugleich verborgen bleiben, um am Leben und in Freiheit zu bleiben. »Könnte er feststellen, was mit ihm los ist, wäre gar nichts mehr mit ihm los, alles wäre festgestellt und gebunden, und er wäre am Ende. Das ›aufgelöste Rätsel‹ des Menschen wäre dann zugleich die endgültige Erledigung des Menschseins.«[7]

Das Dilemma beim Versuch, das Rätsel Mensch zu lösen, lässt sich besser verstehen, wenn man sich vor Augen führt, dass der/die Fragende und der »Gegenstand« der Frage identisch sind. Wer nach dem Menschen fragt, fragt ja immer auch nach sich selbst, wird sich selbst zur Frage und zum Forschungsgegenstand, er ist also Subjekt und Objekt des Fragens zugleich. Als Subjekt erforsche ich den Menschen, also auch mich selbst. Und was über den Menschen herausgefunden wird, ist immer auch eine Aussage über mich als die Fragende. Damit ist klar, dass es kein distanziertes Nachdenken und Forschen über den Menschen geben kann. Den dafür nötigen Abstand zwischen dem Forscher und seinem Forschungsgegenstand kann es in Bezug auf den Menschen nur eingeschränkt geben. Weil das so ist, kann es *die eine richtige* endgültige Antwort nicht geben. Das ist wichtig, denn Antworten klären, sie legen aber auch fest und engen ein. Jeder Versuch, normativ und dogmatisch zu definieren, was oder wer der Mensch ist, führt zu Festlegungen und damit Ausgrenzungen und Aussonderungen. Die Offenheit und das »Geheimnis Mensch« gilt es zu wahren um des Menschen willen.

Mit der Vielfalt und der Bedingtheit der Aussagen über den Menschen ist es ein wenig wie bei der bekannten Fabel von den Blinden und dem Elefanten – je nach Standort entdecken die Einzelnen mit tastenden Versuchen Unterschiedliches. Wenn dabei eine Sichtweise verabsolutiert wird, kann selbst eine an sich richtige Aussage falsch werden. Jeder Ansatz, den Menschen zu verstehen, hat also zugleich eine eigene Berechtigung und eigene Grenzen. Keiner darf absolut gesetzt werden, Austausch und Dialog ist gefordert. Die je spezifische Perspektive kann und muss so durch die Hinsichten der anderen Zugänge ergänzt werden.

Erforscht man den Menschen z. B. mit naturwissenschaftlichen Methoden, wird man alles das über ihn herausfinden, was mit diesen Methoden empirisch messbar und nachprüfbar ist, nicht mehr und nicht weniger. Neue Möglichkeiten der Forschung ergeben auch neue Erkenntnisse – und werfen neue Fragen auf. Das zeigt gegenwärtig insbesondere die Neurobiologie.

Sozialwissenschaftlich geprägte Untersuchungen ermöglichen mit ihren spezifischen Forschungsmethoden Einsichten über die gesellschaftlichen und kulturellen Prägungen von Menschen in ihrem jeweiligen Lebensumfeld.

Die philosophische Perspektive dagegen stellt die Frage nach dem Wesen des Menschen. Dabei helfen Erfahrungen, lange Traditionen des Nachdenkens und die Voraussetzung, dass ihre Aussagen rational formuliert und begründet werden müssen.

7 Moltmann, Mensch, 12.

Sollen sie auf allgemeines Einverständnis stoßen, müssen sie für alle nachvollziehbar sein.

In diesem vielstimmigen, vielseitigen und vielschichtigen Zusammenhang steht auch das theologische Nachdenken über den Menschen, das im Mittelpunkt dieses Buches steht. Was ist das Besondere daran, was unterscheidet diese Perspektive von anderen Zugängen und in welchen Beziehungen stehen sie zueinander?

1.3 Gott und Mensch

Theo-logisch – in diesem Wort steckt ein wichtiger Hinweis auf die Perspektive: Theologie ist nachdenkende Rede über Gott. Sie gewinnt dabei auch Erkenntnisse über den Menschen. Theologie geht davon aus, dass alle Rede vom Menschen ohne die Beziehung zu Gott unvollständig ist. Umgekehrt ist auch von Gott nur aus der Perspektive des Menschen zu reden. Insbesondere christliche Theologie setzt diese gegenseitige Verbindung voraus. Wolfgang Schoberth sieht darin einen »Grundzug theologisch sachgemäßer Rede vom Menschen: Sie definiert den Menschen nicht anhand bestimmter und bestimmbarer Eigenschaften, sondern dadurch, dass Gott ihn von Anbeginn der Schöpfung als Partner erwählt hat, wie dies in der Erwählung Israels und in dem Menschen Jesus Christus offenbar wird.«[8] Theologische Anthropologie sucht also nicht nach einer formalen Definition des Menschen. Sie geht aus von der Beziehung des Menschen zu Gott und den Mitgeschöpfen und fragt nach seinem Platz in Gottes Werk. Gott als Schöpfer gibt dem Menschen das Leben und sichert ihm seine Zuwendung zu: Der Mensch ist von Gott gerufen und beauftragt. Diese elementare Prämisse theologischer Anthropologie beschreibt damit eine spezifische Blickrichtung auf den Menschen, die besondere Einsichten ermöglicht. Darauf will der Titel dieses Buches aufmerksam machen: »Gott und der Mensch.«

Gegenwärtig setzt sich gegenüber einem religiös begründeten Verständnis von Mensch und Welt mehr und mehr eine Sichtweise durch, die die Welt und den Menschen auf der Grundlage empirischer Forschung und ihrer Ergebnisse zu erklären versucht. Der christliche Glaube erscheint demgegenüber als unvernünftig, manchen sogar als wissenschaftsfeindlich. Eine theologische Anthropologie muss sich mit dieser Einschätzung auseinandersetzen und darauf reagieren. Dafür gibt es in der aktuellen Theologie unterschiedliche Ansätze. Die Herausforderung wird erkannt, die theologischen Einsichten in Auseinandersetzung mit und Positionierung gegenüber philosophischen, naturwissenschaftlichen und anderen Beschreibungen des Menschen und ihren Ansprüchen darzulegen. Dabei setzen die einzelnen Autoren unterschiedliche Akzente. Für alle gilt aber die oben dargelegte Voraussetzung: Theologisches Reden vom und über den Menschen geht von Gott aus und handelt von seinem Wirken in der Welt. Weil Gottes Handeln sich aber auf den Menschen richtet und auf ihn ausgerichtet ist, ist jede Rede von Gott immer auch zugleich Rede vom Menschen.

---

8 Schoberth, Einführung, 33.

1.4 Zugänge

Wolfhard Pannenberg hat im Jahr 1983 eine »Anthropologie in theologischer Perspektive« als »fundamentaltheologische Anthropologie« vorgelegt.[9] Sein Anliegen ist es, die Wahrheit des christlichen Glaubens aufzuweisen, und zwar unter den Verstehensvoraussetzungen der Gegenwart. Er will die Diskrepanz zwischen theologischer und allgemeiner Anthropologie verringern und die Unterschiedlichkeit der Perspektiven überbrücken. Der traditionellen dogmatischen Anthropologie wirft er vor, dass sie »die Wirklichkeit Gottes schon voraussetzt.« Damit verschenke sie die »Möglichkeit, auf der Ebene der anthropologischen Befunde mitzudiskutieren, auf der göttliche Wirklichkeit bestenfalls als problematischer Bezugspunkt menschlichen Verhalten, nicht aber apodiktisch als dogmatische Behauptung eingeführt werden kann.«[10] Pannenberg schließt dagegen ausdrücklich und absichtlich an anthropologische Überlegungen in der Philosophie an und »wendet sich den Phänomenen des Menschseins zu, wie sie von der Humanbiologie, der Psychologie, Kulturanthropologie oder Soziologie untersucht werden, um die Aufstellungen dieser Disziplinen auf ihre religiösen und theologisch relevanten Implikationen zu befragen.«[11] In den zeitgenössischen anthropologischen Entwürfen der Sozialwissenschaften, der Biologie und Philosophie entdeckt er Anknüpfungspunkte für die theologische Frage nach Gott und Mensch. Er will z. B. zeigen, dass der Gedanke der Weltoffenheit letztlich auf eine Gottoffenheit hinaus läuft. Seine These ist: »Die Frage des Menschen nach sich selber und die Frage nach der göttlichen Wirklichkeit gehören zusammen.«[12] Mit diesem Ansatz will er die christliche Wahrheit diskursfähig machen und nachweisen, dass allgemeine anthropologische Fragestellungen und Erkenntnisse zwangsläufig auf eine religiöse Thematik und die Frage nach Gott hinauslaufen. Die Aussagen christlicher Anthropologie, beispielsweise die Gedanken der Gottebenbildlichkeit und Sünde, sollen so für den Wissenschaftsdiskurs anschlussfähig werden. Er verfolgt damit ein hermeneutisches Interesse, das schon biblischen Texten zugrunde liegt: Die Botschaft des Glaubens so auszusagen, dass sie in der konkreten Situation gehört und verstanden werden kann.

In der evangelischen Theologie ist Pannenbergs Ansatz eher solitär geblieben. Ihm wird vor allem vorgehalten, dass er den Anspruch, die wissenschaftliche Anthropologie in ihrer Vielfalt und Vielschichtigkeit in das theologische Nachdenken einzubinden, nicht einlösen konnte. Darüber hinaus ist zu fragen, ob auf diese Weise die Eigenart theologischer Anthropologie angemessen zur Sprache kommen und über einen allgemeinen Gottesbezug des Menschen hinausgelangen kann. Pannenbergs Ansatz »steht für einen Typus von Anthropologie, der sie vor allem zur Verteidigung und Erläuterung der Rede von Gott überhaupt einsetzt, also in apologetischer Funktion.«[13] Die Konkretheit biblischer Rede von Gott kann Pannenberg mit seiner An-

---

9 Pannenberg, Anthropologie, 21.

10 Pannenberg, Anthropologie, 21.

11 Pannenberg, Anthropologie, 21.

12 Pannenberg, Anthropologie, 69. Zur Weltoffenheit vgl. Plessner, Kapitel 2.3.3.

13 Hailer, Mensch, 80.

thropologie nicht erreichen, da er notgedrungen von seinem Ansatz her abstrakt und allgemein über Gott und Mensch reden muss.

Die Anthropologie Karl Rahners ist dem Ansatz Pannenbergs in dem Sinne vergleichbar, dass auch bei ihm ein apologetisches Interesse zu bemerken ist. Mit seiner Forderung, dass »die dogmatische Theologie heute theologische Anthropologie sein muss,«[14] hat Rahner in der katholischen Theologie die Wende zur Anthropologie eingeläutet. Sein »Grundkurs des Glaubens« stellt den Menschen als »Hörer der Botschaft« und »vor dem absoluten Geheimnis« (Gott) stehend dar. Der Mensch wird weiter als »Wesen der radikalen Schuldbedrohtheit« und als »das Ereignis der freien, vergebenden Selbstmitteilung Gottes«[15] beschrieben. Ähnlich wie Pannenberg geht Rahner mit der allgemeinen Anthropologie von der Erkenntnis aus, dass der Mensch über sich selbst hinaus fragt, fragen muss und damit zwangsläufig an die Gottesfrage stößt. Der Mensch erfährt sich als »Wesen der Transzendenz«[16], als Fragender, der im Fragen auf das »Sein« vorgreift. »Wo immer der Mensch sich in seiner Transzendenz als der Fragende erfährt,« erkennt er sich zugleich als Empfangender »im Sinn der Seinsempfängnis, letztlich der Gnade.«[17] Diese transzendentale Erfahrung kann inhaltlich nur durch die Offenbarung des Wortes Gottes in Jesus Christus gefüllt werden. Der Mensch sucht über sich hinaus nach dem Grund seiner Existenz. Das Suchen aber ist von Gott bewegt, der zugleich das Ziel und die Antwort auf die Fragen des Menschen ist.

Ein umfangreiches Werk zur theologischen Anthropologie hat der katholische Theologe Thomas Pröpper im Jahr 2011 vorgelegt. Er geht zunächst auf die philosophischen Versuche der Neuzeit ein, die Frage des Menschen nach sich selbst zu beantworten. Ebenso wie die Naturwissenschaften können auch sie den Menschen nicht definieren. Sie zeigen aber, dass die Gottesfrage zu einem Thema der menschlichen Verständigung über sich selbst wird. An diesem Punkt setzt Pröpper an und entwickelt sein Menschenbild aus dem Gedanken der Freiheit heraus: Gott hat sich in Freiheit dazu bestimmt, sich von der Freiheit des Menschen bestimmen zu lassen. Er ist ein Gott, der den Menschen von Anfang an als Partner erwählt hat. Er achtet dessen Freiheit auch dann noch, wenn der Mensch eigene Wege geht und sich dem Angebot der Liebe Gottes widersetzt. »Nur ein freies Geschöpf (sc. kann) seinen Gott als Gott anerkennen,« nur einem freien Geschöpf kann Gott »das Höchste: in seiner Liebe sich selbst schenken.« Diese Mitteilung der Liebe aber schließt, »um in der menschlichen Zustimmung zum Ziel kommen zu können, auch Gottes Achtung der menschlichen Freiheit ein.«[18]

In seiner ebenfalls 2011 erschienenen Schrift »Das verborgene Leben« legt Gerhard Sauter eine theologische Anthropologie vor, die im Gegensatz zu Pannenberg steht und sich auch von Rahner unterscheidet. Er versteht seine Arbeit als »Rechenschaft

---

14 Rahner, Schriften VIII, 43.

15 So die Überschriften der ersten vier Kapitel des Buches. Rahner, Grundkurs.

16 Rahner, Grundkurs, 42ff.

17 Rahner, Grundkurs, 43.

18 Pröpper, Anthropologie, 489. Er setzt sich hier ausdrücklich »mit gegenläufigen Tenzen in der evangelischen Theologie« (ebd.) auseinander.

darüber, wie Menschen sich selbst wahrnehmen: als von Gott gerufen, von seinem Handeln erfasst und, wenn sie darauf zu antworten versuchen, vor neue Fragen gestellt.«[19] Theologische Anthropologie »erwächst aus dem Staunen darüber, dass Gott Menschen ins Leben rief, was er ihnen anvertraute, wessen er sie würdigte, wie er sie immer wieder aus ihren eingefahrenen Lebensweisen herausruft und wie er sie sich gegenüber stellt, gerade auch durch andere Menschen.«[20] Es geht Sauter also nicht darum, von der Reflexion des Menschen über sich selbst zu Gott zu gelangen. Umgekehrt versteht er den Menschen als von Gott gerufen. Er gerät dadurch, dass er nach Gott fragt, in eine Distanz zu sich selbst. Sauter lenkt die Frage »Wer sind wir wirklich?« darauf, »wie Gott uns Menschen ansieht, wessen er uns würdigt und was er uns zusagt.«[21] Mit diesem Ansatz steht Sauter in der Tradition von Ps 8 und Martin Luther: Es geht nicht um den Menschen, wie er sich aus eigener Reflexion verstehen und begreifen kann, sondern um den Menschen vor Gott, der von ihm gerufen und zur Antwort befähigt ist. Seine Anthropologie ist von diesem Ausgangspunkt geprägt. Er beginnt mit dem Staunen über Gottes Zuwendung zum Menschen und verfolgt diese gleichsam lebensgeschichtlich von der Geburt bis zum Tod. Erst im letzten Kapitel, quasi als Anhang, beschäftigt Sauter sich mit der Frage nach dem Verhältnis von Theologie und allgemeiner Anthropologie.

Schon 2002 hat Christoph Schwöbel in 12 Thesen zum Menschen den Glauben als eine Grundorientierung des menschlichen Lebens beschrieben. Der Glaube stellt »den Interpretationsrahmen für die Darstellung eines sachgerechten Verständnisses des Menschseins bereit.«[22] Für Schwöbel ist die Offenbarung Gottes in Christus die Basis für die Erfassung der Bedeutung des Menschseins.[23] Von Christus her lässt sich erkennen und verstehen, wer oder was der Mensch ist, nicht durch Erforschung seiner faktischen Existenz (wie es empirische und auch philosophische Zugänge versuchen). Anders als Pannenberg behauptet Schwöbel: »Angemessene und vollständige Erkenntnis der Bedeutung des Menschseins (sc. kann) weder an den empirischen Befunden der verschiedenen sich mit anthropologischen Themen befassenden Wissenschaften abgelesen noch vom reflexiven Charakter des menschlichen Selbstbewusstseins abgeleitet werden.«[24] Vielmehr ist die »angemessene Erkenntnis des Menschseins von Gottes Beziehung zur Menschheit in der Offenbarung abhängig.« Darum kann es weder darum gehen, anthropologische Theorien theologisch zu interpretieren noch sie als Grundlage für theologisches Nachdenken zu verstehen. Schwöbel betont, »das Verhältnis der theologischen Anthropologie zu nicht-theologischen Anthropologien (sc. sollte) nicht im Sinne der Ausrichtung auf eine mögliche (theologische) Synthese verstanden werden, sondern als dialogische Beziehung.«

Ähnlich argumentiert Wolfgang Schobert. Das Thema seiner »Einführung in die theologische Anthropologie« ist die Suche nach dem Ort, an den eine theologische

19 Sauter, Leben, 11. Sauter ist evangelischer Theologe.
20 Sauter, Leben, 11f.
21 Sauter, Leben, 14.
22 Schwöbel, Menschsein, 198. Vgl. auch Schwöbel, Stoff.
23 Vgl. zum Folgenden Schwöbel, Menschsein, 196.
24 Schwöbel, Menschsein, 197, dort auch die folgenden Zitate.

Anthropologie gehört. Sie braucht »die Fähigkeit zum Diskurs mit den heterogenen Vorstellungen vom Menschsein, wie sie gesellschaftlich, kulturell, aber auch wissenschaftlich begegnen.« Damit ist nicht gemeint, »dass sich die theologische Rede vom Menschen an das anpasst, was gegenwärtig als plausibel erscheinen mag.«[25] Es geht aber auch nicht um einen Alleinvertretungsanspruch. Der Beitrag der Theologie zum allgemeinen Nachdenken über den Menschen ist vielmehr so zu beschreiben, dass er verstanden werden kann. Gleichzeitig soll erkennbar werden, dass die theologische Stimme unverzichtbar und unersetzbar ist. »Die Aufgabe der theologischen Anthropologie ist die Entfaltung und Reflexion einer genuinen Rede vom Menschen, die sich durch wissenschaftliche und philosophische Anthropologien anregen lässt und ihre Impulse aufnimmt, dabei aber auch durchaus kritisch und konfrontativ gegen anthropologische Ansprüche argumentiert.«[26]

1.5 Zur Konzeption dieses Buches

Dieser Aufgabe will auch das vorliegende Buch nachgehen. Den Überlegungen Sauters und Schoberths folgend, ist der Ausgangspunkt meiner Überlegungen die Beziehung Gottes zum Menschen. Sie ist die Voraussetzung theologischen Redens über den Menschen. Dieses Nachdenken zum Menschen geschieht aber stets im Kontext anderer Wissenschaften. Es bringt sich dialogisch in die Stimmen- und Perspektivenvielfalt gegenwärtigen Reflektierens über den Menschen ein. Darum handelt das zweite Kapitel von diesem Kontext. Es beginnt mit drei Fragen, die seit der Antike das Nachdenken bestimmen und auch in der aktuellen Diskussion um den Menschen von Bedeutung sind: Wie ist das Verhältnis von Körper und Seele zu verstehen? Wie lässt sich die Beziehung des Menschen zu sich selbst und zu anderen Menschen beschreiben? Was unterscheidet den Menschen vom Tier? Dabei kommen Aspekte aus unterschiedlichen Forschungsrichtungen und Denktraditionen in den Blick, die Anregungen zum Weiterdenken bieten. Diese Anstöße werden dann im theologischen Teil wieder aufgenommen (Kapitel vier).

Christliche Theologie bezieht sich auf die Bibel als Ur-Kunde des Glaubens. In den biblischen Schriften sind wichtige Aussagen über den Menschen zu finden, die richtungsweisend für theologische Überlegungen sind. Darum geht Kapitel drei den vielfältigen Geschichten von der Beziehung zwischen Gott und Mensch nach.

Im Kapitel vier, dem Hauptteil des Buches, werden dann einige dieser Aspekte systematisch-theologisch reflektiert: Der Mensch verdankt sich dem schöpferischen Entschluss Gottes (Leben als Geschöpf und Ebenbild), er ist auf Beziehung hin geschaffen (Menschen sind auf Beziehung aus) und kann sich selbst verfehlen und neu gewinnen (Der Mensch kann sich verfehlen). Das Gespräch mit der theologischen Tradition wird dabei ansatzweise und begrenzt geführt. Es geht nicht um einen Über-

---

25 Schoberth, Einführung, 7.
26 Schoberth, Einführung, 92.

blick über die theologiegeschichtlichen oder dogmatischen Aussagen zum Menschen, sondern um die Gewinnung einer Perspektive.

Im abschließenden Kapitel fünf werden dann aus theologischer Perspektive Anregungen zum Weiterdenken formuliert, mit denen dieses Buch endet und zum Dialog einladen will.

Die einzelnen Themen lassen sich unterschiedlich konkretisieren und verdeutlichen. Ich wähle in diesem Buch dafür bewusst eine inklusive Hinsicht.[27] Das bedeutet: Die Verschiedenheit und Vielfalt der Menschen soll berücksichtigt und gewürdigt werden. Es muss so von Menschen geredet werden, dass niemand ausgeschlossen bleiben muss. Die Perspektive von Menschen mit Behinderungen, die immer wieder in den Blick kommt, kann darauf aufmerksam machen, dass Menschsein nicht auf Perfektion, Gesundheit, Leistungsfähigkeit und Rationalität reduziert werden darf.

Der Konzeption der Reihe entsprechend finden sich Anregungen zur religionspädagogischen Annäherung und Auseinandersetzung mit einzelnen Themen am Schluss der jeweiligen Kapitel.

Abschließend ist auf eine Einschränkung hinzuweisen: In allen Bereichen musste eine Auswahl getroffen werden. Darum bleibt manches unberücksichtigt, anderes wird vielleicht verkürzt dargestellt. Das lässt sich bei der Fülle der (möglichen) Themen nicht vermeiden. Das »Vielfachwesen« Mensch (Lenk) lässt sich nicht endgültig erfassen – und schon gar nicht auf 200 Seiten. Was offen bleibt, mag zum weiteren Nachdenken und Forschen anregen.

---

27 Vgl. dazu besonders Kapitel 4.3.1 und 4.3.2.

2. Was ist der Mensch?

Haben Menschen eine (unsterbliche) Seele? Wie gelingen Beziehungen? Und ganz allgemein: Was unterscheidet den Menschen vom Tier?

Diese Fragen stehen exemplarisch für das Nachdenken des Menschen über sich selbst. Sie ziehen sich durch die Zeiten hindurch, werden immer wieder (neu) diskutiert und sind auch aktuell zu hören.

Im folgenden Kapitel werden diese Fragen in drei Abschnitten erörtert. Philosophische, naturwissenschaftliche und soziologische Zugänge bringen je eigene Aspekte in die Diskussion ein. Sie geben Antworten aus verschiedenen Perspektiven. Alle zusammen beschreiben den Kontext, in dem theologisches Nachdenken über den Menschen heute steht.

Ausblickend werden am Ende jedes Abschnitts Themen und Fragen benannt, die im vierten Kapitel wieder zur Sprache kommen sollen.

In seinem Roman »Sofies Welt« erzählt Jostein Gaarder von einem dreizehnjährigen Mädchen, das eines Tages auf geheimnisvolle Weise mit einem unbekannten Philosophen in Kontakt kommt. Sofie erhält Briefe, die ihr viele Fragen stellen und sie zum Nachdenken herausfordern. Eine dieser schwierigen Fragen lautet: »Was ist der Unterschied zwischen einer Pflanze, einem Tier und einem Menschen?«[28] Sofie überlegt. Sie

> »sah sofort ein, dass es hier ziemlich klare Unterschiede gab. Sie glaubte zum Beispiel nicht, dass eine Pflanze ein besonders kompliziertes Seelenleben hatte. Wann hatte sie je von einer Glockenblume mit Liebeskummer gehört? Eine Pflanze wächst, sie nimmt Nahrung auf und produziert kleine Samenkörner, durch die sie sich vermehrt. Und damit ist wohl das meiste über das Wesen der Pflanzen gesagt. Sofie überlegte sich, dass alles, was sie über die Pflanzen gesagt hatte, doch wohl auch für Tiere und Menschen galt.
>
> Aber die Tiere hatten außerdem noch andere Eigenschaften. Sie konnten sich zum Beispiel bewegen (wann hätte je eine Rose an einem 60-Meter-Lauf teilgenommen?). Es war schon schwieriger, den Unterschied zwischen einem Menschen und einem Tier aufzuzeigen. Die Menschen konnten denken, aber das konnten Tiere doch auch?
>
> Sofie war davon überzeugt, dass ihre Katze Sherekan denken konnte. Sie konnte sich jedenfalls ganz schön berechnend aufführen. Aber konnte sie über philosophische Fragen nachdenken? Konnte die Katze sich den Unterschied zwischen einer Pflanze, einem Tier und einem Menschen überlegen? Wohl kaum! Eine Katze konnte sicher froh oder traurig sein –

28 Gaarder, Welt, 124f. Dort auch das folgende Zitat. Vgl. Kapitel 5.4.

aber fragte sich die Katze, ob es einen Gott gab oder ob sie eine unsterbliche Seele hatte? Sofie fand das ungeheuer zweifelhaft.

Aber … mit einer Katze war es genauso schwer, über diese Ideen zu reden, wie mit einem neugeborenen Baby…«

In diesen Gedanken des Mädchens Sofie lassen sich wichtige anthropologische Überlegungen erkennen. Zunächst geht es um den Unterschied zwischen Mensch und Tier, der offenbar gar nicht so einfach zu bestimmen ist. Sofie überlegt sodann, ob der Mensch vielleicht, anders als Tiere, eine unsterbliche Seele hat. Auch dies scheint eher eine offene Frage zu sein. Deutlich wird nebenbei auch, dass solche Fragen kaum alleine beantwortet werden können, man braucht einen Dialogpartner. Vielleicht findet man nur über das Gespräch mit anderen heraus, wer man selber ist und was *der Mensch* ist.

Sofie steht mit ihren Überlegungen in einer langen Tradition des Fragens und Nachdenkens über den Menschen. Unterschiedliche Disziplinen haben sich mit dem Menschen beschäftigt: Theologen und Philosophen fragen beispielsweise seit jeher nach dem Wesen des Menschen. Naturwissenschaftler erforschen den Körper einschließlich des Gehirns. Sozialwissenschaftler sammeln Erkenntnisse über das Zusammenleben der Menschen. Jede dieser Disziplinen hat einen spezifischen Blickwinkel und kommt von daher zu eigenständigen Resultaten. Diese Ergebnisse sind aber nicht voraussetzungslos. Jeder Mensch ist eingebunden in geschichtliche und soziale Zusammenhänge. Darum ist auch das Nachdenken über *den* Menschen historisch bedingt. Auch Wissenschaftler können sich nicht aus ihrem jeweiligen Kontext lösen. Die Fragen ihres Forschens und Nachdenkens werden auf diesem Hintergrund gestellt, und so verändern sich auch die Ergebnisse im Laufe der Zeit. Was immer über den Menschen gedacht und herausgefunden wurde, steht in einem geschichtlichen und sozialen Kontext. Das darf nicht unberücksichtigt bleiben.

Im Folgenden gehe ich in Grundzügen drei Fragestellungen nach, die in Sofies Überlegungen angedeutet sind. Zunächst werde ich das Verhältnis von Körper und Seele reflektieren und im zweiten Abschnitt den Menschen als ein Beziehungswesen beschreiben. Abschließend wird Sofies Ausgangsfrage nach dem Verhältnis von Mensch und Tier aufgenommen.

In jedem Abschnitt ergeben sich Impulse für eine theologische Anthropologie. Damit beschäftigt sich das vierte Kapitel dieses Buches dann ausführlich.

2.1 Körper und Seele – Zusammenhänge

Mit dem Leib-Seele-Problem ist die grundsätzliche Frage nach dem Zusammenhang zwischen körperlichem (Leib, Körper) und geistigen Vorgängen (Geist, Seele, Bewusstsein) gestellt. Jeder Mensch hat einen Körper. Das ist unbestreitbar. Aber ist der Körper der *ganze* Mensch? Oder gehören zum Menschen noch andere Elemente, wie die Seele oder der Geist? Und wie sind diese zu beschreiben? In welchem Verhältnis stehen Körper, Geist und Seele? Diese Fragen stellen sich Menschen seit der

Antike.[29] Sie sind bis heute nicht endgültig beantwortet, aber immer wieder aktuell. Einige der Antworten, die unsere Vorstellung vom Menschen bis heute beeinflussen, sollen im Folgenden vorgestellt werden.

2.1.1 Was man über den Körper sagen kann

Der menschliche Körper ist die materielle Seite des Menschen. Der Organismus sichert das Überleben des Menschen durch die Aufnahme von Nahrung und deren Verdauung, ermöglicht die Fortbewegung und das Handeln. Der Körper kann krank sein oder gesund, alt oder jung, groß oder klein. Nach dem Tod verfällt er in seine einzelnen Bestandteile, seine chemischen Substanzen. Den Körper kann man messen, wiegen und mit unterschiedlichen Methoden erforschen und untersuchen. Hauptsächlich aus naturwissenschaftlicher Sicht kommen dabei z. B. folgende Aspekte in den Blick:

Die mittlere Körpergröße eines erwachsenen Menschen liegt zwischen 150 cm und 200 cm. Er verfügt über 206 Knochen, von denen sich die Hälfte in den Händen und Füßen befindet. Sie sind durch Gelenke oder Bänder miteinander verbunden und von Muskeln umgeben. So verleihen sie dem Körper Stabilität und bilden gleichzeitig Schutz und Gerüst für alle Organe. In den bekannten und umstrittenen Ausstellungen Gunter von Hagens »Körperwelten«[30] kann man die Schönheit dieses Gerüsts bestaunen – oder sich befremdet fragen: Sind das Menschen, die wir da sehen?

Chemisch gesehen besteht ein erwachsener Mensch, gemessen an seinem Gesamtgewicht, zu ca. 56,1 % aus Sauerstoff, 28% Kohlenstoff, 9,3% Wasserstoff, 2% Stickstoff, 1,5% Calcium, je 1% Chlor und Phosphor sowie geringen Mengen an Kalium, Schwefel, Natrium, Magnesium und Spurenelementen.[31] Der Wert dieser Rohstoffe liegt – je nach Körpergröße und aktuellem Marktwert der Produkte – bei ungefähr 10 Euro. Physiker berechnen, dass in den Atomen des menschlichen Körpers mehrere Millionen Kilowattstunden Energie gespeichert sind. Diese entsprechen einem Wert von einigen Millionen Euro.[32]

Biologen fanden heraus, dass fast die gesamte Erbinformation des Menschen in 23 Chromosomenpaaren gespeichert ist, die im Kern einer Zelle lokalisiert sind. In einer bestimmten Phase der Zellteilung sind sie dem Beobachter zugänglich, können foto-

---

29 Wahrscheinlich ist das Nachdenken darüber schon viel älter. Zu den ältesten Zeugen menschlichen Lebens gehören Gräber. Sie sind schon früh mit Grabbeigaben ausgestattet. Das macht es wahrscheinlich, dass Menschen schon früh über ein Leben nach dem Tod und die Existenz einer »Seele« nachgedacht haben.

30 Unter dem Link http://www.koerperwelten.com/de/presse/bilddatenbank_auto/thumbnails.html?category=6 (10.1.2017) lassen sich Bilder anschauen, die Besucher der Ausstellung beim Betrachten der ausgestellten und »plastinierten« menschlichen Körper zeigen. Die Reaktionen sind unterschiedlich.

31 Quelle: https://www.chemie.fu-berlin.de/medi/suppl/mensch.html (15.3.2016).

32 Diese Information stammt aus einem Text der EKD, dort keine weiteren Belege (https://www.ekd.de/aktuell/24934.html; 10.10.2016).

grafisch dokumentiert und zur Feststellung bestimmter genetischer Erkrankungen (z. B. Trisomie 21) herangezogen werden.[33] Das gesamte Genom eines Menschen wurde seit einigen Jahren vollständig entschlüsselt. Es besteht aus ca. 20.000 Genen. »Wenn man sich nur die etwa 20.000 Gene anschauen will, kann man die Sequenzierung dieser DNA heute für nur noch knapp 800 US-Dollar ... haben. Sein Erbgut im Detail kennenzulernen ist viel weniger aufwändig und für fast jeden erschwinglich geworden.«[34]

Ist nun mit diesen Ergebnissen der Mensch hinreichend beschrieben? Oder gibt es noch mehr, Anderes, das den Menschen ausmacht? Kann man dieses »Mehr« als Seele und/oder Geist beschreiben? Und in welchem Verhältnis steht es zum Körper und/oder Leib? Solche Fragen werden überwiegend von Philosophen und Theologen gestellt und bis heute kontrovers diskutiert. Das soll in den folgenden Abschnitten ausgeführt werden.

Zu bedenken ist, dass die Begriffe im Laufe der Zeit – historisch bedingt – unterschiedlich verwendet werden. Auch ihre Bedeutung variiert. Der aktuelle »Duden« versteht »Seele« als »Gesamtheit dessen, was das Fühlen, Empfinden, Denken eines Menschen ausmacht; Psyche« oder als »substanz-, körperloser Teil des Menschen, der nach religiösem Glauben unsterblich ist, nach dem Tode weiterlebt.«[35] Mit »Geist« dagegen ist »denkendes Bewusstsein des Menschen, Verstandeskraft, Verstand« oder auch »Gesinnung; innere Einstellung, Haltung«[36] gemeint. Auch die Begriffe Körper und Leib werden teilweise synonym gebraucht oder variieren in ihrer Bedeutung. Das muss im Folgenden berücksichtigt werden.

2.1.2 Gefangen oder frei? Platon versus Aristoteles

1 Die Frage nach dem Verhältnis von Körper und Seele ist bis heute von den Überlegungen *Platons* bestimmt. Der antike, griechische Philosoph lebte von 427–347 v. Chr. in Athen.[37] Er stellte sich den Menschen als eine lockere Verbindung von Körper und Seele vor. Der Körper ist nicht viel mehr als ein Schatten, ein Gefährt für die Seele. Diese macht den eigentlichen Menschen aus. Sie stammt aus dem Reich der Ideen, dort gehört sie eigentlich auch hin und dorthin wird sie wieder zurückkehren. Aus diesem Reich ist sie herausgefallen und jetzt unglücklicherweise im sterblichen Körper eingebunden. Dort ist sie gefangen wie in einem Gefängnis oder Grab. In seinem berühmten Höhlengleichnis vergleicht Platon die Menschen mit Wesen, die

---

33 http://www.meine-molekuele.de/die-chromosomen-zellteilung-rekombination (3.10.2016).

34 Ärzte Zeitung, 7.6.2013, http://www.aerztezeitung.de/politik_gesellschaft/medizinethik/article/840283/leit-artikel-sequenzierung-des-genoms-anfangen-datenmassen.html?sh=7&h=872805118 (3.10.2016).

35 http://www.duden.de/rechtschreibung/Seele (25.1.2017).

36 http://www.duden.de/rechtschreibung/Geist_Verstand_Destillat (25.1.2017).

37 Vgl. dazu und zum Folgenden Hirschberger, Geschichte I, 72ff. Platon war ein Schüler des Sokrates und gründete im Jahr 387 die erste europäische »Universität.«

in einer Höhle leben.[38] Sie sind an Ketten gefesselt und blicken auf eine Felswand, während hinter ihnen ein Feuer flackert. Auf der Felswand sehen sie nur die Schatten von Gegenständen, die hinter ihnen vorübergetragen und vom Schein des Feuers als Schattenbilder an die Wand vor ihnen projiziert werden. Die Menschen halten einzig diese Schattenbilder für die Wirklichkeit *(das Seiende)* und befinden sich damit auf der ersten Stufe der Erkenntnis: der bloß sinnlichen Wahrnehmung.

Die Seele ist für Platon unsterblich. Sie wandert über viele tausend Jahre immer wieder vom Himmel in den Körper eines Menschen, bis sie schließlich auf ihren Stern zurückkehrt, von dem sie kam.[39] Durch philosophische Bildung kann die Seele sich von ihren Fesseln befreien und an den Urzustand erinnern, aus dem sie stammt und in dem sie das wahre Wesen der Dinge geschaut hat. Dann soll sie den Menschen mit den Kräften der Vernunft beherrschen wie ein guter Wagenlenker seine Pferde.[40] Er setzt die Kraft des gehorsamen Pferdes, das sich dem Wollen des Lenkers unterwirft, gegen die Kraft eines triebhaften Pferdes ein, das nur seinen Begierden folgt. So kann es der Seele gelingen, sich weitgehend vom Körper zu befreien und das Leben des Menschen zu einem guten Ziel zu führen. Die entsprechende Lebenshaltung wurde später in der Stoa ausgeprägt. Sie besteht in »Gleichmut und Souveränität in Glück und Leid, in Gesundheit und Krankheit, in Leben und Tod.« Der Tod des Körpers wird dann zu einem »Fest der Freiheit für die Seele.«[41]

2 Platons Gegenspieler in dieser Frage ist *Aristoteles*. Er lebte von 384–322 v. Chr. und trat mit 17 Jahren in Platons Akademie in Athen ein. Er war also ein Schüler Platons. Gleichwohl entwickelte er eine andere Position als sein Lehrer. Für Aristoteles ist die Seele das Lebensprinzip aller Lebewesen (Pflanzen, Tiere und Menschen), die Entelechie des Körpers.[42] Der Mensch ist eine aus Körper und Seele zusammengesetzte einheitliche Substanz. Deshalb haben alle »eine richtige Auffassung, die annehmen, dass die Seele weder ohne Körper ist, noch (selber) ein Körper; denn sie ist kein Körper, wohl aber etwas (Prinzip), das zum Körper gehört, und liegt daher im Körper vor.«[43] Der Körper ist aber nicht wie bei Platon der Kerker der Seele, sondern dessen »Werkzeug« (*organon*). Er ist um der Seele willen da: »Die Seele ist Ursache und Prinzip des lebenden Körpers. ... Alle natürlichen Körper ... sind Organe der Seele.«[44]

Wie Platon unterscheidet auch Aristoteles drei Seelenteile. Die vegetative Seele sorgt für Wachstum, Nahrung und Fortpflanzung und ist schon in den Pflanzen vorhanden. Tiere haben zudem eine Sinnenseele, die über die Pflanzenseele hinaus

38 Vgl. Plato, Werke Bd. 4 (Politeia) 514ff. Unter https://www.youtube.com/watch?v=XcfhDs9l6mQ (9.10.2016), findet man eine anschauliche Animation des Gleichnisses mit Knetfiguren.

39 Vgl. Hirschberger, Geschichte I, 124.

40 Plato, Werke Bd. 5 (Phaidros), 246 a.

41 Beide Zitate Moltmann, Gott, 253.

42 Vgl. Hirschberger, Geschichte I, 209. Entelechie meint etwas, das das »Ziel in sich trägt.«

43 Aristoteles, Schriften Bd. 6 (De anima II), 4, 414 a.

44 Aristoteles, Schriften Bd. 6 (De anima II), 4, 415 b.

Sinnesempfindungen und Bewegung ermöglicht. Nur der Mensch hat zusätzlich noch die Geistseele. Erst diese macht ihn zum Menschen, zum »*animal rationale.*« Alle drei Seelenteile sind im Menschen vereint, wobei das Geistige die Oberhand hat. Diese Geistseele verleiht dem Menschen seine Individualität. Sie ist der Ort der Vernunft, darum hat sie Vorrang vor dem Körper. Sie herrscht über ihn und zügelt die körperlichen Begierden und Affekte.

»Organisch« gesehen gehört der Mensch also zum Bereich des Natürlichen und zur Gattung der Tiere. Er unterscheidet sich von allen anderen Lebewesen aber dadurch, dass er, von der Geistseele geleitet, ein Leben nach den Grundsätzen der Vernunft führen kann und soll. Aristoteles sagt: »Was einem Wesen von Natur aus eigentümlich ist im Unterschied von anderen, ist auch für dasselbe das Beste und Genussreichste. Also ist dies für den Menschen das Leben nach der Vernunft, wenn anders die Vernunft am meisten der Mensch ist. Mithin ist dieses Leben auch das glückseligste.«[45]

3 Platons dualistisches Menschenbild wurde ca. 500 Jahre nach Platon vom Neuplatonismus (ab ca. 250 n. Chr.) aufgenommen und hat sich so in der (spät-)antiken Welt verbreitet. In Platons Gefolge kam es zu einer Hochschätzung der Seele und zu einer gleichzeitigen Abwertung des Körpers. Dieser galt als bloße Hülle für die Seele, als »Erdenrest.«[46] Die Seele dagegen wurde als unkörperlich, ausgedehnt und unteilbar gedacht.

In dieser Gestalt gelangten Platons Gedanken auch in das frühe Christentum und beeinflussten besonders die Gedanken des Kirchenvaters Augustin (354–430).[47] Er beschreibt Gott als Geistwesen. Als geistige Kraft steht die Seele darum Gott näher als der Körper. Dieser besteht aus Materie und hindert die Seele an der Erkenntnis Gottes und der Welt.

2.1.2 ... wie eine Uhr – René Descartes

Im 15. und 16. Jahrhundert vollzog sich in Europa ein großer Wandel der Vorstellungen von Welt und Menschen. Bisher geltende Grenzen wurden überschritten. Es kam zu einem wirtschaftlichen Aufschwung, man entdeckte unbekannte Länder und Kontinente, der Buchdruck wurde erfunden. Durch die Entwicklung von mechanischen Uhren wurde die exakte Zeitmessung möglich. Mit der Einführung der Geldwirtschaft änderte sich die soziale Ordnung der Gesellschaft (Ständewesen). Die Wiederentdeckung und Aktualisierung der antiken Schriften, die schon zum Ende des Mittelalters begann, verhalf der Bildung zu einem neuen Aufschwung, das Studium von Sprachen, Literatur und Geschichte nahm zu.

---

45 Aristoteles, Schriften Bd. 3 (Nikomachische Ethik), 1178 a.

46 Moltmann, Gott, 253.

47 Vgl. Gahbauer, Mensch, 497; So auch Origines und Athanasius. Vgl. dazu Kapitel 4.1.2.

Abb. 2: Flammarions Holzstich[48]

1 Vor allem aber war es die rasant wachsende naturwissenschaftliche Erforschung der Welt und des Kosmos, die neue Erkenntnisse brachte. Nikolaus Kopernikus beschrieb um 1540 als erster ein heliozentrisches Weltbild des Sonnensystems: Die Erde dreht sich um die eigene Achse und bewegt sich wie die anderen Planeten um die Sonne.[49] Bis dahin war man sich im christlichen Abendland mehr oder weniger uneingeschränkt einig: Gott hat die Welt erschaffen. Er hat Sonne, Mond und die Gestirne an den Himmel gesetzt und den Menschen als sein Ebenbild mitten hineingestellt (vgl. Genesis 1). Welt und Mensch sind der Mittelpunkt des Kosmos (vgl. Abb. 2). Das scheint nun nicht mehr zu stimmen. Der Mensch blickt über seinen bisherigen Horizont hinaus und erkennt, dass die Erde nicht im Zentrum des Universums steht. Diesen tiefgreifenden Wandel beschreibt später Sigmund Freud als eine erste »Kränkung« der Menschheit.[50]

2 Auch die Vorstellung vom Menschen musste nun neu bestimmt werden. Wie lassen sich die neuen Erkenntnisse und Forschungsmethoden mit den geltenden religiösen, kirchlich-dogmatischen Lehren verbinden? Nikolaus von Kues (1401–1461, genannt Cusanus) fand eine Antwort: Als Gottes Ebenbild hat der Mensch teil an der Schöpferkraft Gottes, die sich in der Natur zeigt. Die Welt an sich geht aus der göttlichen Vernunft hervor, die Auffassungen über die Welt aber entstehen im menschlichen Geist: »Indem nämlich der menschliche Geist, das hohe Abbild Gottes, an der Fruchtbarkeit der Schöpferin Natur, soweit er vermag, teilhat, faltet er aus sich, als dem Gleichnis der allmächtigen Form, als Abbild der realen Dinge die rationalen aus.«[51] Gott hat dem Menschen einen vernünftigen Geist gegeben. Mit der Vernunft kann und soll er die Welt erforschen und benennen. Damit ist der Weg frei für die

48 Quelle des Bildes: https://commons.wikimedia.org/wiki/File:Flammarion.jpg. (25.1.2017).

49 Ungefähr 80 Jahre später belegt Galileo Galilei durch seine Forschungen diese These und stößt damit auf heftigen Widerstand vor allem der Kirchen. Johannes Kepler (1571–1630) bestätigt die Berechnungen des Kopernikus.

50 Freud, Schwierigkeit, 190. Vgl. auch Kapitel 2.1.3.

51 Nikolaus von Kues, Werke Band 2 (Mutmaßungen), 7. Vgl. Rieger, Mensch, 1063.

Erforschung der Welt und des Menschen mit allen ihm zur Verfügung stehenden Mitteln. Francis Bacon (1561–1626) setzt 100 Jahre später dann ganz optimistisch auf die Entwicklung von Wissenschaft und Technik: »Die Wohltaten der Erfinder können dem ganzen menschlichen Geschlecht zugutekommen. … Die Erfindungen sind gleichsam neue Schöpfungen und sind Nachahmungen der göttlichen Werke.«[52]

3 Erkenntnistheoretisch durchdacht hat diese neue Sicht René Descartes (1596–1650). In einer Zeit, in der alle bisherigen Wahrheiten in Frage stehen, denkt er darüber nach, wie Menschen die Dinge der Welt und sich selbst erforschen können. Wie können sie sicher sein, dass das Erkannte auch tatsächlich wahr ist? Um mögliche Täuschungen zu vermeiden und Sicherheit zu gewinnen muss man alles, was bisher als sicher galt, in Frage stellen und in Zweifel ziehen. Eine Sache ist nur dann als wahr anzunehmen, wenn es keine Möglichkeit gibt, sie zu bezweifeln. Auf der Suche nach dieser Wahrheit ist nicht nur die Welt, sondern auch der Mensch selbst in Zweifel zu ziehen. Descartes erkennt: Auch wenn wir alles bezweifeln, ist es doch unmöglich, »dass wir, die wir solches denken, nichts sind; denn es ist ein Widerspruch, dass das, was denkt, in dem Zeitpunkt, wo es denkt, nicht bestehe. Deshalb ist die Erkenntnis: ›*Ich denke, also bin ich*‹ von allen die erste und gewisseste, welche bei einem ordnungsmäßigen Philosophieren hervortritt.«[53]

Der Mensch, der sich selbst in Zweifel zieht, wird sich im Vollzug des Zweifelns bewusst, dass *er* es ist, der zweifelt. Damit gibt es keine Möglichkeit mehr, seine Existenz in Frage zu stellen. Im Vollzug des Zweifelns erkennt Descartes also, »dass ich eine Substanz war, deren ganze Natur oder Wesen nur im Denken besteht, und die zu ihrem Bestand weder eines Ortes noch einer körperlichen Sache bedarf; in der Weise, dass dieses *Ich*, d. h. die Seele, durch die ich das bin, was ich bin, vom Körper ganz verschieden und selbst leichter als dieser zu erkennen ist; ja selbst wenn dieser nicht wäre, würde die Seele nicht aufhören, das zu sein, was sie ist.«[54]

Descartes unterscheidet demnach strikt zwischen »*res cogitans*« (eine ausschließlich denkende Substanz) und »*res extensa*« (alle ausgedehnten Körper). Die Seele ist das unmittelbar Gegebene, ihre Natur besteht im Denken (*cogitans*) und sie lässt sich nur denkend erfassen. Sie ist gleichzusetzen mit Bewusstsein und dem »Ich.« Die Seele ist aber nicht mehr, wie bei Platon und Aristoteles, das Lebensprinzip des Körpers, sie ist völlig verschieden vom Körper. Dieser befolgt alle Gesetze der Natur. Descartes kann den Körper mit einer Uhr vergleichen, die aufgezogenen wird und dann, den mechanischen Regeln des Uhrwerks folgend, geht. Der menschliche Körper ist eine »Art von Maschine …, die aus Knochen, Nerven, Muskeln, Adern, Blut und Haut so eingerichtet und zusammengesetzt ist, dass, auch wenn gar kein Geist in ihr existierte, sie doch genau dieselben Bewegungen hätte, die jetzt in ihm nicht durch die Herrschaft des Willens und also nicht durch den Geist erfolgen.«[55] In Bezug auf

52 Bacon, Organon, Aphorismus 129.

53 Descartes, Prinzipien, Kapitel 1 Absatz 7.

54 Descartes, Abhandlung, Vierter Abschnitt 2.

55 Descartes, 6. Meditation, 33. Auch Tiere funktionieren wie Automaten. Eine Seele haben sie für Descartes nicht.

den Körper verfolgt er ein rein mechanistisches Prinzip. Einmal in Gang gesetzt, funktionieren die Bewegungen der Körper von allein. Der Anfang der Bewegung aber stammt von Gott, er hat die Weltmaschine in Gang gesetzt.

Das denkende Subjekt und sein Körper sind also gedanklich voneinander zu trennen. Dennoch sind sie faktisch miteinander verbunden. Es lässt sich ja nicht leugnen, dass ein Mensch durch Denken und Vernunft (also die Seele) den Körper beeinflussen kann. Auch wirken sich Befindlichkeiten des Körpers auf das Denken aus. Diesen Widerspruch erkennt Descartes, er kann ihn aber nicht auflösen. Für die Vermittlung zwischen beiden Teilen vermutet er einen »Gemeinsinn«, den er in einem speziellen Teil des Gehirns verortet.[56]

Die Frage nach dem Verhältnis von Körper und Seele wird also von Descartes mit einer strikten Trennung beantwortet. Dieses dualistische Denken wirkt bis in die heutige Zeit nach und bestimmt die Vorstellung vom Menschen.

2.1.3 Der Mensch als Geistwesen – Max Scheler

Zu Beginn des 20. Jahrhunderts, als Max Scheler (1874–1928) über diese Frage nachdachte, hatten sich die Erkenntnisse über den Menschen noch einmal grundlegend erweitert und gewandelt. Die Entdeckungen Charles Darwins haben die enge Verwandtschaft zwischen Tier und Mensch nachgewiesen und die biologische Bestimmtheit des Menschen gezeigt.[57] Dies wurde als zweite große Kränkung der Menschheit erlebt.

Fast gleichzeitig stellte die Psychoanalyse das »Ich« des Menschen fundamental in Frage. Sigmund Freud (1856–1939) entwickelte die Theorie, dass ein großer Teil der menschlichen Seele der Kenntnis und dem Einfluss des Bewusstseins und des Willens entzogen ist. Er behauptete, »dass das Ich nicht Herr sei in seinem eigenen Haus«[58] und nannte seine Theorie vom Überich die dritte und folgenschwerste Kränkung des modernen Menschen.[59]

Diese tiefgreifenden Verunsicherungen trafen in eine Zeit, in der der erste Weltkrieg die europäische Politik und Gesellschaft in eine ernste Krise gestürzt hatte. »Zu keiner Zeit der Geschichte (sc. ist) der Mensch sich so problematisch geworden ... wie in der Gegenwart,«[60] so analysierte Max Scheler die Situation. Es musste wieder einmal neu bestimmt werden, wie der Mensch verstanden werden kann.

Die dualistische Sichtweise Descartes mit der absoluten Trennung von Seele und Körper ist für Scheler durch die Forschungsergebnisse der Biologie und der Psychoanalyse überholt. »Die Philosophen, Mediziner, Naturforscher, die sich heute mit dem Problem von Leib und Seele beschäftigen, konvergieren immer mehr zur Einheit einer Grundanschauung. *Ein und dasselbe* Leben ist es, das in seinem Innesein *psychische*,

---

56 Descartes, 6. Meditation, 37.
57 Vgl. Kapitel 2.3.2.
58 Freud, Schwierigkeit, 194; die beiden vorigen Zitate 190 und 191.
59 Freud, Schwierigkeit, 190.
60 Scheler, Stellung, 10.

in seinem Sein für andere *leibliche* Formgestaltung besitzt.«[61] Diese Einheit ist bei allen Lebewesen gegeben. »Den Menschen seinem Seelenleben nach mehr als gradweise vom Tier zu trennen, seiner Leibseele eine besondere Art von Herkunft und künftigem Schicksal zuzuschreiben, ... dazu besteht nicht der mindeste Grund.«[62]

Während es also für Scheler keinen erkennbaren Grund gibt, Körper und Seele zu unterscheiden, hält er doch an einem anderen Gegensatz fest, »es ist der *Gegensatz von Geist und Leben.*«[63] Es muss etwas geben, das Körper und Seele überlegen ist und dem Menschen ermöglicht, die Einheit von Physischem und Psychischem zu erkennen. »Dieses X ist nichts anderes als der ... selber nie gegenständlich werdende, alles ›vergegenständlichende‹ *Geist.*«

Geist und Leben sind zwei wesensverschiedene Prinzipien, die aber aufeinander angewiesen sind. Der Geist »ideiert das Leben«, (d. h. bringt das Leben zu seiner Vorstellung) aber »nur das Leben kann die Ideen des Geistes verwirklichen und in Taten umsetzen.«[64]

Der Geist ist überräumlich und überzeitlich. Er ermöglicht dem Menschen, über sich selbst hinaus zu denken und aus dieser Position die Welt und sich selbst zu erforschen und zu erkennen. Der Mensch also ist ein geistiges Wesen und als solches »nicht mehr trieb- und umweltgebunden, sondern ›umweltfrei‹ und, wie wir es nennen wollen, ›*weltoffen*‹: Ein solches Wesen hat ›*Welt*‹.«[65] Je mehr sich der Mensch von der Gebundenheit an die natürlichen Gegebenheiten seines Seins löst, desto mehr wird er Mensch und muss »auch sein Zentrum irgendwie außerhalb und jenseits der Welt verankern. ... Er (sc. kann) sich doch nicht mehr als einfachen ›Teil‹ oder als einfaches ›Glied‹ der Welt erfassen, über die er sich so kühn gestellt hatte.«[66] Dies ist für Scheler der Ursprung von Metaphysik und Religion.

2.1.4 Nur noch Hirn – neurobiologische Herausforderungen

Aktuell begegnet in der Neurobiologie der Anspruch, den Menschen mit naturwissenschaftlichen Mitteln vollständig erklären zu können. Der Hirnforscher Gerhard Roth schreibt: »Zuerst wird durch die Evolutionstheorie dem Menschen der Status als Krone der Schöpfung abgesprochen, dann wird der Geist vom göttlichen Funken zu etwas Natürlich-Irdischem gemacht, und schließlich wird das Ich als nützliches Konstrukt entlarvt.«[67] Er stellt also die Arbeit der Neurowissenschaften auf eine Stufe mit den Forschungen von Kopernikus, Darwin und Freud und versteht ihre Ergebnisse als die vierte Kränkung der Menschheit.

---

61 Scheler, Stellung, 73.
62 Scheler, Stellung, 78.
63 Scheler, Stellung, 80, dort auch das folgende Zitat.
64 Scheler, Stellung, 81.
65 Scheler, Stellung, 38. Der Begriff Weltoffenheit ist von Scheler geprägt und wird von vielen Philosophen aufgenommen, auch von dem Theologen Wolfhard Pannenberg.
66 Scheler, Stellung, 89.
67 Roth, Geist, 106.

Neurobiologen machen sich auf die Suche nach dem Geist des Menschen, indem sie die Wirkungsweise des Gehirns bestimmen. Sie erleben gegenwärtig einen Boom. Neue Entdeckungen schaffen es bis in die Schlagzeilen der Presse. Sie stellen erneut das bisherige Wissen und die bisherigen Vorstellungen über den Menschen grundlegend in Frage.

Das Gehirn ist ein zentraler Bestandteil des menschlichen Nervensystems. Seine mehr als 500 Milliarden Neuronen (Nervenzellen) sind vielfältig vernetzt. Sie verarbeiten eingehende Informationen in unterschiedlichen Bereichen des Gehirns mit hochkomplexen Interaktionen.[68] Die Frage, wie und wo dies geschieht, ist der Gegenstand neurobiologischer Forschung. Dafür sind Verfahren entwickelt worden, die es erlauben, die Aktivität des menschlichen Gehirns direkt zu messen und bildnerisch darzustellen.[69] Forscher können heute Vorgänge in einzelnen Neuronen und molekulare Prozesse ziemlich genau messen. Sie verfolgen auch Vorgänge in Neuronenverbänden und erforschen die Regeln, nach denen das Gehirn im Einzelnen arbeitet. Dies gelingt allerdings gegenwärtig noch sehr ungenau. In bildgebenden Verfahren lässt sich die Funktion sehr großer Hirnareale darstellen. Am besten erforscht sind Bereiche, die Informationen der Sehnerven verarbeiten. Ein wichtiges Ergebnis dieser Forschungen ist, dass das Gehirn nicht nur ein Steuerungsorgan für körperliche Abläufe ist. Es verarbeitet die Sinneseindrücke, organisiert und kontrolliert damit das Handeln des Menschen. Das Gehirn bildet die umgebende Welt nicht wie eine Fotografie ab, es konstruiert vielmehr die Wahrnehmung. Sensorische und assoziationskortikale Funktionsbereiche des Gehirns arbeiten, weitgehend unbewusst, an der Erstellung eines Bildes dessen, was ein Mensch wahrnimmt. Entwicklungsgeschichtlich gesehen haben sich vor allem solche Funktionen herausgebildet, die das Überleben des Lebewesens sicherten, Gefahren als solche erkennen und angemessen darauf reagieren ließen oder diese sogar schon vorausschauend vorwegnehmen konnten.

Des Weiteren haben Neurowissenschaftler »in den letzten Jahren weitgehend entschlüsselt, welche Gehirnareale zum Bewusstsein beitragen. So nehmen wir nur das bewusst wahr, was mit Aktivitäten in den assoziativen Gebieten der Großhirnrinde (des Cortex) einhergeht.«[70] Alle anderen Aktivitäten, die für die Verarbeitung der Informationen wichtig sind, bleiben unbewusst. »Unsere verschiedenen Bewusstseinszustände stellen also nur das Endprodukt äußerst komplexer, aber unbewusst ablaufender Verarbeitungsvorgänge dar. Dies gilt letztlich auch für das Gefühl, in unseren Absichten und Handlungen frei zu sein – der subjektive Eindruck von Willensfreiheit.«[71] Die Vorstellung, das Bewusstsein sei etwas ›im‹ Gehirn und unabhängig von dessen biologischen Funktionen, lässt sich nicht belegen. »Geist und Bewusstsein –

---

68 Hintergrundinformationen und weitere Literatur in Könneker, Menschen. Kritisch dazu Fuchs, Gehirn.

69 Man misst z. B. die elektrische Aktivität der Nervenzellen (EEG, Elektroenzephalographie), die Änderung der Magnetfelder um die aktiven Nervenzellen (MEG, Magnetenzephalographie) und kann die genaue Verortung der aktiven Zellen zeigen, indem man den Energiebedarf der aktiven Zellen bestimmt (PET, Positronen-Emissions-Tomographie).

70 Roth, Gleichtakt, 26. Hervorhebung von mir.

71 Roth, Gleichtakt, 26. Vgl. dazu Kapitel 4.4.3.

wie einzigartig sie von uns auch empfunden werden – fügen sich ... in das Naturgeschehen ein und übersteigen es nicht. Und: Geist und Bewusstsein sind nicht vom Himmel gefallen, sondern haben sich in der Evolution der Nervensysteme allmählich herausgebildet. Das ist vielleicht die wichtigste Erkenntnis der modernen Neurowissenschaften.«[72] Dieses Ergebnis soll sich in den nächsten Jahrzehnten der Forschung immer differenzierter darstellen und belegen lassen. Daraus wird sich – so die Überzeugung der Wissenschaftler – eine Veränderung des Menschenbildes zwingend ergeben, in dem sich »dualistische Erklärungsmodelle – die Trennung von Körper und Geist – zunehmend verwischen ... Was unser Bild von uns selbst betrifft, stehen uns ... in sehr absehbarer Zeit beträchtliche Erschütterungen ins Haus. Geisteswissenschaften und Neurowissenschaften werden in einen intensiven Dialog treten müssen, um gemeinsam ein neues Menschenbild zu entwerfen.«[73]

2.1.5 Was es zu klären gilt – Herausforderungen für eine theologische Anthropologie

Für die theologischen Überlegungen zum Menschen in Kapitel 4 sind folgende Punkte festzuhalten:

- Die Frage nach dem Verhältnis von Seele, Geist und Körper ist im Laufe der Geschichte immer wieder gestellt und auf unterschiedliche Weise beantwortet worden. Es wird zu klären sein, wie dieses Verhältnis aus theologischer Perspektive zu beschreiben ist. Verbindungen und Widersprüche zu den oben dargelegten Lösungen sollen aufgezeigt werden.
- Bis ins Mittelalter war es unbestritten, dass Gott in der Welt und am Menschen wirkt. Mit und seit der Aufklärung ist diese Gewissheit geschwunden. Heute erheben empirische Wissenschaften den Anspruch einer umfassenden Erklärung des Menschen. Die Theologie ist gefordert, ihre Vorstellung von der Beziehung Gottes zum Menschen im aktuellen Kontext zur Sprache zu bringen.
- Neurobiologen fordern aufgrund ihrer Forschungsergebnisse die Diskussion über ein neues Menschenbild. Der theologische Beitrag zu diesem Gespräch muss beschrieben werden. Dabei sind auch die Erkenntnisse der Hirnforschung zu befragen: Sind sie eine Erweiterung oder eine Reduktion unserer Vorstellung vom Menschen?

2.2 Mensch und Mensch – Beziehungen

Ein Mensch ist sich nicht selbst genug. Er braucht in vieler Hinsicht andere Menschen, um gedeihlich leben zu können. Wie sind die Beziehungen der Menschen

---

72 Elger u. a., Manifest, 80.
73 Elger u. a., Manifest, 84.

zueinander zu beschreiben, wie können sie so gestaltet werden, dass ein gutes Leben möglich ist?

In welcher Beziehung stehen die einzelnen Menschen zu der Gesellschaft, in der sie leben? Welche Regeln braucht das Zusammenleben? Diese Fragen werden ebenfalls zu allen Zeiten gestellt. Im folgenden Überblick wird sich zeigen, wie sehr auch hier die unterschiedlichen Antworten von den jeweiligen historischen Gegebenheiten abhängen.

2.2.1 Zoon politicon – Jeder Mensch ein Politiker?

1 In der attischen Demokratie des Platon und Aristoteles ging es darum, politische Regeln für das Zusammenleben des »Demos« (Volk) nach innen und außen zu formulieren. Bis heute beeinflussen diese Ideen in unser Nachdenken über das Wesen der Demokratie.

Platon leitete die Notwendigkeit eines politischen Gemeinwesens (einer Polis) daraus ab, dass »jeder einzelne von uns sich selbst nicht genügt, sondern vieler bedarf.«[74] Weil Menschen unterschiedlich begabt sind (nicht jeder ist zum Schuster, Händler oder Herrscher geboren), muss jeder nach seiner Bestimmung leben und handeln, dann »wird alles reichlicher zustande kommen.«[75]

In dieser Einschätzung folgte ihm sein Schüler Aristoteles. Er verglich die Menschen mit staatenbildenden Tieren wie Ameisen, die ebenfalls darauf angewiesen sind, zusammenzuarbeiten, einander zu helfen und die Arbeit zu teilen. Die Begabung mit Sprache und Vernunft ist es, die Menschen eine besondere Form der Gemeinschaft ermöglicht, das Leben in der Polis. Insofern ist der Mensch für Aristoteles ein politisches Wesen (*zōon politikon*). In der Polis vollendet sich das menschliche Leben, sie ist sozusagen die Voraussetzung eines glücklichen, guten Lebens. Zu einem erfüllten Leben gehört gemeinsames politisches Handeln – eine anspruchsvolle, modern anmutende These, die wohl bis heute noch auf ihre Realisierung wartet. Allerdings wird sie dadurch relativiert, dass für Aristoteles nur der erwachsene, freie Mann ein *zōon politikon* sein kann. Kinder, Frauen oder Sklaven haben dafür nicht genug Vernunft. Menschen mit Behinderungen galten zur Zeit des Aristoteles als so sehr eingeschränkt, dass sie gar nicht als Menschen im Vollsinn angesehen wurden.

2 Thomas Hobbes (1588–1679) sah den Menschen pessimistischer. Er war 30 Jahre alt, als in Europa ein Krieg begann, der 30 Jahre dauern sollte (1618 bis 1648) und das Zusammenleben einschneidend veränderte. Dieser Krieg verwüstete weite Teile Mitteleuropas. In den Gebieten, durch die kämpfende Truppen zogen, starben bis zu 70% der dort lebenden Menschen, der Rest verarmte und verelendete (vgl. Abb. 3, S. 33). Krankheiten wie die Pest und andere Seuchen suchten die Überlebenden heim. Insgesamt geht man davon aus, dass 20 bis 45% der Gesamtbevölkerung Mitteleuropas den Krieg nicht überlebt haben.[76]

---

74 Platon, Werke Bd.4 (Politeia), 369bc.

75 Platon, Werke Bd.4 (Politeia), 370b.

76 Vgl. Schmidt, Krieg, 91f.

Abb. 3: Hans Ulrich Franck, Der geharnischte Reiter[77]

Diese Erfahrungen bestimmen Hobbes' Vorstellungen vom Zusammenleben der Menschen. Der Mensch, den er vor Augen hat, ist kein Kooperationswesen, sondern von Natur aus auf Konflikt aus. Jeder verfolgt seine eigenen, persönlichen Interessen (Egoismus der Individuen). Jeder will sein Leben erhalten, seinen Besitz vermehren und möglichst viel Macht über andere gewinnen (Prinzip der Selbsterhaltung). Denn die Macht verleiht einem Menschen Bedeutung und Wert in der Gesellschaft der Anderen. »Die Geltung oder der Wert eines Menschen ist wie der aller anderen Dinge sein Preis. Das heißt, er richtet sich danach, wie viel man für die Benützung seiner Macht bezahlen würde, und ist deshalb nicht absolut, sondern von dem Bedarf und der Einschätzung eines anderen abhängig. ... Denn mag jemand, wie es die meisten Leute tun, sich selbst den höchsten Wert beimessen, so ist doch sein wahrer Wert nicht höher, als er von anderen geschätzt wird.«[78]

Dieses Streben nach Macht und Geltung führt zu einem ständigen Kampf der Einzelnen um die besseren Plätze in der Gesellschaft (Konkurrenz) und zu einem Krieg aller gegen alle (*bellum omnium contra omnes*). Von Natur aus begegnet ein Mensch dem anderen wie ein Wolf (*homo homini lupus*).

Damit die Menschen dennoch einigermaßen in Frieden leben können, schlägt Hobbes vor, dass sie im Interesse ihrer Selbsterhaltung einen Gesellschaftsvertrag abschließen. Er soll die Rechte der Einzelnen gegenüber den anderen garantieren. In dem Vertrag treten die Einzelnen einen Teil ihrer Macht, ihrer Freiheit und die dazugehörigen Rechte an eine zentrale Macht im Staat ab. Diese sichert die Einhaltung des Vertrages. Dazu muss sie absolutistisch über den Gesetzen stehen und den Gesellschaftsvertrag notfalls mit Gewalt durchsetzen können. Realisiert wurden Hobbes Vorschläge nicht, auch wenn sich viele Machthaber zur Rechtfertigung ihrer absolutistischen Machtansprüche gerne auf ihn berufen.

---

77 Bild: Hans Ulrich Franck (1603–1675) »Der Geharnischte Reiter«, Staatsgalerie Stuttgart, https://de.wikipedia.org/wiki/Datei:Hans_Ulrich_Franck_Der_geharnischte_Reiter.jpg (25.1.2017)

78 Hobbes, Leviathan, 115.

3 Im Gegensatz zu Hobbes vertrat gut 100 Jahre später Jean Jacques Rousseau (1712–1778) ein geradezu euphorisches Bild vom Menschen im Naturzustand. Er war davon überzeugt, dass das Böse nicht in der Natur des Menschen angelegt sei. Der Mensch im ursprünglichen, natürlichen Zustand ist gut – so ist er aus den Händen des Urhebers hervorgegangen. Im Urzustand lebt der Mensch für sich, im Umgang mit anderen weitgehend von den Sinnen, Gefühlen und Instinkten gesteuert und nicht von der Vernunft geleitet. So ist ein Leben in Frieden möglich. Dies gelingt, weil dem Menschen das Mitleid als »angeborener Widerwille, seinesgleichen leiden zu sehen«[79] gegeben ist. Mitleid hemmt den Trieb zur Selbsterhaltung und das Bemühen um das eigene Wohlergehen.

Mit der Vergesellschaftung begann dagegen das Böse. In der Gesellschaft hassen sich die Menschen und trachten sich gegenseitig nach dem Leben. Wissenschaft und Kunst hatten in der Entwicklungsgeschichte einen negativen Einfluss auf den Menschen. Die Vernunft ist es, die zu einer berechnenden, egoistischen Eigenliebe führt und das Mitleid unterdrückt. Sie führt zur Bildung von Privateigentum und zur fortschreitenden Zivilisation. Dies ist aber kein Fortschritt für die Menschheit, sondern der Beginn ständiger Auseinandersetzungen und der Kriege: »So scheue ich mich nicht, zu behaupten, dass das Nachdenken ein widernatürlicher Zustand und ein Mensch, der sich in Betrachtungen vertieft, ein aus der Art geschlagenes Tier sei.«[80]

Rousseau setzte sich für die Rückkehr zu einem einfachen, naturnahen Leben ein. Dazu will er die Menschen erziehen, wie er in seinem bekannten Werk »Émile« darlegt.

4 Auf dem Hintergrund der totalitären Erfahrungen des 20.Jahrhunderts und der Schrecken des zweiten Weltkriegs musste die Frage nach den Möglichkeiten eines konfliktarmen und vor allem herrschaftsfreien Zusammenlebens der Menschen noch einmal neu bedacht werden. Exemplarisch für dieses Nachdenken kann der Ansatz von Jürgen Habermas gelten. Er fragte danach, wie die Anwendung von Gewalt als Mittel zur Lösung von Konflikten überwunden werden kann. Lösungen, die von gesellschaftlichen Systemen erzwungen werden, oder der Einsatz von Geld und Macht sind dazu nicht geeignet. An ihre Stelle muss die vernünftige Einigung der Bürger treten. Diese kommt durch Verständigung zustande. Habermas prägte dafür den Begriff des »kommunikativen Handelns.«[81] Verständigung ist ein »Prozess der Einigung unter sprach- und handlungsfähigen Subjekten.«[82] Dieser Prozess zielt auf ein kommunikativ erreichtes Einverständnis, das es allen Beteiligten ermöglicht, ihre individuellen Handlungspläne einvernehmlich zu koordinieren. Habermas unterschied zwischen Einverständnis und Übereinstimmung; letztere kann erzwungen sein.[83] Kommunikativ nennt er darum nur »solche Sprechhandlungen ..., mit denen der Sprechende kritisierbare Geltungsansprüche verbindet.[84]

79 Rousseau, Schriften Band 1, 218.
80 Rousseau, Schriften Band 1, 200.
81 So der Titel seines zweibändigen Werkes, Theorie.
82 Habermas, Theorie Band 1, 386.
83 Vgl. Habermas, Theorie Band 1, 386f.
84 Vgl. Habermas, Theorie Band 1, 410.

Dadurch ist »herrschaftsfreies« Zusammenleben der einzelnen Mitglieder einer Gesellschaft erreichbar. Wird ein Geltungsanspruch fraglich, kann und soll er in rationalem Diskurs verworfen oder neu bestätigt werden. Ein solcher Diskurs erkennt die universellen Regeln der Verständigung an und lebt somit von einem »Vorgriff« auf eine ideale Sprechsituation. Diese ist dann gegeben, »wenn für alle möglichen Beteiligten eine symmetrische Verteilung der Chancen, Sprechakte zu wählen und auszuüben, gegeben ist.«[85]

2.2.2 Der Mensch ein Rollenspieler

Die vielfältigen Beziehungen der Menschen untereinander in ihrem gesellschaftlichen und sozialen Zusammenleben sind auch ein Thema der Soziologie.[86] Sie untersucht den Einfluss der Gesellschaft auf das Leben und die Lebenseinstellung des Einzelnen. Max Weber prägte den Begriff »soziale Beziehung« und verstand sie als »ein aufeinander gegenseitig *eingestelltes* und dadurch orientiertes Sichverhalten mehrerer.«[87] Menschen begegnen sich, kommunizieren miteinander, denken aneinander oder sprechen übereinander, agieren mit- oder gegeneinander. Man unterscheidet unterstützende soziale Beziehungen von aversiven, indifferenten oder ambivalenten Beziehungen. Damit sind die Vielfältigkeit und die Komplexität des Feldes angedeutet, in dem Menschen miteinander kommunizieren und in Beziehung treten.

1 Ralf Dahrendorf hat 1958 einen Essay mit dem Titel »Homo Sociologicus« veröffentlicht. Er wollte damit »erklärungskräftige Theorien des sozialen Handelns geben und nicht das Wesen des Menschen richtig und realistisch beschreiben.«[88] Ein »soziologisches Menschenbild« lag ausdrücklich nicht in seinem Interesse. Für das Verständnis der Beziehung einzelner Menschen zu der Gesellschaft, in der sie leben und aufwachsen brachte er den Begriff »soziale Rolle« in die Diskussion: »Soziale Rollen sind Bündel von Erwartungen, die sich in einer gegebenen Gesellschaft an das Verhalten der Träger von Positionen knüpfen.«[89] Der einzelne Mensch hat in der Gesellschaft unterschiedliche Positionen, er ist z. B. Kind, Frau, Christ, Mitglied eines Vereins, Lehrerin oder Schüler etc. In jeder Position erwartet die Gesellschaft bestimmte Verhaltensweisen von einer Person und begegnet ihr auch entsprechend. Diese Rollenerwartung bestimmt das Handeln des einzelnen Menschen. Die Gesellschaft belohnt oder sanktioniert sein Verhalten, je nachdem ob es den Erwartungen entspricht. Sie stellt ebenfalls die Rahmenbedingungen bereit, innerhalb derer ein Mensch wie ein

---

85 Habermas, Bemerkungen, 137.

86 Vgl. Corsten, Mensch. Die Grundfrage des Sammelbandes ist: Wie gewinnt die Soziologie einen Standort gegenüber ihrem »Gegenstand Mensch«, der objektiv, neutral und nicht normativ ist? Kann es einen solchen Standort aber überhaupt geben? In den unterschiedlichen Antwortversuchen zeigt sich jedenfalls deutlich das gegenwärtige Dilemma der Soziologie auf der Suche nach einer »neutralen« Position zum Menschen.

87 Weber, Wirtschaft Kapitel 1, § 3.

88 Dahrendorf, Homo,110f.

89 Dahrendorf, Homo, 37.

Schauspieler lernt, seine Rolle zu verstehen, sie anzunehmen und sich angemessen zu verhalten. Dem dienen z. B. die Bildungssysteme, die Familie, aber auch die Erwartungen der jeweiligen Gruppe, zu der ein Mensch gehört.

Entscheidend ist nun, dass ein Mensch nicht nur *eine* Rolle hat, sondern in verschiedenen Systemen und Zusammenhängen unterschiedliche Rollen einnimmt. So wird von einem jungen Menschen in der Schule ein Verhalten erwartet, das z. B. in seinem Freundeskreis weniger akzeptiert ist. Die Rollen differieren, und es ist eine große Herausforderung für den Einzelnen, die jeweils passende zu finden und zu spielen.

2 Eine wichtige Frage dabei ist die nach dem Verhältnis zwischen den Erwartungen der Gesellschaft und der Selbst-Definition des einzelnen Menschen: Wie verstehe ich mich als Frau/als Mitglied einer Religionsgemeinschaft/als Wählerin usw., und in welchem Verhältnis steht mein Selbstverständnis zu den Erwartungen der Gruppe/Gesellschaft? Erwin Goffman hat in seinem einflussreichen Buch »Wir alle spielen Theater«[90] die Möglichkeit beschrieben, dass Menschen sich von den jeweils zugeschriebenen Rollen distanzieren, sie ablehnen und/oder souverän gestalten können. Der einzelne muss sich dabei auch mit widersprüchlichen Erwartungen auseinandersetzen und eine eigene Haltung finden. Es bleibt die Frage nach dem Freiraum, den eine Gesellschaft den einzelnen Menschen lässt, nach Ausgrenzung und Diffamierung der Menschen, die nicht in diesen Rahmen passen. Rollenerwartungen sind immer auch mit Macht verbunden.

3 Diesen Gedanken haben Peter Berger und Thomas Luckmann weitergeführt, indem sie von der »gesellschaftlichen Konstruktion der Wirklichkeit« sprechen.[91] Ein Mensch wird in die Gesellschaft integriert, indem er in der primären Sozialisation, also normalerweise in der Familie, ihre Regeln lernt. Dabei verinnerlicht er die Gesellschaft und deren Wirklichkeit. Später wird in der sekundären Sozialisation (z. B. Schule) das Wissen über institutionalisierte Teilbereiche der Gesellschaft gelernt. Diese internalisierten Wirklichkeiten werden abgesichert durch Mechanismen der Routine und der Krisenbewältigung, und durch die Interaktion mit anderen Mitgliedern der Gesellschaft. Die Gesellschaft entscheidet also, wie ein Mensch die Wirklichkeit wahrnimmt, was als sozial zu gelten hat und wie dem Einzelnen die Innen- und Außenwelt zugänglich wird. Im »Handbuch Anthropologie« kommentiert Joachim Fischer dies kritisch: »Der homo sociologicus (sc. löst) programmatisch den Menschen als Geschöpf Gottes ab; die Gesellschaft nimmt den Platz Gottes ein, die Soziologie tritt an die Stelle der Theologie.«[92]

4 In Bezug auf die Religion hat Thomas Luckmann ein soziologisches Erklärungsmodell entwickelt, das auf der philosophischen Anthropologie Plessners aufbaut.[93] Religion hat ihre Grundlage in der menschlichen Erfahrung von Transzendenz. Sie wird in kommunikativen Prozessen stabilisiert und verarbeitet. Anders kann es Reli-

---

90 Goffman, Theater.

91 Berger/Luckmann, Konstruktion.

92 Fischer, Homo sociologicus, 351.

93 Luckmann, Religion. Zu Plessner vgl. Kapitel 2.3.3.

gion nicht geben. Im Laufe des Lebens wachsen Menschen in gegebene Weltsichten und Modelle der Transzendenzerfahrungen hinein und lernen, diese zu verstehen und sich mit anderen darüber auszutauschen. Durch Erzählungen und Rituale werden menschliche Erfahrungen von Transzendenz, als Verweis auf eine andere Wirklichkeit gedeutet und so zu Modellen, die intersubjektiv geteilt werden können. Insofern werden, »soziologisch betrachtet … ›andere Wirklichkeiten‹ in kommunikativen Vorgängen konstruiert.«[94] In der gegenwärtigen, europäischen Gesellschaft nun nimmt die Akzeptanz solcher Modelle von Religion immer mehr ab. Die Gegenwart »zeichnet sich durch das Fehlen allgemein glaubwürdiger und verbindlicher gesellschaftlicher Modelle für dauerhafte, allgemeinmenschliche Erfahrungen der Transzendenz aus.«[95] Die Folge ist, dass der einzelne Mensch eigene Deutungen entwickeln und suchen muss. In einer Situation der religiösen Pluralisierung gilt es, zwischen verschiedenen Angeboten zu wählen. Das wird mit dem Stichwort »Bricolage« beschrieben: Lebenslange Auswahl und häufig wechselnde Lösungen der Sinnsuche geschehen nach persönlichen Hierarchisierungen von Glaubenswahrheiten mit teilweise synkretistischen Folgen. Auf der Seite der Anbieter von Sinn kommt es zu einer marktorientierten Pluralisierung der Akteure: »Für faktisch alle Felder des klassischen religiösen Monopols existieren heute erfolgreich als nicht-religiös definierte Alternativen oder zumindest Substitute, auf die das wählende Publikum ausweichen kann.«[96] Dabei bestimmt der Markt weitgehend, welche Angebote gemacht werden. Parallel dazu zeigt sich weltweit, dass Religion in unterschiedlicher Ausprägung im Vormarsch ist. Christentum und Islam nehmen außerhalb Europas deutlich zu, allerdings geben fundamentalistische und konservativ-religiöse Bewegungen immer häufiger den Ton an.[97]

2.2.3 Ich und Du – Martin Buber

Martin Bubers dialogische Philosophie reflektiert das Verhältnis des Einzelnen zur ihn umgebenden Wirklichkeit. Er unterscheidet zwei Haltungen (»Grundworte«), in denen der Mensch Kontakt zu seiner Umwelt aufnehmen kann: »Es gibt kein Ich an sich, sondern nur das Ich des Grundwortes Ich-Du und das Ich des Grundwortes Ich-Es.«[98]

Die Ich-Du Haltung ist ein Verhältnis zur Wirklichkeit des Anderen, das diesen in seinem eigenen Anspruch und seiner inneren Zweckhaftigkeit wahrnimmt und respektiert. Das Verhältnis ist nicht durch Dauer und Konstanz gekennzeichnet, ermöglicht aber eine große Tiefe. Nur dafür gebraucht Buber den Begriff »Beziehung«. In dieser ursprünglichen Beziehungs-Form bildet sich das Selbstbewusstsein des Menschen. »Der Mensch wird am Du zum Ich. Gegenüber kommt und entschwindet, Beziehungsereignisse verdichten sich und zerstieben, und im Wechsel klärt sich, von

94 Gabriel, Religion, 309.
95 Luckmann, Religion, 182.
96 Gabriel, Religion, 314.
97 Vgl. Gabriel, Religion, 315.
98 Buber, Ich, 79. Vgl. insgesamt Werner, Buber.

Mal zu Mal wachsend, das Bewusstsein des gleichbleibenden Partners, das Ichbewusstsein.«[99] Das Ich-Du Verhältnis ist für Buber von entscheidender Bedeutung für das Menschsein des Menschen. »Der Mensch ist umso personhafter, je stärker in der menschlichen Zwiefalt seines Ich das des Grundwortes Ich-Du ist.«[100] Die Beziehung zum Du ist aktiv und passiv zugleich und immer Gegenseitigkeit.

Die zweite Haltung gegenüber dem Dasein kennzeichnet Buber mit dem Grundwort »Ich-Es.« Damit ist ein Auftreten gemeint, das das Gegenüber benutzt, ausbeutet und in feste Schemata einordnet. In dieser Haltung können auch Personen zu Dingen werden. Weil aber allein Es-Welt geordnet werden kann, lassen sich auch nur hier Zusammenhänge erkennen und Orientierung gewinnen. Über die Es-Welt können sich Menschen austauschen, sie können sie besitzen und über sie verfügen. Sie ist notwendig für das Leben in der Welt, aber sie ist nicht ausreichend. Buber meint, »ohne Es kann der Mensch nicht leben. Aber wer mit ihm allein lebt, ist nicht der Mensch.«[101]

Ich-Du Beziehungen zwischen Menschen (und anderen Lebewesen) haben für Buber ihren letzten Grund in Gott. »Die verlängerten Linien der Beziehungen schneiden sich im ewigen Du.«[102] Das Grundwort Ich-Du hat eine Verbindung (»Durchblick«) zum Ewigen. Diese Verbindung ermöglicht die Beziehung zwischen Menschen und macht gleichzeitig ihre Unvollkommenheit sichtbar. Das Grundwort Du »vollendet sich einzig in der unmittelbaren Beziehung zu dem Du, das seinem Wesen nach nicht Es werden kann.«[103] In der Beziehung zu Gott kann der Mensch die ganze Welt als Welt im Du sehen. »Nicht von allem absehen heißt in die reine Beziehung treten, sondern alles im Du sehen; nicht der Welt entsagen, sondern sie in ihren Grund stellen, ... all die Welt mit im Du begreifen, der Welt ihr Recht und ihre Wahrheit geben, nichts neben Gott, aber auch alles in ihm fassen, das ist vollkommne Beziehung.«[104]

2.2.4 Ist Beziehung angeboren?

1 Die Identitätsforschung von Erikson, Mead[105] und anderen hat herausgearbeitet: Das menschliche Gegenüber ist unverzichtbar für die Identitätsbildung eines Menschen von seiner ersten Lebensphase an. Für die Entwicklung von Kindern ist es außerordentlich wichtig, dass sie sich an einer Bezugsperson orientieren können. Das sind meistens die Eltern, von denen ein Kind Liebe und Geborgenheit erwartet und in der Regel auch bekommt. So kann »Urvertrauen« (Erikson) entstehen, das zu einer positiven Einstellung zu sich selbst und zur Fähigkeit führt, mit anderen Menschen

99 Buber, Ich, 97.
100 Buber, Ich, 122.
101 Buber, Ich, 101.
102 Buber, Ich, 128.
103 Buber, Ich, 129.
104 Buber, Ich, 130f.
105 Vgl. Erikson, Identität, und Mead, Geist.

in Kontakt zu treten. Identität bildet sich intersubjektiv und nicht erst nach der Geburt: »Der embryonal-maternale Dialog beginnt schon in der Präimplantationszeit.«[106]

2 Neurobiologische Forschungsergebnisse zeigen, dass für die Entwicklung der Subjektivität eines Menschen das Zusammenspiel von Gehirn, Körper und Umwelt eine entscheidende Bedeutung hat. Ebenso wichtig ist dafür auch die Interaktion mit anderen. Die »Zwischenleiblichkeit« (Merleau-Ponty) ist die Basis für die Entwicklung des Gehirns. Im Kontakt und der Beziehung zu anderen Menschen entwickeln sich vielfältige Vernetzungen innerhalb der Nervenzellen. Sie ermöglichen die Verbindung nach außen, zu anderen Menschen und zu sich selbst. Das Gehirn ist also nicht unabhängig, es steuert den menschlichen Körper und Geist nicht autonom. Es »ist vielmehr das Organ, das unsere Beziehung zur Welt, zu anderen Menschen und zu uns selbst vermittelt. Es ist der Mediator, der uns den Zugang zur Welt ermöglicht, der Transformator, der Wahrnehmungen und Bewegungen miteinander verknüpft ... Es zeigt sich als ein Beziehungsorgan.«[107]

Diese These wird belegt und erklärt durch die Entdeckung der Spiegelneuronen.[108] Sie sind ein neurobiologisches Korrelat, das zwischenmenschliche Beziehungen verstehbar macht. Wenn ein Mensch anderen bei einer Handlung zuschaut, werden in seinem Gehirn die gleichen Nervenzellen aktiviert wie beim handelnden Gegenüber. Schon in den ersten Lebenstagen ist ein neugeborenes Kind in der Lage, die Mimik seines Gegenübers nachzumachen. Dies ist die Voraussetzung für wechselseitige soziale Einstimmung und die neuronale Basis für eine frühe basale Kommunikation. Spiegelneurone ermöglichen Kontakt, Spontaneität und emotionales Verstehen. Dabei gilt: »Spiegelaktionen entwickeln sich nicht von allein, sie brauchen immer einen Partner.«[109]

2.2.5 Was es zu klären gilt – Herausforderungen für eine theologische Anthropologie

Für die theologischen Überlegungen zum Menschen in Kapitel 4 sind folgende Punkte festzuhalten:

- Der Mensch ist vom Beginn seines Lebens an auf Beziehungen zu anderen angewiesen. Was ändert sich an der Vorstellung vom Menschen, wenn dieses Bezogensein auch auf Gott ausgeweitet wird und wie lässt sich diese Beziehung beschreiben?
- Menschen müssen das Zusammenleben in Gemeinschaften gestalten und organisieren. Dabei kommt es immer wieder zu Konflikten. Kann es gelingen, Beziehun-

106 Rager/Brück, Grundzüge, 26. Zur religiösen Identität vgl. Kuld, Gott.

107 Fuchs, Gehirn, 21. Fuchs ist Psychiater und Philosoph; vgl. dazu Kapitel 2.2.4 und Kapitel 4.3.

108 Vgl. zum folgenden Bauer, Warum ich fühle.

109 Bauer, Warum ich fühle, 57.

gen »herrschaftsfrei« zu gestalten, welche Anregungen lassen sich dafür theologisch formulieren?

- Die Entwicklung des Selbstverständnisses eines Menschen ist immer auch geprägt von den Vorstellungen und Erwartungen der Anderen. Was bedeutet dies für das Verständnis von Autonomie und Abhängigkeit?

2.3 Mensch und Tier – Verwandtschaften

Man kann in verschiedener Hinsicht versuchen, die Frage zu klären, wer oder was der Mensch ist. Eine weitere Möglichkeit ist es, die Besonderheit des Menschen dadurch herauszufinden, dass man die Unterschiede zu den Tieren bestimmt. Sofies Ausgangsfrage soll hier nun abschließend thematisiert werden. Auch sie wird seit der Antike gestellt und hat bis heute nichts an Brisanz verloren.

2.3.1 Der Mensch als *animal rationale* – von der Rolle der Vernunft

Noch einmal ist auf Aristoteles zurückzukommen. Er hat den Menschen nicht nur als *zōon politikon* (s. o.) beschrieben, sondern auch als ein Lebewesen, das den Logos besitzt (*zōon logon echōn*). »*Logos*« bedeutet für Aristoteles Vernunft, Sprachfähigkeit und Verstand.[110] Er versteht den Menschen als ein Tier, das mit der Sprache nicht nur Schmerz oder Lust äußern kann. Er kann in der Kommunikation mit anderen Menschen das »Nützliche und Schädliche … und so auch das Gerechte und Ungerechte«[111] ausdrücken, weil er eine Vorstellung davon hat. »*Logos*« hat also eine kommunikative Seite, Sprache ist intersubjektiv und eine »soziale Kunst.«[112]

Die lateinische Übersetzung von *logos* mit »*animal rationale*« schränkt diese weite Bedeutung auf die Vernunft ein. In diesem Sinn gilt die Vernunft seit Augustin für lange Zeit als gültige Beschreibung des Menschen. Die Scholastik unternahm im Hoch- und Spätmittelalter den Versuch die kirchlich-dogmatische Weltsicht mit den Mitteln der Philosophie rational zu begründen. Ihre Definition des Menschen lautet: Der Mensch »ist ein körperliches, belebtes, sinnliches Lebewesen, das sich als vernünftiges (*rationalis*) von den übrigen, nicht rationalen (*irrationalis*), also den Tieren, unterscheidet.«[113] Mit den Tieren hat der Mensch demzufolge alles gemein, bis auf die Vernunft. Um dem Missverständnis vorzubeugen, der Mensch habe die Vernunft als ständige Eigenschaft und mache immer davon Gebrauch (was sich durch einfachen Augenschein leicht widerlegen lässt) hat Immanuel Kant vorgeschlagen, den

110 Vgl. Hirschberger, Geschichte I, 212.

111 Aristoteles, Schriften (Politeia), 1253a 9ff.

112 Vgl. Schnädelbach, Animal rationale, 296. Zur Sprache vgl. Kapitel 4.3.3.

113 Schnädelbach, Animal rationale, 296.

Menschen als *animal rationabilis* (mit Vernunftfähigkeit begabtes Tier) zu bezeichnen.[114]

2 Die Frage nach der Bedeutung der Vernunft für das Wesen des Menschen wurde in der Folgezeit kontrovers diskutiert. Descartes und Rousseau kritisierten beide die Vorstellung des Menschen als vernünftiges Wesen – der eine, weil ihm die Begründung nicht weit genug geht (sie lässt sich immer noch anzweifeln) und der andere, weil die wahre Identität des Menschen nicht im Verstand liege, sondern im Herzen und im tugendhaften Gewissen.

Immanuel Kant (1724–1804) beschreibt in seinem Werk »Kritik der reinen Vernunft« das Verhältnis zwischen Mensch und Tier folgendermaßen: »Zwei Dinge erfüllen das Gemüt mit immer neuer und zunehmender Bewunderung und Ehrfurcht, je öfter und anhaltender sich das Nachdenken damit beschäftigt: Der bestirnte Himmel über mir, und das moralische Gesetz in mir. … Der erstere Anblick einer zahllosen Weltenmenge vernichtet gleichsam meine Wichtigkeit, als eines tierischen Geschöpfs, das die Materie, daraus es ward, dem Planeten (einem bloßen Punkt im Weltall) wieder zurück geben muss, nachdem es kurze Zeit … mit Lebenskraft versehen gewesen. Der zweite erhebt dagegen meinen Wert, als einer Intelligenz, unendlich, durch meine Persönlichkeit, in welcher das moralische Gesetz in mir ein von der Tierheit und selbst von der ganzen Sinnenwelt unabhängiges Leben offenbart.«[115]

Das moralische Gesetz, das jeder Mensch in sich hat, zielt für Kant auf den autonomen Gebrauch der eigenen Freiheit und die persönliche Verantwortung des Einzelnen. Es begründet die Würde des einzelnen Menschen. Darum darf ein Mensch nicht als Mittel zum Zweck verstanden und missbraucht werden. Die Vernunft, die die Sonderstellung des Menschen begründet, kann und soll dem »Tiermensch« Einhalt gebieten. Mit ihrer Hilfe kann der Mensch seine sinnlichen Kräfte unter Kontrolle halten und sich den Verlockungen der Leidenschaft entziehen. »Jedem einzelnen Menschen kommt … als Repräsentant der Menschheit die unbedingte Pflicht zu, seine persönliche Würde unter allen Bedingungen und in jeder Situation zu wahren.«[116] Die Menschwerdung des Menschen ist ein fortwährender Prozess, der erst zum Abschluss kommen kann, wenn auch die Geschichte der Menschheit selbst an ihr Ende gekommen sein wird.

3 In Auseinandersetzung mit Rousseau verteidigt Georg Friedrich Hegel (1770–1831) die Bedeutung der Vernunft: »Wenn es richtig ist (und es wird wohl richtig sein), dass der Mensch durchs Denken sich vom Tier unterscheidet, so ist alles Menschliche dadurch und allein dadurch menschlich, dass es durch das Denken bewirkt wird.«[117] Er will Vernunft und Gefühl nicht trennen – weder Rationalität noch Emotionalität allein können den Menschen zutreffend beschreiben.

---

114 Vgl. Kant, Werke Band 10 (Anthropologie).

115 Kant, Werke Band 6, 300.

116 Leuser, Frage, 73.

117 Hegel, Werke Band 8, § 2. Er vertritt einen »inklusiven Rationalitätsbegriff« (vgl. Schnädelbach, Art. Animal rationale, 197).

Für David Hume (1711–1776) dagegen ist »die Vernunft ... nur ein Sklave der Affekte und soll es sein; sie darf niemals eine andere Funktion beanspruchen, als die, denselben zu dienen und zu gehorchen.«[118]

Arthur Schopenhauer (1788–1860) versteht die Welt und den Menschen als Objektivation eines blinden, ungezügelten Drangs (Willens), für den auch die Vernunft nur ein Werkzeug ist. Ein solches funktionales Verständnis der Vernunft vertreten »seitdem fast alle modernen Anthropologien…: Man bestreitet nicht, dass der Mensch Vernunft hat, aber das betrifft nicht sein wahres Wesen, denn seine rationalen Fähigkeiten gelten nurmehr als Funktionen seiner biologischen wie historisch-sozialen Lebensvollzüge.«[119]

2.3.2 Der nackte Affe – entwicklungsgeschichtliche Erkenntnisse

Im 19. und beginnenden 20. Jahrhundert kam es zu einer weiteren umwälzenden Entdeckung, die das Verständnis vom Menschen ebenso tiefgreifend gewandelt hat wie vorher die Kopernikanische Wende im 16. Jahrhundert. Charles Darwin (1809–1882) revolutionierte mit seiner Studie »The Descent of Man« (1871) die Grundlagen der Anthropologie. Er vertrat die These einer gemeinsamen Abstammung des Menschen vom Tier und stellte damit die Sonderstellung des Menschen in der Natur grundlegend in Frage. Die Grundvoraussetzungen aller vorherigen Anthropologien fielen in sich zusammen. Friedrich Nietzsche (1844–1900) stellte fest, mit dieser Entdeckung sei der Mensch in die Natur »zurückgestellt.« Der Darwinist Ernst Haeckel (1834–1919) sah keinen grundlegenden Unterschied mehr zwischen Tier und Mensch und erklärte die Anthropologie kurzerhand zu einem Teil der Zoologie.[120]

1 Wie die meisten Menschen seiner Zeit glaubte Darwin, dass die biblischen Schöpfungsberichte wörtlich zu nehmen seien. Hinter der sichtbaren Schöpfung sei ein göttlicher Plan zu erkennen, nach dem jede einzelne Pflanzenart und Tierart entstand. Sie seien ebenso wie der Mensch von Gott, dem Schöpfer, erschaffen. Bei einer Reihe von Forschungsreisen, beobachtete und dokumentierte er viele Arten von Tieren und Pflanzen. Dabei zeigten sich immer mehr Unterschiede und Widersprüche zwischen dem, was er beobachten konnte, und den biblischen Texten. Darwin war zunehmend davon überzeugt, dass die bisher geltende Vorstellung von der Entstehung der Welt abgelöst werden müsse durch eine Abstammungstheorie. Diese formulierte er im Jahr 1859 in dem Buch »Über die Entstehung der Arten.«[121] Darwin selbst konnte noch nicht erklären, wie erworbene Eigenschaften an die nächste Generation

118 Hume, Traktat II, Teil III, Dritter Abschnitt.

119 Schnädelbach, Art. Animal rationale, 298.

120 Vgl. Kleeberg, Anthropologie.

121 Darwin, Entstehung; einige Jahre später wendet er diese Erkenntnisse auch direkt auf den Menschen an. Vgl. ders., Abstammung.

weitergegeben werden. Das gelang etwa 50 Jahre später August Weismann.[122] Er bezog die neu erworbenen Erkenntnisse der genetischen Forschung in die Theorie ein, und beschrieb die sexuelle Fortpflanzung und die damit verbundene Kombination der Gene als Quelle der Variabilität der Arten. Heute sind sich Naturforscher einig: Neue Arten entstehen, wenn das genetische Material zufällig mutiert; wenn Veränderungen in der Umwelt zu natürlicher Auslese beitragen; wenn sich der Gen-Pool durch äußere Einwirkungen insgesamt verändert; wenn bei der Fortpflanzung das Erbmaterial gemischt wird oder wenn bestimmte Lebewesen in andere Lebensräume einwandern bzw. räumlich isoliert werden und sich eigenständig weiterentwickeln. Man ist überzeugt: »Es gibt kein für uns erkennbares Ziel der Evolution und dementsprechend auch keinen Fortschritt.«[123] Theologische oder philosophische Erklärungen zur Entstehung der Arten braucht es in dieser Theorie nicht mehr, naturwissenschaftliche Erkenntnisse sind an ihre Stelle getreten.

Seit Darwins Entdeckungen finden Paläoanthropologen immer mehr über die Entwicklungs- und Stammesgeschichte des Menschen heraus. Mit jedem neuen Fund menschlicher Knochen erweitert sich das Wissen.

Genetische Vergleiche zeigen darüber hinaus, dass der Mensch eng mit den Menschenaffen verwandt ist. So unterscheidet sich das menschliche Erbgut nur zu etwas mehr als 1% von dem des Schimpansen und des Bonobos, knapp 2% vom Gorilla und gut 3% vom Orang-Utan.[124] Es gibt also eine elementare Verwandtschaft aller Lebewesen. Es ist schwer, wenn nicht fast unmöglich, festzulegen, wann der Übergang von Tier zum Mensch stattgefunden hat. »Deshalb haben zwar Menschen Geburtstag, nicht aber der Mensch. Der Mensch ist nicht das Ergebnis eines einmaligen Schöpfungsaktes, sondern das Resultat eines langen Prozesses, in dem sich ›natürliche‹ und ›kulturelle‹ Elemente in unauflösbarer, einander bedingender Weise durchdringen. Nicht einzelne Faktoren, sondern das Gesamt vieler unterschiedlicher Faktoren erzeugt den Menschen.«[125]

2 Was also macht den Menschen zum Menschen? Ist es der Gebrauch von Werkzeugen, der aufrechte Gang, die Größe der Gehirnmasse, die Entwicklung von Sprache oder der Gebrauch von Feuer? All das zeigt sich mehr oder weniger auch bei Tieren und lässt sich in den archäologischen Funden z. T. bei menschlichen Vorformen nachweisen. Darwin sah die Besonderheit des Menschen im aufrechten Gang, der Entwicklung kognitiver Fähigkeiten einschließlich der Sprache und den sozialen Gewohnheiten.

Oder ist es die Erfindung von Technik zur Gestaltung der Natur oder die Fähigkeit, Moral zu entwickeln?

---

122 Weismann (1834–1914) war ein deutscher Arzt und Biologe, er lehrte in Freiburg/Breisgau. Er gilt als der Begründer des Neodarwinismus.

123 Rager, Grundzüge, 82.

124 Die Angaben schwanken leicht, hier sind nur ungefähre Werte angegeben. Weil noch nicht alle Genomsequenzen entschlüsselt sind, sind die heute anerkannten Zahlen vorläufig. Vgl. dazu ausführlich http://www.nature.com/nature/journal/v483/n7388/full/nature10842.html (23.3.2016).

125 Wulf, Anthropologie, 47.

Weitere Möglichkeiten, die erwogen werden, sind die Fähigkeit zum Ich- oder Selbstbewusstsein, ein autobiografisches Gedächtnis, Zeitbewusstsein und das Wissen um das Ende des Lebens, den Tod. Auch die Möglichkeit, Gefühle und Emotionen zu kontrollieren und Zielen unterzuordnen, das Bewusstsein von Schuld und Verantwortung, Freiheit gegenüber den Zwängen der Natur oder die Selbstbestimmung zum Guten oder zur Missachtung ethischer Prinzipien werden in Betracht gezogen. Bis heute sucht man nach Merkmalen, mit denen die Besonderheit des Menschen auf den Punkt gebracht werden kann.

Rager führt dafür neurobiologische Erkenntnisse an.[126] Er geht von einer Entwicklung von niedrigeren zu höheren Lebewesen aus, die sich im Grad der Komplexität unterscheiden. Der Mensch steht am Ende der Entwicklungsreihe. Er zeichnet sich durch Größe und Volumen des Gehirns aus. Trotz der großen genetischen Nähe zeigt sich im Vergleich mit den Primaten eine deutlich intensivere Vernetzung der Neuronen und Hirngebiete. Diese Veränderung ermöglicht die kognitive Intelligenz, aber auch die motorische Intelligenz, vor allem den vielseitigen Gebrauch der Hand und die Sprache: »Mit der Sprache entsteht das konzeptuelle Selbst des Menschen, das sich aus der Gebundenheit in die Gegenwart befreien und mit anderen Menschen in einer ganz neuen Weise kommunizieren kann.«[127] Eine entscheidende Differenz zur Tierwelt ist für Rager auch die Religion. »Mit der Entwicklung dieser neuen geistigen Vermögen ist der Mensch über die natürliche Evolution hausgewachsen. ... Er ist zum Urheber der menschlichen Kultur geworden ... Die vom Menschen geschaffene kulturelle Evolution geht über die natürliche Evolution hinaus und mit wesentlich schnellerem Schritt voran als diese.«[128]

2.3.3 Exzentrische Existenz

Helmuth Plessner (1892–1985) war Zoologe, Soziologe und Philosoph. Er ging davon aus, dass die neueren Forschungen vor allem der Humanbiologie im philosophischen Nachdenken über den Menschen berücksichtigt werden müssen und spricht von einer »Situation gesteigerter Bereitschaft zur Generalrevision aller Werte und Wahrheiten,«[129] die zur Ausbildung der Anthropologie führt. Er wollte eine naturphilosophische Begründung der Stellung des Menschen im Gesamtzusammenhang der lebendigen Welt vorlegen, um den Dualismus von Natur und Geist zu vermeiden, den er bei Scheler erkannte und kritisierte. Die Verschränkung der geistig-kulturellen Welt mit der körperlichen Basis muss bedacht und bewahrt bleiben. In seinem Hauptwerk »Die Stufen des Organischen und der Mensch« (1928) beschreibt er den Menschen im Unterschied zu Pflanzen und Tieren als »exzentrisch« positioniert. »Ist das Leben des Tieres zentrisch, so ist das Leben des Menschen, ohne die Zentrierung durchbrechen

126 Rager, Grundzüge, 89ff.
127 Rager, Grundzüge, 91.
128 Rager, Grundzüge, 94.
129 Plessner, Anthropologie, 411.

zu können, zugleich aus ihr heraus, exzentrisch. Exzentrizität ist die für den Menschen charakteristische Form seiner frontalen Gestelltheit gegen das Umfeld.«[130]

Das menschliche Lebewesen »hat sich selbst, es weiß um sich, es ist sich selber bemerkbar und darin ist es *Ich*, der ›hinter sich‹ liegende Fluchtpunkt der eigenen Innerlichkeit, der jedem möglichen Vollzug des Lebens aus der eigenen Mitte entzogen den Zuschauer gegenüber dem Szenarium dieses Innenfeldes bildet, der nicht mehr objektivierbare, nicht mehr in Gegenstandstellung zu rückende Subjektpol.«[131] Das Besondere des Menschen besteht also darin, dass er sich selbst erlebt und zugleich zu sich selbst in Distanz treten und in Beziehung setzen kann. Er kann zwischen Außen, Innen und Bewusstsein unterscheiden. Mit dieser Formulierung gelingt es Plessner, die biologische Natur des Menschen und den Geist zugleich zur Sprache zu bringen und damit den Körper des Menschen als das Bindeglied zwischen Innen- und Außenwelt stärker zu berücksichtigen. Daraus leitet Plessner drei anthropologische Grundgesetze ab:[132]

»Das Gesetz der natürlichen Künstlichkeit«: Der Mensch ist darauf angewiesen Kultur zu schaffen. Das gehört zur Natur des Menschen, und insofern ist der Gegensatz von Natur und Kultur aufgehoben.

»Das Gesetz der vermittelten Unmittelbarkeit«: Die Welt ist dem Menschen nicht unmittelbar zugänglich, sie wird ihm durch sein Bewusstsein zugänglich gemacht, ist damit vermittelt.

»Das Gesetz des utopischen Standorts«: Weil der Mensch eine exzentrische Position hat, kann er nicht festgelegt werden oder sich festlegen. Er überschreitet sich immer wieder selbst, ist auf Zukunft aus. Und weil sich der Mensch immer selbst auf ein Größeres hin überschreitet, kommt an dieser Stelle auch die Religion als Lebensform in den Blick. Plessner selber sieht hier allerdings einen Widerspruch, der nicht aufzulösen ist. Religion bietet Sicherheit und Geborgenheit, die dem Menschen von seinem Wesen her eigentlich nicht zukommt. Denn letztlich bleibt der Mensch sich verborgen, sein eigentliches Wesen ist ihm nicht zugänglich.

2.3.4 Biologisches Mängelwesen – Arnold Gehlen

Plessner beschrieb eine »unerträgliche Exzentrizität,« die es dem Menschen ermöglicht und ihn zugleich zwingt, Kultur zu schaffen und seine Umwelt zu gestalten. Das ist auch der Ausgangspunkt für die einflussreichen Überlegungen von *Arnold Gehlen* (1904–1976). Auch er möchte eine Gesamtsicht des Menschen entwerfen und lehnt eine ausschließlich biologische Betrachtung ebenso ab, wie eine Teilung in natur- und geisteswissenschaftliche Zugänge. Gehlen glaubt, dass man den Menschen nicht aus dem Vergleich mit dem Tier, sondern nur aus sich selbst heraus verstehen kann. Seine biologische Ausstattung allein sichert seine Überlebensfähigkeit nicht. Die Mängel

130 Plessner, Stufen, 364. Exzentrizität im Sinne Plessners ist nicht zu verwechseln mit der psychologischen Definition einer exzentrischen Persönlichkeit!

131 Plessner, Stufen, 363; vgl. dazu Lenk, Vielfachwesen, 213f.

132 Nach Schoberth, Einführung, 66; vgl. Plessner, Stufen, 382ff.

muss der Mensch durch Handeln ausgleichen. So erfindet er z. B. Werkzeuge, weil ihm organische Spezialisierungen fehlen. Gerade so ist er aber fähig, sich neue und einzigartige Felder zu erschließen und überall zu leben. Er kann seine jeweilige Umwelt so verändern, dass er darin leben kann. »Der Mensch ist, um existenzfähig zu sein, auf Umschaffung und Bewältigung der Natur hin gebaut und deswegen auch auf die Möglichkeit der *Erfahrung* der Welt hin: er ist handelndes Wesen, weil er unspezialisiert ist und also der natürlich angepassten Umwelt entbehrt. Der Inbegriff der von ihm ins Lebensdienliche umgearbeiteten Natur heißt *Kultur* und die Kulturwelt ist die menschliche Welt. ... es gibt keinen ›Naturmenschen‹ im strengen Sinne.«[133]

Rein biologisch gesehen ist der Mensch darum ein »Mängelwesen.«[134] Er ist befähigt und zugleich auch verurteilt, sich selbst in seiner Welt zu orientieren und sein Leben aktiv zu gestalten. Darin liegen eine große Freiheit und zugleich ein folgenreicher Zwang. Planend und handelnd kann und muss er seine Lebenswelt gestalten und seine Umgebung so beeinflussen, dass er darin leben kann. An die Stelle der Umwelt, auf die z. B. Tiere durch ihre biologische Konstitution bestens angepasst, aber auch festgelegt sind, tritt beim Menschen die von ihm geschaffene Kultur. Sie wird ihm zur zweiten Natur. So kann Gehlen formulieren: Der Mensch ist »von Natur ein Kulturwesen.«[135] Eine wichtige Rolle spielen dabei die kulturellen Traditionen und gesellschaftlichen Institutionen. Sie entlasten den Einzelnen, da sie das menschliche Verhalten in geregelte Bahnen lenken und dem gesellschaftlichen Zusammenleben Stabilität und Berechenbarkeit gewährleisten.[136]

2.3.5 Animal symbolicum

Ein weiterer wichtiger Impuls wurde von *Ernst Cassirer* (1874–1945) gesetzt. Auch er versucht eine Neubestimmung des Menschseins auf dem Hintergrund der Ergebnisse naturwissenschaftlicher Forschungen. Der Mensch unterscheidet sich für ihn dadurch vom Tier, dass er symbolische Formen bilden kann, in Sprache, Kunst und Religion. Alles, was er wahrnimmt, verarbeitet er denkend zu Symbolen. Mit Hilfe dieser Symbolisierung kann er angemessen handeln und seine Umwelt gestalten. Tiere erkennen Zeichen und reagieren ihrer Veranlagung entsprechend darauf. Menschen aber können diesen Zeichen Bedeutung geben und sie damit zu Symbolen machen. Mit Symbolen können Menschen Sinn ausdrücken und sich in Gedanken Räume schaffen. Die Fähigkeit der Symbolbildung ermöglicht es auch, sich an Vergangenes zu erinnern und die Zukunft vorwegzunehmen. »Es ist das symbolische Denken, das die natürli-

---

133 Gehlen, Mensch, 38.

134 Gehlen, Mensch, 83, den Begriff übernimmt er von Herder, ebd.

135 Gehlen, Mensch, 80.

136 Gehlen hat vor allem in seiner Frühzeit den Nationalsozialismus unterstützt und kam dessen Ideologie mit dem Konzept der Institutionenbedürftigkeit des Menschen entgegen. In späteren Werken hat er einige der früheren Äußerungen korrigiert.

che Trägheit des Menschen überwindet und ihn mit einer neuen Fähigkeit ausstattet, der Fähigkeit, sein Universum immerfort umzugestalten.«[137]

Cassirer nennt den Menschen ein »*animal symbolicum*.«[138] Damit will er die Diskrepanz zwischen philosophischer, naturwissenschaftlicher und empirischer Sichtweise auf den Menschen überwinden. Der Mensch ist mehr als ein Vernunftwesen, Gefühle und Affekte gehören gleichermaßen dazu. Ebenso sind Sprache, Kunst, Religion und andere kulturelle Bereiche kennzeichnend für das Menschsein. Symbole sind die angemessene Ausdrucksform für menschliches Denken und menschliche Erfahrung. Sie drücken Gefühle aus, stellen Sachverhalte dar und vermitteln Bedeutung und Sinn.

2.3.6 Was es zu klären gilt – Herausforderungen für eine theologische Anthropologie

Für die theologischen Überlegungen zum Menschen in Kapitel 4 sind folgende Punkte festzuhalten:

- Die Begabung mit Vernunft ist ein elementares Kennzeichen des Menschen. Zu klären ist die Bedeutung der Vernunft für die Frage nach Gott und dem Sinn des Lebens. Damit muss auch das Verhältnis von Glaube und Vernunft bedacht werden.
- Naturwissenschaftliche und evolutionsbiologische Forschungen weisen nach, dass Menschen und Tiere gemeinsame Wurzeln haben. Wie lassen sich diese Erkenntnisse mit der theologischen Aussage vereinbaren, dass Gott der Schöpfer der Welt und des Menschen ist?
- Die Frage nach dem Unterschied zwischen Mensch und Tier sollte zu Einsichten führen über das Wesen des Menschen. Ist der Vergleich mit den Tieren aber der angemessene Weg, zu erkennen, wer oder was der Mensch ist? Gibt es aus theologischer Perspektive weitere Möglichkeiten, und wie lassen sie sich ins Gespräch bringen?
- Es gehört zum Menschen, nach sich zu fragen und dabei über sich hinaus zu denken (Plessner). Dies lässt sich nur vorstellen, wenn die Beziehung zu etwas Größerem angenommen wird. Wie lässt sich diese »Exzentrizität« theologisch formulieren?

---

137 Cassirer, Versuch, 100. Vgl. auch Kapitel 4.3.3.

138 Cassirer, Versuch, 51.

2.4 Fragen nach dem Menschen – Zusammenfassende Überlegungen

Drei Fragen wurden erörtert, die exemplarisch sind für das Nachdenken des Menschen über sich selbst. Sie bilden den Kontext, in dem theologisches Nachdenken über den Menschen stand und steht. Es konnte gezeigt werden, dass diese Fragen sich durch die Zeiten hindurch ziehen, immer wieder neu gestellt und unterschiedlich beantwortet werden.

1 Politische, gesellschaftliche, historische, kulturelle Bedingungen beeinflussen und bestimmen mit, was Menschen über den Menschen fragen, erkennen und ausdrücken können. Es lässt sich offensichtlich nicht abschließend und ein für alle Mal klären, was und wer der Mensch ist. »Die Selbstbilder und das Selbstverständnis des Menschen ändern sich im Laufe der Geschichte, natürlich auch die Methode(n) der Anthropologie selbst, aber allein mit diesen nicht schon der Untersuchungsgegenstand Mensch.«[139]

Dieses Ergebnis ist für die historische Anthropologie[140] der Anlass, einen multiperspektivischen Ansatz zu fordern. Die Vielfalt des Menschlichen ist das Gemeinsame des Nachdenkens über den Menschen aus unterschiedlichen Forschungsperspektiven. »Je mehr wir vom Menschen wissen, desto nachhaltiger wächst unser Nicht-Wissen. In unserer Zeit, Kultur und Gesellschaft ist dieser Zusammenhang nicht auflösbar. ... Die Erfahrung (sc. ist) unvermeidlich, dass Annäherungen an menschliche Lebenswelten und Lebensformen nur in Ausschnitten möglich sind und dass daher Selbstkritik und Anthropologie-Kritik unerlässlich sind.«[141] Die Ergebnisse der jeweiligen Einzelwissenschaften geben immer nur einen Ausschnitt dessen wieder, was Menschsein insgesamt ausmacht.[142] Die Erkenntnis dieser Begrenztheit macht den interdisziplinären Dialog unerlässlich. Sie zeigt zugleich die Verpflichtung, den eigenen Zugang so klar wie möglich zu formulieren. Das gilt auch für das theologische Nachdenken und die Ergebnisse der Bibelwissenschaften.

Die gegebene Vielfalt bedeutet nun aber nicht, dass die Frage nach dem Menschen nach Belieben beantwortet werden kann. Die Suche nach Antworten des Menschen auf die Frage nach sich selbst braucht Fragehorizonte und Deutungsangebote, die dem Fragen eine Richtung geben und verlässliche Kriterien bieten für den Dialog über den Menschen. Wir brauchen verlässliche Antworten, die tragfähig sind – und wir müssen uns gleichzeitig bewusst bleiben, dass der Mensch ein Geheimnis ist und bleibt. Zwischen Sicherheit und radikalem Infragestellen bewegt sich die Suche des Menschen nach sich selbst – und das macht ihn aus.

---

139 Lenk, Vielfachwesen, 335.

140 Die historische Anthropologie gehört im Konzert der anthropologischen Ansätze zu den jüngsten Disziplinen. Vgl. Wulf, Menschen; ders. Anthropologie. Vgl. auch Dülmen, Anthropologie.

141 Wulf, Anthropologie, 17.

142 Zu den unterschiedlichen Ansätzen vgl. Bohlken, Handbuch, 99ff.

2 Wer nach dem Menschen fragt, fragt immer auch nach sich selbst. »*Was* ist der Mensch?« heißt immer auch zugleich »*wer* ist der Mensch?« und »*wer bin ich*?« Die Frage nach dem Sinn und der Gestaltung des je individuellen Lebens ist damit untrennbar verbunden. Das »Ich« ist auch eine kritische Instanz gegenüber allen Entwürfen des Menschseins. Von wem lasse ich mir sagen, wer ich bin? Wer hat das Recht, den Menschen zu definieren, festzulegen?

Hier kann die theologische Anthropologie einsetzen. Theologie kann und muss sich in den Dialog der Wissenschaften einbringen und mit ihrem Gegenstand auf eine unverzichtbare und unersetzbare Dimension des Menschen aufmerksam machen: Das Nachdenken des Menschen über sich selbst vor Gott in Bezug auf ihn. Diese besondere, unverwechselbare und unersetzliche Perspektive bringt die Theologie in den anthropologischen Diskurs ein.

Theologische Anthropologie handelt von Gott und Mensch. Christliche Anthropologie handelt von Mensch und Gott, der in Jesus Christus Mensch geworden ist. Er hat gezeigt, wie Gott ist und wie der Mensch sein kann. Dies ist die Voraussetzung, von der ausgegangen wird und unter der über den Menschen nachgedacht wird. Ein Spezifikum ist dabei auch, dass es weniger um den Menschen an sich geht, sondern immer auch und vor allem um den konkreten Menschen. Theologie fragt nicht zuerst: Was ist der Mensch vor Gott? Sie fragt vielmehr: Wer bin ich, wer bist du in den Augen Gottes? Und wie können wir uns dann verstehen?

Dieser spezielle Beitrag christlicher Anthropologie ist Gegenstand dieses Buches, darum geht es im Folgenden. Weil sich theologisches Nachdenken grundlegend auf die biblische Tradition bezieht, ist es sinnvoll und erforderlich, zunächst an das biblische Reden über Gott und Mensch zu erinnern. Daraus ergeben sich dann Impulse für weitere Überlegungen. Diese sind die Basis für die systematisch-theologischen Überlegungen im vierten Kapitel.

Literatur zum Weiterlesen

Schoberth: Einführung in die theologische Anthropologie, 36–70.
Bohlken: Handbuch Anthropologie, 99–283.
Leuser: Die Frage nach dem Menschen, 47–88.

2.5 Religionspädagogische Anregungen

Menschen verändern?

Neurobiologische und neuromedizinische Forschungen ermöglichen Eingriffe in das menschliche Gehirn durch neurochirurgische Eingriffe, Medikamente oder magneto- und elektrotechnologische Manipulationen. Gentechnische Möglichkeiten erlauben, das Erbgut des Menschen zu verändern.

Die Schülerinnen und Schüler informieren sich im Internet über die Möglichkeiten der Neuromedizin und diskutieren kontrovers die Fragen: Ist alles erlaubt, was Menschen können? Darf der Mensch sich selbst nach seinen Vorstellungen verändern und neu »schaffen«?

Was kann die Religion?

Immanuel Kant weist in seiner Logikvorlesung aus dem Jahr 1800 darauf hin, dass alle philosophischen Fragen und Themen letztlich in der Anthropologie zusammentreffen: »Das Feld der Philosophie ... lässt sich auf folgende Fragen bringen: 1) Was kann ich wissen? 2) Was soll ich tun? 3) Was darf ich hoffen? 4) Was ist der Mensch? Die erste Frage beantwortet die Metaphysik, die zweite die Moral, die dritte die Religion, und die vierte die Anthropologie. Im Grunde könnte man aber alles dieses zur Anthropologie rechnen, weil sich die drei ersten Fragen auf die letzte beziehen. Der Philosoph muss also bestimmen können 1) die Quellen des menschlichen Wissens, 2) den Umfang des möglichen und nützlichen Gebrauchs alles Wissens und endlich 3) die Grenzen der Vernunft. – Das letztere ist das Nötigste, aber auch das Schwerste.«[143]

Die Schülerinnen und Schüler diskutieren die Rolle von Religion für das Nachdenken über den Menschen. Sie überlegen: Was bedeutet die Aussage Kants über die Grenzen der Vernunft für eine theologische Anthropologie?

Was ist der Mensch?

Die Schülerinnen und Schüler stellen sich vor, sie könnten auf einen fremden Stern reisen und sollten den dortigen Lebewesen erklären, was ein Mensch ist.

Wo ist Gottes Platz?

Die Schülerinnen und Schüler erhalten das Bild: *L'Atmosphère* (Camille Flammarion, Paris, 1888; abrufbar unter https://commons.wikimedia.org/wiki/File:Flammarion.jpg, 25.1.2017). Sie beschreiben, was sie sehen. Sie überlegen: Wo könnte der Platz Gottes auf diesem Bild sein? Sie malen ihre Vorstellungen von dem, was heute hinter dem Horizont liegen kann, in das Bild.

Urknall oder Schöpfung?

Passen die Evolutionstheorie und die biblische Schöpfungsgeschichte zusammen? Die Schülerinnen und Schüler sammeln Argumente dafür oder dagegen und vertreten sie in einem Pro und Kontra-Gespräch.

---

143 Kant, Werke Bd.5 (Logik), 447f. Kant rechnet die Religion zum Bereich der Philosophie.

Wem gehört die Welt?

Die Schülerinnen und Schüler lernen das Lied »Meinem Gott gehört die Welt« (EG 408) kennen. Sie schreiben den Beginn der 2. Strophe (»Und sein eigen bin auch ich, seine Hände halten mich …«) auf ein Plakat. Sie finden im Gespräch heraus, wer Anspruch auf ihr Leben erhebt und schreiben oder malen dies um den Lied-Text herum.

Der Mensch ist ein Rollenspieler

»Der Mensch ist ein Rollenspieler!« – Die Schülerinnen und Schüler erhalten Karten, auf denen je ein Beruf, eine Funktion oder eine Rolle steht (z. B. Politiker, Reinigungskraft, Asylbewerber, Lehrerin, Fußballfreund, beste Freundin …) Sie gehen im Raum umher und begrüßen sich so, wie sie es in dieser Rolle tun würden. Anschließend tauschen sie sich darüber aus.

Nach der Übung tragen sie zusammen, welche Rollen sie täglich spielen müssen (z. B. in der Schule, in der Familie, in der Kirche, unter Freunden, in sozialen Netzwerken …). Sie überlegen, wovon ihr jeweiliges Verhalten abhängt und welche Rollen sie gerne spielen würden.

3. »Was ist der Mensch, dass du seiner gedenkst?« Biblische Rede von Gott und Mensch

In diesem Kapitel geht es um die Frage, wie die Bibel vom Menschen spricht.

Es liegt nicht im Interesse biblischer Autoren, über den Menschen an sich, sein Wesen oder seine Besonderheit im Unterschied zu anderen Lebewesen zu reflektieren. Eine zusammenhängende Anthropologie sucht man vergeblich. Die biblischen Texte beschreiben in vielfältiger Weise das ganze menschliche Leben in Beziehung zu Gott. Das ist eine erste wegweisende Erkenntnis für das weitere Nachdenken über eine theologische Anthropologie.

Die Vielfalt biblischer Rede vom Menschen wird in zehn Abschnitten dargelegt. Sie sind nach thematischen Schwerpunkten geordnet, die sich wie ein roter Faden durch die biblischen Schriften ziehen. Zusammen genommen umspannen sie die ganze Fülle menschlichen Lebens. Gleichzeitig formulieren die biblischen Autoren ihre Botschaft in die Situation ihrer jeweiligen Adressaten hinein. So klingt sie immer wieder neu. Diese Adressatenorientierung ist eine zweite Anregung für christliches Reden vom Menschen in der heutigen Zeit.

Die Begriffe, mit denen vom Menschen gesprochen wird, lassen erkennen, dass die Beziehung zu Gott immer den ganzen Menschen meint – mit »Leib und Seele.« Diese Ganzheitlichkeit ist ein dritter Aspekt, den es im Folgenden zu bedenken gibt.

Die Ergebnisse werden in sechs Thesen zusammengefasst. Sie dienen als Orientierung und Anregung für die im nächsten Kapitel folgenden systematisch-theologischen Überlegungen.

In der Bibel sind Erfahrungen gesammelt, die Menschen mit Gott gemacht haben. Sie ist kein Sachbuch. Ihr Thema von der ersten bis zur letzten Seite, vom Anfang bis zum Ende ist die *Beziehung* Gottes zum Menschen und umgekehrt:

- »Gott schuf den Menschen und gab ihm seinen Atem, so wurde der Mensch lebendig.« (Gen 2,7)
- »Siehe da, die Hütte Gottes bei den Menschen.« (Offb 21,3)

Die Bibel ist über eine *lange Zeit* hinweg gewachsen. Vielfältig sind die Erfahrungen, die Menschen mit Gott gemacht haben, vielfältig wurden sie weitergegeben und aufgeschrieben. Die Texte entstanden in unterschiedlichen historischen und kulturellen Zusammenhängen.[144] Die mündliche Überlieferung, die die Geschichten der Erzeltern

144 Vgl. dazu die Ausführungen zu den Grundfragen alttestamentlicher Anthropologie bei Janowski, Konfliktgespräche, 1ff.

verarbeiten, reicht zurück bis in die Frühzeit menschlicher Zivilisation. Die Offenbarung des Johannes ist gegen Ende des ersten Jahrhunderts nach Christus geschrieben. In dieser Zeit haben die Menschen sich verändert. Ihre Lebensbedingungen wandelten sich, ebenso ihre Sprache, ihr Denken und auch ihr Glaube. Das erklärt die Vielfalt der Stimmen, die in der Bibel zu Wort kommen. Die Texte des Alten Testaments erzählen die lange Geschichte des Volkes Israel. Dabei zeigen sie den Glauben der Menschen in vielen Ausprägungen. Das Neue Testament gibt einen Einblick in die Wirkung der Botschaft Jesu und die Anfänge des Glaubens an Jesus, den Christus Gottes.

Immer wieder neu, mit unterschiedlichen Bildern und in unterschiedlichen Sprachen wird in der jeweiligen Lebenssituation von Mensch und Gott gesprochen. In allem aber wird die Botschaft hörbar: Gott ist seinen Menschen nahe.

Die Bibel *erzählt* von Gott und Mensch. Überwiegend sind es Geschichten, die von Gottes Wirken und Handeln an den Menschen erzählen, nur selten finden sich systematische oder gar dogmatische Texte. In Gebeten denken Menschen in poetischer Sprache lobend und klagend vor Gott über ihr Leben nach. Briefe und andere Texte reflektieren und verkündigen den Glauben, ermutigend, mahnend und ordnend.[145] Es gibt also dementsprechend keine ausgeführte »Anthropologie« der Bibel, aber viele Aussagen über den Menschen in seiner Beziehung zu Gott. »Was ist der Mensch, dass du seiner gedenkst?« – diese staunende Frage aus Psalm 8 erscheint wie ein Leitgedanke, der immer wieder neu bedacht wird.

3.1 Grundlage des Lebens: Vertrauen und Glaube

1 Die Geschichten der Erzeltern (Gen 12ff.) erzählen aus einer Zeit, in der die Menschen in Sippen lebten und in kleineren Gebieten mit ihren Herden umherzogen. Manchmal mussten sie, um überleben zu können, ihre Heimat verlassen. Der Weg in unbekanntes Land war voller Gefahren und Unsicherheiten.[146] Die für sie wichtigen Erfahrungen haben die Menschen einander weitererzählt. Sie wurden so von den Eltern an die Kinder, von Generation zu Generation weitergegeben. Viel später erst wurden sie aufgeschrieben.

Die heute vorliegenden Texte entstanden noch später.[147] In meisterhafter Weise ist es den Schriftstellern dabei gelungen, Geschichten und Überlieferungen zu verbinden, die historisch gesehen unabhängig voneinander entstanden und ursprünglich von

---

145 Hierzu gehören eine Reihe von Rechtstexten und argumentierenden Texten, z. B. im Buch Deuteronomium oder den Büchern der Weisheit.

146 Wie die Menschen damals lebten, ist für uns heute kaum noch nachzuvollziehen. In den heute vorliegenden Texten finden wir aber viele, z. T. versteckte Hinweise auf diese frühen Zeiten der Menschheit. Vgl. dazu Zwickel, Welt.

147 Die heutige Forschung nimmt an, dass die Texte in der vorliegenden Form entweder in der späten Königszeit (um 700 v.Chr) oder in der Zeit des Exils in Babylon (ab 597 v.Chr) entstanden. Zusammengestellt und redigiert wurden die meisten von ihnen erst in in den folgenden Jahrhunderten. Vgl. Pietsch, Väterverheißungen.

verschiedenen lokalen Gottheiten der Frühzeit erzählten. Sie fassten die Vielfalt zusammen in der Verheißung von Land und Nachkommen, mit der sich Gott den »Vätern« zu erkennen gab. Gott – welchen Namen er auch immer trägt – führt die Väter und Mütter in die Zukunft, indem er ihnen Schutz und Fürsorge auf ihrem Weg zusichert, Nachkommen und Landbesitz verspricht (vgl. exemplarisch Gen 12,1ff.). Er begegnet als der begleitende und schützende Gott, der seine Verheißung zur Erfüllung bringt, manchmal auch gegen den Willen und trotz des Verhaltens seiner Menschen.

Die Autoren der Texte, die heute im Buch Genesis zu lesen sind, wollten aber keine historische Rekonstruktion der Frühzeit liefern. Sie hatten selber die Bedrohung durch fremde Mächte erlebt, die Erfahrung des Verlustes der Heimat gemacht und lebten wahrscheinlich im Exil. In dieser Situation erinnerten sie an die Geschichten der Erzeltern und nahmen die Zusage Gottes auch für ihre Gegenwart in Anspruch. Sie hofften und vertrauten darauf, dass Gott seine Zusage wahr macht und seinem Volk in der alltäglichen Führung zeigt: »Ich bin mit dir!« (Gen 26,24.28). So zeigen diese Geschichten einen Gott, »dem man vertraut, weil man von ihm angeredet worden ist. Er ist ein Gott, der einem *sagt*, dass er einen führt.«[148] Und sie zeigen Menschen, die auf diesen Gott vertrauen. Dies will ich an Abraham näher darstellen. Mit ihm beginnt die Geschichte des Volkes Gottes, er gilt bis in die heutige Zeit Juden, Christen und Muslimen als der »Vater des Glaubens.«

2 Die Geschichte Abrahams und seiner Frau Sara beginnt mit einem Auftrag:

- »Und der HERR sprach zu Abram: Geh aus deinem Vaterland und von deiner Verwandtschaft und aus deines Vaters Hause in ein Land, das ich dir zeigen will. Und ich will dich zum großen Volk machen und will dich segnen und dir einen großen Namen machen, und du sollst ein Segen sein. ... in dir sollen gesegnet werden alle Geschlechter auf Erden.« (Gen 12,1–3)

Die Angesprochenen hören Gottes Ruf und verlassen im Vertrauen darauf ihre alte Heimat. Auf der Suche nach einer neuen Lebensmöglichkeit ziehen sie in die Wüste. Die Erfüllung der Verheißung aber lässt auf sich warten. Die beiden müssen viele Umwege gehen und bleiben lange kinderlos, bis ihnen endlich in hohem Alter der Sohn Isaak geboren wird. Als Abraham stirbt, ist das einzige Stück im Land Kanaan, das ihm tatsächlich gehört, die Höhle Machpela, in der er seine Frau begraben hat und die auch seine Grabstätte wird (Gen 25,9f.).

In einer Seitenlinie wird auch über Ismael berichtet, den Sohn von Hagar, der ägyptischen Magd Saras. Auch ihr werden Nachkommen verheißen (vgl. Gen 16,10). Ismael wird besonders im Islam als Stammvater vieler arabischer Völker verehrt (Sure 2, 125ff. u.ö.).

Worin besteht nun das Vertrauen des Abraham, das ihn zum Vater der Glaubenden macht? Die Texte setzen unterschiedliche Akzente. Nach Gen 15,6 ist es das unbedingte Vertrauen auf Gottes Verheißung:

148 Buber, Glaube, 61.

- »Abraham glaubte Gott und dieser rechnete es ihm als Gerechtigkeit an.« (Gen 15,6).

Gen 17 berichtet davon, dass Gott einen Bund mit Abraham schließt und darin seine Verheißung erneuert. Das Ritual der Beschneidung wird zum sichtbaren Zeichen der Verbundenheit. Und schließlich erzählt Gen 22 von dem unverständlichen Gehorsam Abrahams, der sogar bereit ist, Gott seinen Sohn Isaak zum Opfer zu bringen.

Spätere Generationen fanden in den Geschichten von Abraham und Sara Hinweise auf Gottes Verlässlichkeit und Orientierung für ihren eigenen Glauben. So findet Abraham auch Eingang in das Neue Testament.[149]

3 Der Evangelist Matthäus nennt sein Evangelium von Jesus Christus »Buch des Ursprungs Jesu Christi, des Sohnes Davids, des Sohnes Abrahams ...« (1,1). In diesem Abschnitt, der so genannten »Genealogie,« nennt Matthäus die zentralen Eckpunkte der Geschichte Israels (Abraham – David – das Exil). Er macht deutlich: Jesus gehört in diese Geschichte Gottes mit seinem Volk hinein. Es geht ihm aber weniger um die Abstammung, als um den Ursprung – Abraham und Jesus haben ihren Ursprung bei Gott. Mit Abraham beginnt die Verheißung Gottes, die für Matthäus in Jesus Christus zur Erfüllung gekommen ist.[150]

4 Paulus legt in Röm 4,1ff. seine Vorstellungen von der Gerechtigkeit Gottes dar: In Tod und Auferstehung Jesu Christi ist die Rechtfertigung aller Menschen offenbar geworden.[151] Diese Gerechtigkeit Gottes gilt ohne Einschränkung allen Menschen, die an Christus glauben. Sie richtet sich ausnahmslos auf den Sünder, den Gottlosen und geschieht aus Glauben. Zur Begründung seiner Gedanken bezieht sich Paulus auf Abraham (besonders Gen 15,6), den er als Zeugen benennt:

- »Im Blick auf die Verheißung Gottes aber geriet er (sc. Abraham) nicht in Zweifel im Unglauben, sondern wurde stark im Glauben, indem er Gott die Ehre gab und vollauf davon überzeugt war: Was er verheißen hat, hat er die Macht auch zu tun. Deswegen auch ›wurde es ihm angerechnet zur Gerechtigkeit‹« (Röm 4,20–22).

Abraham stützt sich nicht auf seine eigenen Möglichkeiten, sondern verlässt sich ganz auf Gottes Gnade, die ihm die Verheißung zuspricht. Darin ist für Paulus das Wesen des Glaubens zu entdecken. Menschen, die wie Abraham glauben, vertrauen auf die Kraft Gottes, hoffen gegen allen Augenschein und erwarten, dass Gott seine Zusage verwirklicht, auch wenn alles dagegen spricht.

5 Im Johannesevangelium wird in einem Streitgespräch zwischen Jesus und seinen jüdischen Gesprächspartnern die Frage diskutiert, was es bedeutet, Abraham zum

---

149 Hier unterscheiden sich die christliche (hauptsächlich protestantische) und die jüdische Interpretation: Während für die jüdische Auslegung Gen 22 eine zentrale Rolle spielt, ist es im Protestantismus (mit Bezug auf Paulus) besonders Gen 15.

150 Vgl. Wiefel, Evangelium, 28. Zur Thematik Verheißung – Erfüllung bei Matthäus Luz, Jesusgeschichte, 49–53.

151 Vgl. zum Folgenden Wilckens, Brief an die Römer, 260ff.

Vater zu haben (Joh 8,12–59).[152] Die Diskussionspartner Jesu verstehen sich als Nachkommen Abrahams und damit als Empfänger der göttlichen Verheißung und Vertreter des Glaubens an den einen Gott. Mit diesem Selbstverständnis treten sie Jesus gegenüber. Sie können seinen Anspruch, im Namen Gottes aufzutreten und die Wahrheit zu sagen, nicht akzeptieren. Jesus hält ihnen entgegen: »Wenn ihr Abrahams Kinder wäret, würdet ihr die Werke Abrahams tun« (8,39b). Abraham war Gott gegenüber gehorsam und hätte sich der Offenbarung Gottes nie widersetzt. Genau das aber tun seine Gegner: Sie bestreiten, dass Jesus die Offenbarung Gottes ist, lehnen ihn ab, verfolgen ihn und suchen nach Möglichkeiten, ihn zu töten.

Für den Evangelisten Johannes ist klar: Menschen, die wie Abraham Gott gehorsam sind und ihr Leben in Gott gründen, können das Wort Gottes so hören, wie es in Jesus offenbar geworden ist. Es kommt also nicht auf die ererbte Identität an, sondern darauf, sich dem Anspruch Jesu zu öffnen. Nicht die Abstammung garantiert Freiheit und Heil, sondern das Vertrauen auf den Anspruch Jesu, vom Vater zu kommen. »Wer mit Gott in Konflikt tritt oder sich von ihm abwendet, der verliert sich. Er ist nicht mehr in der Lage, sein Leben zu verstehen und auszurichten: Deshalb verliert er seine Freiheit: Er wird Sklave der Sünde.«[153]

6 Die Gemeinde des Hebräerbriefs lebt in Anfechtung und Verfolgung.[154] Der Brief will die Menschen zur Standhaftigkeit und zum Festhalten am Glauben ermutigen. Durch seinen Tod am Kreuz hat Christus den Menschen Anteil an seiner himmlischen Herrlichkeit gegeben und die Hoffnung, Gott ganz nah zu sein. Daran gilt es festzuhalten, auch gegen den Augenschein und die Widrigkeiten der Gegenwart, in der die Menschen leben:

- »Es ist aber der Glaube eine feste Zuversicht auf das, was man hofft, und ein Nichtzweifeln an dem, was man nicht sieht« (Hebr 11,1).

Für diesen Glauben gibt es eine Wolke von Zeugen (12,1), an denen sich die Adressaten des Briefes ausrichten können. Der Verfasser erinnert an den Glauben der Erzväter, insbesondere auch an Abraham. Gott gab ihm eine Verheißung, die kaum zu glauben war. Abraham aber hielt daran fest, auch wenn er mehrfach versucht wurde, und war sogar bereit, seinen Sohn zu opfern. Nicht eine besondere Frömmigkeit, sondern die Kraft des Glaubens bringt Abraham zu diesem Verhalten. Daran können und sollen sich Menschen orientieren.

7 Abraham ist der Vater aller Glaubenden. Glaube ist ein Beziehungsgeschehen. Gott gibt dem Leben des Menschen ein Ziel, einen Auftrag und eine Zusage. Er verspricht Nähe und Begleitung. Er ist bei den Menschen, manchmal aber auch auf verborgene und unverständliche Weise. Menschen vertrauen auf diese Zusage. Sie gehen damit auch ein Wagnis ein. In schwierigen Situationen muss sich diese Bezie-

---

152 Zur Auslegung dieses bedeutenden Abschnitts vgl. Zumstein, Johannesevangelium, 332ff. Ich konzentriere mich hier auf die anthropologisch bedeutsamen Aspekte.

153 Zumstein, Johannesevangelium, 339.

154 Vgl. Hegermann, Brief, besonders 215ff.

hung bewähren. Das nennt die Bibel »Gehorsam.« Leben aus und im Glauben macht Menschsein aus.

3.2 Freiheit und Bindung gehören zusammen

1 In den Geschichten vom Exodus geht es um Befreiung aus Knechtschaft und Gebundenheit. Die Israeliten, so wird erzählt, lebten in Ägypten und wurden dort zu Sklaven- und Frondiensten herangezogen. Vom Ende dieser Unterdrückung und vom Auszug des Volkes in ein neues Land handelt das Buch Exodus. In den Geschichten wird auch die Beziehung zwischen Gott und den Menschen beschrieben. Einige wesentliche Aspekte sind:

Menschen wenden sich in ihrer Not an Gott. Dieser sieht das Elend der Menschen und hört ihre Klagen. Gott steht auf der Seite der Armen, nicht der Unterdrücker. Er greift direkt in das politische Geschehen ein und ist dabei durchaus nicht zimperlich. Bei der Rettung am Schilfmeer (Ex 14) erweist er sich als kriegerischer Kämpfer, der für und oft anstelle des Volkes dessen Feinde vernichtet: »Der Herr wird für euch streiten und ihr werdet stille sein.« (Ex 14,14).

Die befreiten Menschen, die sich auf den Weg mit Gott machen, werden in die Wüste geführt. Gefahren und Bedrohungen führen zu Zweifeln, Mutlosigkeit und Angst vor der offenen Zukunft. Bald sehnen sie sich nach den »Fleischtöpfen Ägyptens« zurück. Aber sie erleben einen Gott, der sie auch aus dieser inneren Gebundenheit befreit und nicht von seinem Ziel mit den Menschen ablässt: Sie leiden Hunger und Durst – Gott lässt Mose Wasser finden und Manna vom Himmel fallen (Ex 15f). Sie verlieren in der Wüste die Orientierung und das Ziel ihres Weges aus den Augen – Gott geht in Wolke und Feuersäule vor ihnen her und zeigt ihnen Tag und Nacht den Weg (Ex 13,21f.). Sie fühlen sich von Gott verlassen und machen sich eigene Götter aus Gold – Gott lässt sich erweichen und gibt seinen Menschen eine »zweite Chance« (Ex 32). Er zeigt ihnen den Weg durch die Wüste und den Weg ins Leben.

Gesprächs- und Verhandlungspartner Gottes ist Mose, eine schillernde Figur.[155] Weder heldenhaftes Auftreten noch besondere Führungsfähigkeiten qualifizieren ihn für seine Aufgabe. Gott hat ihn zum Führer des Volkes Israel erwählt (Ex 3) und lässt keine Einwände gelten:

- »Mose aber sprach zu dem Herrn: Ach, mein Herr, ich bin von jeher nicht beredt gewesen, auch jetzt nicht, seitdem du mit deinem Knecht redest; denn ich habe eine schwere Sprache und eine schwere Zunge. Der Herr sprach zu ihm: Wer hat dem Menschen den Mund geschaffen? Oder wer hat den Stummen oder Tauben oder Sehenden oder Blinden gemacht? Habe ich's nicht getan, der Herr? So geh nun hin: Ich will mit deinem Munde sein und dich lehren, was du sagen sollst.« (Ex 4,11).

155 Vgl. dazu Müller, Gott, 45ff.

Mit den Geschichten vom Exodus bekommt Gott für sein Volk einen Namen, JHWH (Ex 3).[156] JHWH, das bedeutet: Ich bin/war/werde sein, der ich bin/war/sein werde. Im hebräischen Text sind Vergangenheit, Gegenwart und Zukunft gleichzeitig ausgesagt. Gott macht sich den Menschen bekannt, er offenbart sich und bleibt doch zugleich verborgen. Die Beziehung zwischen Gott und Mensch ist gekennzeichnet durch Nähe und Distanz, Kennen und Nichtkennen, Vertrauen und Furcht.

2 Das befreiende und rettende Handeln Gottes, von dem das Exodusbuch erzählt, ist ein Grunddatum jüdischen und christlichen Glaubens. Es kann als die wichtigste theologische Aussage angesehen werden, an die im ganzen Alten Testament immer wieder erinnert wird.[157] In den Psalmen wird es lobend nacherzählt oder auch in der Not vor Gott gebracht: Gedenke doch ... (vgl. Ps 114 oder Ps 77). Für die Gerichtspropheten[158] wird die Erinnerung an den Exodus zur Begründung für das drohende Unheil: »Hört, was der HERR wider euch redet, ihr Israeliten, wider alle Geschlechter, die ich aus Ägypten geführt habe« (Am 3,1). Sie prangern das unterdrückende und knechtende Verhalten der Reichen in ihrem Land an: Es entspricht nicht dem Befreiungshandeln Gottes.

Im babylonischen Exil (um 580 v. Chr.) wird die Erinnerung an den Exodus zur Hoffnung auf eine erneute Befreiung aus allen Ländern, in die die Israeliten verschleppt wurden. Der Prophet Deuterojesaja ermutigt die Menschen in der Fremde und verspricht einen neuen Exodus (Jes 52,3–12). Jeremia kündigt die Heimkehr aller weltweit in der Diaspora lebenden Israeliten an (16,14–15).

Von den Israeliten wird der Exodus als Grunddatum ihrer Erwählung gefeiert. In der Pessachfeier wird das Vergangene bis heute mit- und nacherlebt. Es wird so zu einer Quelle der Hoffnung in jüdischen Familien und der jüdischen Gemeinde. Auch darüber hinaus sind die Erfahrungen der Befreiung lebendig geblieben. In der Befreiungstheologie in Lateinamerika meint »Exodus ... die Befreiung aus Strukturen, die Ungerechtigkeit oder Unterdrückung zulassen. ... Es kann nicht sein, dass Gott das Leid der Menschen ignoriert.«[159] Gott hört die Not der Unterdrückten und ergreift für sie Partei – dieser Glaube lässt Menschen hoffen und handeln.

3 Im Neuen Testament finden sich Befreiungsgeschichten unterschiedlicher Art. Von Jesus wird vielfach erzählt, dass er Menschen von »Dämonen« befreit hat, von Gebundensein in Krankheit, Konventionen und Gesetze, Ausgrenzungen und Sünde. Schließlich lässt er sich selbst binden, um die Menschen zu befreien: »Gott tritt so sehr auf die Seite der Leidenden, dass er ihr Leid teilt, es auf sich lädt und zu seinem eigenen macht. Damit wird die von den Hebräern im Exodus aus Ägypten erlebte Befreiung zum Typos des Christusereignisses.«[160]

Tod und Auferstehung Jesu Christi bringen Befreiung von Knechtschaft und Unterdrückung – das ist das Grundbekenntnis der Christen. Es ist vor allem von Paulus eindrücklich beschrieben worden.

---

156 Vgl. dazu Müller, Gott, 43f. Martin Luther gibt das Tetragramm JHWH mit HERR wieder.
157 Kegler, Exodus, 341 hat im ganzen Alten Testament 371 Verweise gezählt.
158 Zu den Gerichtspropheten vgl. Neef, Propheten.
159 Kegler, Exodus, 341. Zur Befreiungstheologie vgl. auch Kapitel 4.1.3 und Kapitel 4.4.
160 Kegler, Exodus, 341.

Der Apostel Paulus beschreibt seine Begegnung mit dem auferstandenen Christus (vgl. Gal 1,11ff.) als Neuorientierung und Wendepunkt in seinem bisherigen Leben.[161] Er fühlt sich beauftragt, die Botschaft von Jesus Christus in die ganze Welt hinauszutragen. Dafür unternimmt er Reisen in die ganz bekannte Welt und verkündigt das Evangelium jüdischen und nichtjüdischen Hörern (er nennt sie »Heiden«). Als gebildeter Pharisäer formuliert er damit auch seinen bisherigen jüdischen Glauben neu. Im Rahmen dieser Missionstätigkeit schreibt er mehrere Briefe an die Gemeinden, die während seiner Missionstätigkeit entstanden. Er setzt sich darin mit den konkreten Fragen und Konflikten auseinander, die die Menschen in diesen Gemeinden bewegten. Einige davon sind im Neuen Testament enthalten.

Paulus spricht in den Briefen von dem neuen Leben, das mit Tod und Auferstehung Jesu Christi für die Glaubenden begonnen hat. Paulus geht davon aus, dass Menschen unter der Macht der Sünde stehen, von ihr beherrscht werden. Aus eigener Kraft kann sich keiner befreien. Jesus aber hat den Tod auf sich genommen, den eigentlich der Sünder verdient hätte, und die Macht der Sünde durchbrochen. Diese Befreiung kann der Mensch im Glauben erfahren und daraus eine neue Lebensausrichtung und Lebenshaltung gewinnen, die sich an Christus orientiert. Wer durch Jesus Christus von der Macht der Sünde und des Todes befreit ist, kann rückblickend erkennen, dass er »unter dem Gesetz« gefangen und verloren war. Paulus predigt die freie und freimachende Gnade Gottes, die allen Menschen gilt. Er verkündet das Evangelium von Jesus Christus als Angebot des neuen Lebens:

- »Zur Freiheit hat uns Christus befreit! So steht nun fest und lasst euch nicht wieder das Joch der Knechtschaft auflegen« (Gal 5,1).

Freiheit versteht Paulus als Geschenk, das paradoxerweise erst in der Bindung an Gott erkannt und gelebt werden kann. Freiheit in Christus bedeutet neue Bindung: Der befreite Mensch lebt im Herrschaftsbereich Gottes. Dieses Leben in der Verbindung mit und aus der Bindung an Gott ist antwortendes Leben. Der Glaubende antwortet auf Gottes befreiendes Handeln mit einer liebevollen Haltung, die sich dem anderen Menschen vorbehaltlos zuwendet. Dafür findet er in Jesu Leben und Handeln ein Vorbild und in der Tora Anregungen und Anweisungen. Die Liebe Gottes, die der Glaubende an sich erfährt, öffnet ihm Augen und Herz gegenüber anderen Menschen und bestimmt den Umgang untereinander (vgl. zum Beispiel Gal 5,13, 1Kor 13).

3.3 Orientierung für ein Leben aus Liebe

In der Geschichte vom Exodus aus der Knechtschaft spielt der Berg Sinai[162] eine wichtige Rolle. Hier wird ein weiterer Aspekt der Beziehung zwischen Gott und

---

161 Zu Paulus vgl. Müller, Gott, 199ff.

162 Vgl. Neef, Sinai, 1244.

Mensch erkennbar. Gott erscheint (oder wohnt) auf dem Berg, hier offenbart er sich in Gesetz und Gebot.

Jahwe offenbart seinen Willen durch »10 Worte« (Gebote). Sie sind als Wegweiser zur Bewahrung der Freiheit zu verstehen, die mit dem Auszug begonnen hatte. Mit diesen Geboten gibt Jahwe dem wandernden Volk grundlegende Hinweise für das Zusammenleben untereinander.[163] Aber auch die Gemeinschaft Gottes mit dem Volk wird mit ihnen geregelt. Das erste Gebot »Ich bin Jahwe, dein Gott, du sollst keine anderen Götter haben neben mir« (Ex 20,3) betont: Für Israel, dessen Gott Jahwe ist, schließen sich alle anderen Götter ein für alle Mal aus.[164] Dieses Gebot hat erhebliche Bedeutung und Wirkung und ist in der Umwelt Israel ohne Vergleich. Die Folgerung für die Beziehung des Menschen zu Gott ist klar: Es gilt, den einen Gott, der seinem Volk mit Liebe und Fürsorge begegnet, »von ganzem Herzen, mit ganzer Seele und mit ganzer Kraft« zu lieben. Der Einheit Gottes entspricht die ungeteilte Zuwendung des Menschen zu Gott.

2 Die weitere Geschichte des Volkes Gottes ist geprägt von der Wertschätzung der Gebote – die Tafeln werden in einer kostbaren Bundeslade transportiert und finden später ihren Platz im Tempel. In den Psalmen bringen die Beter ihre Wertschätzung zum Ausdruck: Ein Mensch, der sich an die Weisungen Gottes hält, ist wie ein Baum, der am Wasser gepflanzt ist (Ps 1); der Fromme liebt das Gesetz Gottes und sinnt ihm täglich nach (Ps 119,97).

Zugleich aber werden die Gebote immer wieder missachtet und gebrochen. Die Menschen gehen eigene Wege. Sie vergessen Gott und seine lebenspendenden Weisungen. In der Königszeit beklagen Propheten die Ungerechtigkeit und den oberflächlichen Umgang mit den Geboten und kündigen Unheil an. Sie kritisieren die Abwendung von Gott mit drastischen Worten und fordern zur Umkehr auf. Die politische Zerschlagung der Staaten Israel und Juda interpretieren sie als Gottes strafendes Eingreifen.

3 Jesus stellt den Menschen über die Tora. Gerade so will er sie erfüllen und als Lebenswort zur Geltung bringen.[165] In seinem Reden und Handeln kommt deutlich zum Ausdruck, dass er das Doppelgebot der Liebe für den wahren Gotteswillen hält. Ohne jede Einschränkung gilt:

- »Du sollst den Herrn, deinen Gott, lieben von ganzem Herzen und von ganzer Seele ... und deinen Nächsten lieben wie dich selbst« (Mk 12, 30f).

Zugleich hat Jesus sich immer dann gesetzeskritisch geäußert und verhalten, wenn sich die Anwendung des Gesetzes gegen den Willen Gottes richtet. So war es ihm

163 Zum Verständnis des Gesetzes in AT, Judentum und NT vgl. Rose, Gesetz.

164 Im Deuteronium führt dieser Gedanke zum Bekenntnis: »Höre Israel, Jahwe unser Gott ist einer, (allein, einzig)« (Dtn 6,4) Dieses »Sch^{e}ma Israel« hängt heute in einer Gebetskapsel an jeder Tür eines gläubigen Juden und ist auch in den Gebetsriemen eingebunden.

165 Zur Zeit Jesu umfasst die Tora mehr als die 10 Gebote. Gemeint ist damit (neben der umfassenden Bezeichnung des Pentateuch) die in den Mosebüchern niedergeschriebene Sammlung unterschiedlicher Gebote (vgl. zum Folgenden Müller, Gott, 56f).

wichtiger, Menschen am Sabbat zu helfen, als das Gebot der Sabbatruhe einzuhalten (vgl. Mk 3,1–6). Er hat damit auch den Widerstand der jüdischen Führer gegen sein Auftreten provoziert.

4 Als jüdischer Pharisäer war Paulus ein »Eiferer für die Tora«, das jüdische Gesetz (Gal 1,14). Er versuchte mit all seiner Kraft, das von Gott gegebene Gesetz einzuhalten und so Gottes Willen zu tun. Die Tora galt ihm als Heilsgabe Gottes, als Garant des Bundes zwischen Gott und Israel.[166] Diese Bewertung änderte sich nach seiner Bekehrung nicht. Paulus musste allerdings die Frage klären, ob das jüdische Gesetz auch für Nichtjuden gilt. Je mehr nichtjüdische Menschen zum Glauben an Jesus Christus fanden und sich zum Zeichen der Gemeinschaft mit ihm und untereinander taufen ließen, desto dringender wurde diese Frage.[167] Paulus interpretiert: Die Tora ist heilig, gerecht und gut (Röm 7,12), darum behält sie ihre Bedeutung als Gabe Gottes. Aber sie hat keine Heilswirkung. Die Sünde missbraucht die Tora und führt jeden ins Verderben, der meint, sich mit Hilfe der Tora aus eigener Kraft von der Macht des Todes befreien zu können.[168] Kein Gesetz – weder die konkrete jüdische Tora noch ein mit menschlicher Vernunft erkennbares allgemeines Gesetz – hat irgendeine Heilswirkung. Weil Gott sich in Jesus Christus unmittelbar offenbarte, gibt es auch keinen Unterschied zwischen Juden und Nichtjuden. Alle sind in gleicher Weise der Sünde verfallen und allen gilt in gleicher Weise die Heilsbotschaft von Jesus Christus. Das Wesen der Tora kann Paulus als Liebe (Röm 13,8–10) beschreiben, darum ist die Liebe die Erfüllung des Gesetzes. Zu dieser Liebe hat Gott alle Menschen befreit.

3.4 Leben als Geschöpf und Bild Gottes

Das Bekenntnis zu Gott als Schöpfer ist jünger als das Bekenntnis zu dem Gott, der in der Geschichte seiner Menschen erkennbar wird und sich ihnen rettend und helfend zuwendet. In der Begegnung und Auseinandersetzung mit anderen Völkern, z. T. auch mit den politischen Gegnern und Siegermächten, erzählte man die eigene Geschichte weiter. Dabei blickte man auch zurück und begann, von Gott als dem Schöpfer der Welt zu erzählen. In diesen Texten setzten sich die Menschen zugleich mit den Vorstellungen von Gott und Mensch auseinander, die in der Umwelt Israels vorhanden waren. Die Bibel schließt also nicht von der Natur auf Gott zurück. Vielmehr deutet sie die Welt aus den Glaubenserfahrungen der Menschen in der Geschichte als Gottes Schöpfung. Durch diesen Rückblick auf den »Anfang« wird der Glaube über das

---

166 Vgl. zum Folgenden Schnelle, Theologie, 268ff.

167 Diese Frage führte in den frühen Gemeinden, vor allem in Galatien zu Spannungen und Streit, der sich im Brief des Paulus an die Galater widerspiegelt. Christen aus dem jüdischen Umfeld forderten, dass jeder, der den Glauben an Jesus Christus annimmt und sich taufen lässt, vorher beschnitten werden muss, wie es das jüdische Gesetz fordert.

168 Günter Klein beschreibt dies als »Vorsprung der Sünde vor dem Gesetz.« Der Mensch kann immer nur als Sünder mit dem Gesetz umgehen und verfehlt darum heilvolles Leben (Gesetz III, 67).

Leben der Gemeinschaft und des Einzelnen hinaus in einen universalen Rahmen gestellt.[169]

In der heutigen Bibel finden wir zwei verschiedene Texte von der Erschaffung der Welt und des Menschen.[170] Sie entstanden zu verschiedenen Zeiten in unterschiedlichen Lebenszusammenhängen und unterscheiden sich dementsprechend in vieler Hinsicht. Beide Texte betrachten die Schöpfung der Welt unter der Perspektive der Stellung, die der Mensch darin einnimmt. Für die theologische Frage nach dem Menschen in Beziehung zu Gott spielen sie bis heute eine wesentliche Rolle. Darum werde ich etwas genauer darauf eingehen.

1 Die Urgeschichte (Gen 1–11), zu der auch die Schöpfungstexte gehören, ist als Mythos zu verstehen und insofern von ihrem Ende her zu erschließen. Für Mythen gilt: »Indem sie erzählen, wie alles wurde, erklären sie, wie alles ist.«[171] Die Erzählungen der Urgeschichte haben also nicht das Ziel, naturwissenschaftlich zu erklären, wie sich die Menschheit entwickelt hat. Sie geben Antwort auf existentielle Fragen und Nöte: »Warum sind wir nicht unsterblich, ewig gesund und zufrieden? Warum müssen wir arbeiten, leiden und sterben? Warum können wir gleichwohl leben?«[172]

2 Der ältere Text[173] findet sich in Gen 2,4b-8,22. Der Mensch (*'adam*) wird von Jahwe kunstvoll aus dem Ackerboden (*'adamah*) geformt und von Gott mit Leben begabt:

- Da formte Jahwe Gott den Menschen aus Staub vom Erdboden und hauchte in seine Nase Lebensatem; so wurde der Mensch ein lebendes Wesen (Gen 2,7).[174]

Die enge begriffliche Verbindung zeigt, wie nahe Mensch und Erde gedacht sind und betont zugleich den Unterschied zwischen Gott und Mensch als Schöpfer und Geschöpf. Die Verwendung des Begriffes Staub vom Ackerboden weist besonders auf die Vergänglichkeit und die Begrenztheit des menschlichen Lebens hin. Das Leben erhält der Mensch aber nicht aus dem Erdboden, sondern dadurch, dass Gott ihm Atem (*ruach*) einhaucht. Damit ist nicht gemeint, dass Gott dem Menschen etwas

---

169 Dieser Gedanke findet sich vor allem in Gen 1f., im Psalter, in Deuterojesaja, in Teilen der Weisheitsliteratur und in einigen Zusätzen der Prophetenbücher. Die meisten dieser Texte lassen sich auf eine jüngere Periode (exilisch-nachexilisch) zurückführen. Alttestamentlicher Glaube ist also längst durch ältere Geschichtsüberlieferungen geprägt, bevor das Bekenntnis zum Schöpfer ausgesprochen wurde.

170 Auf die unterschiedliche Quellenlage kann hier nicht genauer eingegangen werden, vgl. dazu Zenger, Einleitung, 67ff. Vgl. zum Folgenden auch Müller, Gott, 20ff.

171 Gertz, Mensch, 24.

172 Gertz, Mensch, 24.

173 Es ist die sogenannte »jahwistische« Urgeschichte, vgl. Müller, Gott, 18.

174 Übersetzung von Westermann, Genesis, 249. Der Gedanke der formenden Gestaltung der ersten menschlichen Lebewesen durch die Gottheit ist in der Umwelt des Jahwisten bekannt (vgl. dazu die Ausführungen bei Westermann, Genesis, 277ff). Der Vergleich zeigt aber auch entscheidende Unterschiede: So wird z. B. in mesopotamischen Texten der Mensch aus einer Mischung von Ton und dem Blut einer geschlachteten Gottheit geschaffen (Belege bei Gertz, Mensch, 24, Anm. 16).

Göttliches mitgibt oder gar der Geist des Menschen mit dem Atem Gottes gleichzusetzen sei. Gott verleiht vielmehr dem Menschen als Ganzem seine Lebendigkeit. Der Mensch ist Teil der Erde und steht zugleich in einer lebendigen Verbindung zu Gott: *so* wurde der Mensch ein lebendes Wesen.

Der Mensch wird in einen Garten gesetzt und darin fürsorglich mit Lebensraum und Lebensmitteln ausgestattet.[175] Offensichtlich ist er noch nicht so, wie Gott ihn gemeint hat, denn er ist allein. Erst mit der Erschaffung der Frau ist das Werk gelungen (Gen 2,18). Der Mensch ist seiner Bestimmung nach auf eine Gemeinschaft ausgelegt, die zur gegenseitigen Hilfestellung gedacht und auf Verstehen, »Entsprechung« ausgerichtet ist.

3 Der zweite Text lässt sich der Priesterschrift zuordnen.[176] Für den Verfasser ist der Mensch das letzte und höchste der Schöpfungswerke Gottes. Er wird geschaffen zum Ebenbild Gottes und zur Herrschaft über die Tiere:

- »Und Gott sprach: Lasst uns Menschen machen nach unserem Bilde, uns ähnlich! Sie sollen herrschen über die Fische im Meer und über die Vögel am Himmel und über das Vieh und über alle wilden Tiere und über alles Gewürm, das auf der Erde sich regt. Und Gott schuf den Menschen nach seinem Bilde, nach dem Bilde Gottes schuf er ihn, als Mann und Frau schuf er sie. Und Gott segnete sie, indem er sprach: Seid fruchtbar und mehrt euch und erfüllt die Erde und macht sie euch untertan!« (Gen 1,26–28a)[177]

Gott entschließt sich,[178] den Menschen zu machen. Er soll Bild Gottes sein und über die Tiere herrschen. Für das »Bild« verwendet der Verfasser zwei verschiedene Begriffe. Mit »*zäläm*« sind plastische, halbplastische oder auch nur in die Wand eingeritzte Figuren und Symbole gemeint. Man kann es mit »repräsentative Darstellung« oder »Repräsentationsbild« übersetzen.[179] Der zweite Begriff »*d^{e}mut*« kann jede Art von Nachbildung oder Ähnlichkeit bezeichnen. Hier geht es um den funktionalen Aspekt originalgetreuer Wiedergabe. »Aus all dem ergibt sich, dass der Mensch nach Gen 1,26f als ein lebendes plastisches Bild der oder des Himmlischen erschaffen worden ist.«[180]

175 Das menschliche Geschöpf ist übrigens nicht als Mann vorzustellen, die geschlechtliche Differenzierung tritt erst ein, als der Gefährte/die Gefährtin gefunden und die Partnerschaft begründet ist; vgl. Gen 3,22–24 und Rendtorff, Theologie, 16.

176 Vgl. Müller, Gott, 18.

177 Übersetzung von Westermann, Genesis 1–3, 108; die folgenden Ausführungen folgen überwiegend der Auslegung Westermanns.

178 Der auffällige Plural ist nicht als pluralis majestatis zu interpretieren und setzt auch keinen himmlischen Hofstaat voraus. Es ist vielmehr eine Stilform der Selbstberatung (pluralis deliberationes), vgl. Westermann, Genesis 1–3, 200. Vorsichtiger Rendtorff, Theologie, 15: Die Verwendung des Plurals ist »nicht wirklich zu verstehen.«

179 Gertz, Mensch, 26, Belege für die Bedeutung der Begriffe bei Janowski, Statue, 190, und Westermann, Genesis 1–3, 201–204.

180 Gertz, Mensch, 27.

Lange bekannt und anerkannt ist die Parallele dieser Vorstellung zur altorientalischen Königsideologie. Der König wurde als Bild und damit als Repräsentant des höchsten Gottes auf Erden beschrieben.[181] Seine Autorität leitete sich aus Gottes ordnender Macht über das Chaos ab. Es zeigt sich: »Was im Alten Orient sonst dem König vorbehalten war, ist nach Gen 1,26–28 auf alle Menschen bezogen und damit verallgemeinert.«[182]

Nach Westermann macht Gen 1,26f in erster Linie eine Aussage über das Tun Gottes, weniger über das Wesen des Menschen. Er fragt: »Was beabsichtigte der Schöpfergott, der den Entschluss fasste, Menschen nach seinem Bild zu schaffen?«[183] In den babylonischen Schöpfungsmythen, mit denen sich der Verfasser des biblischen Textes auseinandersetzt, werden die Menschen geschaffen, um die Götter zu bedienen.[184] Auch in der priesterlichen Schöpfungsgeschichte hat die Erschaffung des Menschen eine Funktion: Als Geschöpf und Ebenbild soll er in einer Beziehung zu seinem Schöpfer stehen. »Alle Menschen hat Gott ›zu seinem Entsprechen‹, d. h. so geschaffen, dass etwas zwischen dem Schöpfer und diesem Geschöpf geschehen kann. Das gilt dann jenseits aller Unterschiede zwischen den Menschen … Die Gottesbeziehung ist nicht etwas zum Menschsein Hinzukommendes, der Mensch ist vielmehr so geschaffen, dass sein Menschensein in der Beziehung zu Gott gemeint ist.«[185] Dieses Menschsein ist auch für die Priesterschrift nur in der Gemeinschaft und der Zweigeschlechtlichkeit vorstellbar (Gen 1,27).

Der Zusammenhang der Verse Gen 1,26–28 mit der vorher beschriebenen Schöpfung der Welt zeigt: Für die Verfasser der Priesterschrift steht der Mensch in einer »doppelten Rückbindung bzw. Ausrichtung auf Gott und auf die Welt hin.«[186] Beide Elemente zusammen beschreiben das Verhältnis des Menschen zu Gott: Er ist zur Entsprechung (auf Gott bezogen) und zum Repräsentanten Gottes (auf die Welt bezogen) geschaffen und bestimmt. Die in Gen 1,28 beschriebene Herrschaft über die Tiere ist keine Folge, sondern »*das* Interpretament der Gottebenbildlichkeit.«[187]

Für die Herrschaft über die Tiere verwendet der Text die Begriffe *kabasch* und *radah*. Sie bezeichnen in der hebräischen Sprache Tätigkeiten, die mit den Füßen gemacht werden, z. B. betreten, durchschreiten, niedertreten, zertreten und in diesem Zusammenhang auch herrschen.[188] Gegen den ersten Augenschein ist mit dem Herrschaftsauftrag aber nicht die Zerstörung oder gewaltvolle Unterdrückung gemeint. Herrschaft meint nicht »Töten und Auffressen, sondern ein machtvolles Grenzen-Setzen, In-Dienst-Nehmen und Leiten.«[189] Der Vergleich mit der altorientalischen Königsideologie zeigt, dass auch

---

181 Vgl. Janowski, Statue.

182 Gertz, Mensch, 27. Rendtorff, Theologie,15 spricht von einer Demokratisierung der Vorstellung.

183 Westermann, Genesis 1–3, 215. Eine Imago-Dei Lehre lässt sich nach Westermann daraus nicht ableiten.

184 Vgl. die 6. Tafel des babylonisches Weltschöpfungsepos (Kämmerer, Enuma).

185 Westermann, Genesis 1–3, 218.

186 Janowski, Statue, 188.

187 Janowski, Statue, 196.

188 Belege bei Kaiser, Gott, 310.

189 Kaiser, Gott, 310. Das ergibt sich aus der Tatsache, dass nach der folgenden Speiseordnung Mensch und Tier keine (Nahrungs-)konkurrenten sind.

eine rein pazifistische Interpretation der Begriffe im Sinne einer Hirtentätigkeit nicht zutreffen kann. Für einen König bedeutet Herrschaft »Sicherung des Lebens seiner Untertanen, des inneren wie des äußeren Friedens, mithin die Abwehr des Chaos. Entsprechend ist der Mensch beauftragt, für die Wohlfahrt des ihm anvertrauten Herrschaftsbereichs zu sorgen.«[190] Als Bild Gottes – in Entsprechung zu Gott – handelt der Mensch also, wenn er die irdischen Lebensräume Wasser, Luft und Erde[191] als seiner Fürsorge anvertraut versteht und sich verantwortlich um deren Erhalt bemüht.

Der Auftrag an die Menschen (in der Gemeinschaft) ist mit dem gleichen Segen (Gen 1,28) verbunden, den Gott in der Schöpfung allem Lebendigen verleiht. Er bezieht sich zum einen auf ihre Fruchtbarkeit, die die Fortpflanzung der Art ermöglicht. Darin und gleichzeitig darüber hinaus bedeutet der Segen auch die Zusage, »dass zu dem den Menschen zugewandten Wirken Gottes, solange Menschen existieren, dieses Besondere des Segenswirkens gehört.«[192]

3 Das Geschöpfsein des Menschen wird im Alten Testament immer wieder thematisiert.[193] Die Psalmen loben Gott den Schöpfer (vgl. Ps 104). In der Weisheitsliteratur wird zur Achtung des Mitmenschen aufgerufen: »Wer den Armen verspottet, verhöhnt dessen Schöpfer.« (Spr 17,5) Im Hiobbuch wird der Schöpfergott zum Adressaten der Klage und Anklage.[194] Die Propheten der Jesajabücher[195] verbinden das Heilshandeln Gottes mit der Schöpfung: Gott, der die Menschen geschaffen hat, bleibt ihnen zugewandt. Für die Zukunft erwartet das dritte Jesajabuch die Schöpfung eines neuen Himmels und einer neuen Erde, in der Menschen im Frieden mit der Schöpfung, mit Gott und untereinander leben können (Jes 65,17ff).

4 Das Neue Testament stimmt mit dem Alten Testament darin überein, dass der Mensch Geschöpf Gottes ist. »Dass der Mensch von Gott herkommt und von Gott geschaffen ist, gilt für alle urchristlichen Schriften, auch wenn das in vielen Fällen nicht ausdrücklich gesagt wird.«[196] Leben ist Gottes Gabe, darum braucht ein Mensch sich nicht um sein Leben zu sorgen, vielmehr soll er nach der Herrschaft Gottes suchen:

- »Darum sollt ihr nicht sorgen und sagen: Was werden wir essen? Was werden wir trinken? Womit werden wir uns kleiden? ... Denn euer himmlischer Vater weiß, dass ihr dessen bedürft. Trachtet zuerst nach dem Reich Gottes und seiner Gerechtigkeit, so wird euch das alles zufallen« (Mt 6,31–33).

Eigene Akzente setzt das Neue Testament durch die Verbindung der Schöpfung mit Jesus Christus. Paulus nennt die Menschen, die an Christus glauben, eine neue Schöp-

190 Gertz, Mensch, 29.
191 Auf diese Bereiche bezieht sich Gen 1,26. Es handelt sich weniger um die Artenvielfalt als um die Lebensbereiche von Tier und Mensch (vgl. Janowski, Statue, 202).
192 Westermann, Genesis 1–3, 222.
193 Vgl. dazu Schmitt, Schöpfung, 1204.
194 Vgl. Kapitel 3.6.
195 Vgl. dazu Barthel, Jesaja.
196 Hahn, Theologie 2, 311.

fung: »Ist jemand in Christus, so ist er eine neue Kreatur; das Alte ist vergangen, siehe, Neues ist geworden« (2 Kor 5,17; vgl. auch Gal 6,15). Allerdings sind sie zusammen mit der ganzen Schöpfung der Vergänglichkeit unterworfen und warten auf die endgültige Erlösung, »denn wir sind zwar gerettet, doch auf Hoffnung« (Röm 8,24).

Am Anfang des Kolosserbriefes zitiert der Verfasser einen hymnischen Text über Jesus Christus. Darin wird Christus als Bild Gottes beschrieben (Kol 1,15). Als Ebenbild Gottes (das er ist, er wird nicht dazu geschaffen!) erscheint Jesus Christus als Erschaffer, Bewahrer und Versöhner des Kosmos.[197] Gott selber ist unsichtbar, aber er gibt sich zu erkennen: Christus ist sein Bild, an ihm kann man sehen und erkennen, wie Gott ist und handelt.

Menschen, die an Christus glauben, leben in und aus der Beziehung zu ihm. Sie sind für den Verfasser »neue Menschen«, die dem Bild dessen entsprechen, der sie geschaffen hat:

- »Ihr habt den alten Menschen mit seinen Taten abgelegt und habt den neuen Menschen angezogen, der nach dem Bild seines Schöpfers erneuert wird, um ihn zu erkennen« (Kol 3,9).

Sie erkennen, dass der Herrschaftsauftrag Gottes aus Gen 1,28 im Leben und Handeln Jesu Christi an ihr Ziel gekommen ist. Für die Menschen ist das wie ein Kleidertausch: »Anziehen, was bereits von Gott geschaffen ist. ... Der neue Mensch ist kein Produkt seiner eigenen Perfektionierung, sondern Adressat des gerechtmachenden Handelns Gottes.«[198] In und aus der Beziehung zu Christus wird die Gemeinschaft der Glaubenden beschrieben.

3.5 Leben in der Hinwendung zu Gott

Die Menschen, von denen wir in der Bibel lesen können, erzählen nicht nur von und über Gott. Sie reden auch zu ihm und mit ihm. Gott ist es, der Beziehungen zu seinen Menschen ermöglicht, sie anbahnt, sich ihnen mitteilt und zu ihnen spricht. Und so ist das angemessene Verhalten der Menschen diesem Gott gegenüber die Antwort auf sein Lebensangebot – in Wort und Tat, in Freude und Leid.

1 Das Reden mit Gott nennt man seit alters her Gebet. Die Psalmen zeigen in besonders eindrucksvoller Form, was Gebet sein kann. Menschen breiten ihr ganzes Leben vor Gott aus in Lob, Bitte, Dank und auch in der Klage. Die Beziehung zu Gott wird eingefordert, wenn sie vermisst wird und gefeiert, wenn sie sich als lebensfördernd erwiesen hat. Die eigenen persönlichen Glaubenserfahrungen werden mitgeteilt und weitergegeben. »Stimmt mit mir ein in die Geschichte(n) des Glaubens«, so könnte man die Aufforderung der Psalmen zusammenfassen. Die Beter der Psalmen reden von Gott wie von geliebten Menschen, sie vergleichen ihn mit Dingen aus

197 Vgl. Schnelle, Theologie, 508ff.
198 Reinmuth, Anthropologie, 253.

ihrem Lebensbereich und der Natur: Du bist mein Fels, mein Licht, meine Quelle, meine Burg – du tröstest mich, du führst mich und beschützt mich … . Die lebendige Beziehung zwischen Mensch und Gott umfasst das ganze Leben. Nichts wird ausgeblendet, auch nicht die negativen Erfahrungen: Gefahr, Krankheit, Tod und damit verbunden Verzweiflung, Zorn und Zweifel an Gott. Auch die dunkle Seite Gottes kommt zur Sprache. Bis heute finden Menschen in den Psalmen Worte für ihre eigene Lebenssituation.

2 Auch im Gebet lässt sich formulieren was und wie der Mensch ist. Exemplarisch lässt sich dies an Psalm 8 zeigen. Der Psalm handelt von der Herrlichkeit des Schöpfers und der Hoheit des Menschen. Der Beter betrachtet die Welt um sich herum, den Himmel, den Mond und die Sterne. Sie alle sind Gottes Werk und Zeichen für seine schöpferische Kraft und Herrlichkeit. Der Beter beginnt mit einem Lob der Herrlichkeit und Hoheit Gottes, die sich am Himmel und in allen Landen zeigt und bezeugt wird. Dann blickt er auf sich selbst und staunt:

- »Was ist der Mensch, dass du seiner gedenkst und des Menschen Kind, dass du dich seiner annimmst? Du hast ihn wenig niedriger gemacht als Gott, mit Ehre und Herrlichkeit hast du ihn gekrönt« (Ps 8,5f.).[199]

Die Anklänge an Gen 1 sind unverkennbar, der Psalmist hat keine Schwierigkeiten, diese Schöpfungstraditionen auf sich selbst zu beziehen (»wenn *ich* sehe …«, V.4).[200] Wenn er die Schöpfung betrachtet, wird er sich bewusst, dass er Mensch ist, weil Gott ihn annimmt und seiner gedenkt. Und er nimmt die Ambivalenz des Menschen im Gegenüber zu Gott wahr: Zum Herrscher gekrönt über die gesamte Kreatur (V 7) ist er wenig niedriger als Gott – und im Vergleich mit Gott doch so klein und niedrig.

Dieser Psalm bindet die anthropologische Grundfrage »Was ist der Mensch?« an Gott und verändert sie dadurch fundamental. Es ist keine Frage, die der Mensch von sich aus beantworten kann. Sie erscheint nur sinnvoll und lösbar, wenn sie an Gott, den Urheber des (menschlichen) Lebens gerichtet ist. Das führt unmittelbar zu Staunen und Lob: *»Der Mensch ist als doxologische Existenz geschaffen* – ob er immer bereit ist, Gott die Ehre und ihm Recht zu geben, ist eine andere Frage.«[201]

Eine wörtlich fast gleiche Fragestellung findet sich in Psalm 144. Die Schlussfolgerung oder Antwort aber ist diametral entgegengesetzt. Der staunende Mensch erkennt nicht seine Hoheit und Würde – sondern seine Vergänglichkeit und Nichtigkeit.

---

199 Hebr 2,6 wird diese Aussage auf Jesus Christus bezogen und ins Jenseits verlagert. Im Psalm aber ist die Herrlichkeit des Menschen »in der vollen Diesseitigkeit bereits anschaubar« (Kraus, Psalmen, 72).

200 Für Seybold zeigt der Psalm »dass man am Tempel eine theologische Anthropologie entwickelt und gepflegt hat« und »ein Menschenbild, das auf mythischen, vielmehr mythologisch abgeleiteten Schöpfungsvorstellungen gründet, das aber auf die Individualität des Menschen bezogen ist.« (Seybold, Feindbild, 316f).

201 Sauter, Mensch, 51. Der ganze Psalm trägt »Merkmale verwunderten Innewerdens« (Kraus, Psalmen, 71).

- »Jahwe, was ist der Mensch, dass du dich seiner annimmst, und des Menschen Kind, dass du ihn so beachtest? Ist doch der Mensch gleich wie nichts; seine Zeit fährt dahin wie ein Schatten« (Ps 144,3f.).

Wahrscheinlich ist dies ein Königspsalm, der König erscheint im Glanz seiner Stellung vor Jahwe, er ist einbezogen in die Schutzmacht Gottes. Aber dieser König ist zugleich schwach und hilflos, von Gottes Beistand abhängig. Eine demokratische Dimension ist zu erahnen. Der Mächtige in Israel erkennt im Angesicht Gottes seine wahre Stellung: Er ist wie ein Hauch.[202] »Des Menschen Vergänglichkeit wird in Gottes Gedenken aufgehoben: nicht beseitigt, aber auch nicht bestehen gelassen – von Gott verlassen, wäre der Mensch verloren.«[203]

Auch Psalm 139 spricht ähnlich wie Psalm 8 davon, dass der Mensch von Gott geschaffen, bereitet wurde. Hier ist sehr eindeutig eine individuelle, persönliche Beziehung zu erkennen:

- »Denn du hast meine Nieren bereitet und hast mich gebildet im Mutterleibe. Ich danke dir dafür, dass ich wunderbar gemacht bin; wunderbar sind deine Werke, das erkennt meine Seele« (Ps 139, 13f.).

Der Beter bezieht sich hier nicht auf den Ursprung der Schöpfung insgesamt, sondern setzt sich mit der Erfahrung auseinander, dass Gott sein Leben von Beginn an in der Hand hat und umsorgt.[204] Der Beter preist die wunderbare Schöpfung seines Lebens, er weiß und erkennt auch, dass der Schöpfer sein Werk durchschaut:

- »Von allen Seiten umgibst du mich und hältst deine Hand über mir« (Ps 139,15).

Der Psalmist findet kaum Worte für das Erkennen und Durchschauen Gottes, seine Gedanken sind ihm zu hoch. Die »Doxologie transzendiert die Fähigkeiten denkerischer Bemächtigung.«[205]

- »Wie schwer sind für mich, Gott, deine Gedanken! Wie ist ihre Summe so groß! Wollte ich sie zählen, so wären sie mehr als der Sand: Am Ende bin ich noch immer bei dir« (Ps 139,17f.).

»Das Nachdenken und Nachzählen würde den Psalmisten nicht von Jahwe trennen. Er müsste auch in den äußersten Anstrengungen der Reflexion dessen innewerden, dass er nach wie vor ›bei Jahwe ist‹.«[206] Sein ganzes Leben sieht der Beter vor Gott ausgebreitet, auch die Zeitspanne des Lebens ist von ihm bestimmt. Dies ist für ihn

202 Kraus, Psalmen, 945.
203 Sauter, Mensch, 58.
204 Die Nieren sind der Sitz der innersten Gefühls- und Willensregungen, vgl. Kapitel 3.10.
205 Kraus, Psalmen, 920.
206 Kraus, Psalmen, 921. Vgl. auch Ps 73,23f., die enge Verbindung zwischen Gott und Mensch ist für den Beter Trost und Gewissheit.

aber kein Grund zur Angst oder zur Klage über Fremdbestimmung. In freudiger Gewissheit bittet der Beter Gott um Geleit in seinem Leben:

- »Sieh, ob ich auf bösem Wege bin und leite mich auf ewigem Wege« (Ps 139,24).

3 Auch im Neuen Testament kommen hymnische Texte vor, die man durchaus mit den Psalmen vergleichen kann. Sie beziehen sich überwiegend auf Jesus Christus (vgl. Phil 2). *Das* Gebet im Neuen Testament aber ist das »Vater unser«, es geht auf Jesus zurück. Für die Frage nach der Beziehung zwischen Mensch und Gott lassen sich wichtige Aspekte gewinnen.[207] Gott wird mit »*abba*« angesprochen, das ist eine respektvolle Anrede für den Vater, den man bitten kann. Zugleich soll sein Name (diese Bezeichnung steht für Jahwe) geheiligt werden, damit bleibt die Distanz zwischen Gott und Mensch gewahrt. Im Gebet wird das ganze Menschsein vor Gott gestellt: Der Mensch braucht Lebensmittel, er braucht Vergebung und Bewahrung vor dem Bösen. In Sorge, Schuld und Angst kann er sich an Gott wenden. Die vorangestellte Bitte um die kommende Gottesherrschaft stellt dies alles in einen weiten Rahmen. Gottes Wille soll zur Geltung kommen im »Himmel und auf Erden.« Die Sehnsucht des Menschen nach Gottes Nähe kommt hier zum Ausdruck und die Hoffnung auf sein Reich der Gerechtigkeit und des Friedens.

3.6 Leben mit Grenzen und Zweifeln

1 Im Hiobbuch wird eine grundlegende existentielle Frage des Menschen in viele Richtungen durchdacht und durchdrungen: Die Frage nach dem Leid und der Hinfälligkeit des Lebens. Die Auseinandersetzung über die Frage, in welchem Verhältnis Gott und Leid stehen, und wie sich erklären lässt, dass Menschen leiden müssen, prägt das ganze Buch.[208]

- »Ich mag nicht mehr, ich will nicht ewig leben. Lass ab von mir; denn nur ein Hauch sind meine Tage. Was ist der Mensch, dass du ihn groß achtest und deinen Sinn auf ihn richtest, dass du ihn musterst jeden Morgen und jeden Augenblick ihn prüfst?« (Hi 7,16f)

Dieser Ruf des leidenden Hiob, der seine Familie, seinen Besitz und seine Gesundheit verloren hat, erinnert an Psalm 8 und 144. Die Frage: »Was ist der Mensch?« ist nun aber nicht mehr staunender Lobpreis oder vertrauensvolle Frage, sondern ein Aufschrei: Der sehnliche Wunsch nach einer Unterbrechung des Verhältnisses zu Gott.

---

207 Zur Auslegung insgesamt vgl. Müller, Gott, 142ff. Ich folge dieser Darstellung.

208 Das Buch Hiob entstand in einer Zeit, als herkömmliche weisheitliche Auffassungen über Gott und Mensch in eine Krise geraten waren und die Erfahrungen der Menschen immer weniger deuten konnten. Zur komplizierten Entstehungsgeschichte und den unterschiedlichen Traditionen, die das Buch verarbeitet, vgl. V. Oorschot, Tendenzen, und Kaiser/Mathys, Hiob.

Hiob will seinen Gott loswerden, der ihn so sehr bedrängt, dass er unter der Last des Leides zusammenbricht. Die Nähe Gottes wird für Hiob lebensbedrohlich und unerträglich. Die Erfahrung der Vergänglichkeit und Nichtigkeit des Lebens ist so ausweglos, dass nur noch Gottlosigkeit und Tod sinnvoll zu sein scheinen. In allem Leid nimmt Hiob einen Gott wahr, der seine Würde und Ehre zerstört. Der Mensch ist nicht mehr mit Ehre und Herrlichkeit gekrönt (vgl. oben Ps 8), im Gegenteil:

- »Meiner Ehre enthäutete er mich und entfernte das Diadem meines Hauptes« (Hi 19,9).

»Die Gestalt des Hiob steht sprichwörtlich für den Menschen in seinem Elend.«[209] Aus der Fülle des Lebens, reich gesegnet mit Gütern und einer großen Familie wird er ins Unglück gestoßen. Warum? Dieser Frage geht das Buch nach und stellt sie auch als Frage nach Gott und seiner Gerechtigkeit.

Die Auseinandersetzung über die Frage nach dem Sinn von Leid und der Beziehung zu Gott wird über weite Strecken als Diskussion zwischen Hiob und seinen Freunden geführt. Diese repräsentieren eine weisheitlich geprägte Deutung: Gott kommt seiner Aufgabe als Herr der Welt und der Menschen in einer Weise nach, die dem menschlichen Verstand zugänglich und denkend nachvollziehbar ist. In dieser Perspektive erscheint das Leid als eine Folge des Bösen, für das der Mensch verantwortlich ist und das die Strafe Gottes zur Folge hat. Die Vergeltung zielt auf Umkehr und Umdenken und ist nicht ohne die Chance eines Neuanfangs. »Die Grenzerfahrungen des Menschen werden ... ganz im Dienst einer umgreifenden göttlichen Erziehung gesehen.«[210] Darüber hinaus wird das Leid als Hinweis auf den letztlich unbegreiflichen Gott gesehen, das zur Demut und Gottesfurcht führen soll (vgl. Hiob 37,14ff). Angesichts des Leids, das dem als gottesfürchtig und schuldlos dargestellten Hiob geschieht, greifen diese Erklärungsversuche allerdings ins Leere – es muss neu nach Mensch und Gott gefragt werden.

Nachdem Gott zu den Vorwürfen und Anklagen, dem Klagen und Rufen des leidenden Hiob lange geschwiegen hat, antwortet er ihm »aus dem Sturm« (Hi 38f). Er zeigt sich als Schöpfer und Beherrscher der Welt, dessen Weisheit dem Menschen letztlich verborgen ist und bleibt. Gott fragt Hiob:

- »Ich will dich fragen, lehre mich! Wo warst du, als ich die Erde gründete? Sage mir's, wenn du so klug bist!« (Hi 38,3f)

Angesichts dieser Rede kann Hiob zunächst nur verstummen. Er muss seine Vorstellung von Gott und Mensch revidieren. Er erkennt: Der Mensch ist und bleibt auf seine Grenzen verwiesen und in dieser Begrenztheit auf Gott angewiesen. Trotz aller kulturellen Leistungen und technischen Entwicklungen (vgl. Hi 28), die er als rational begabtes Wesen erreichen kann, ist ihm die letzte Einsicht in die Weisheit der Welt

209 V. Oorschot, Menschenbild, 324.

210 V. Oorschot, Menschenbild, 333, vgl. Hi 34,11.

versagt. »Jenseits irgendwelcher Formeln begegnet ein Mensch Gott und erfährt, dass sein Leben und Leiden nicht ›umsonst‹ ist, sondern in Gott geborgen ist – selbst wo dieser sich zu verbergen scheint – und dass es darin Sinn und Perspektive gewinnt.«[211]

In der Rahmenerzählung, die das ganze Buch umgibt, kommt noch eine andere Deutung der Beziehung von Gott und Mensch in den Blick. Der Ankläger vertritt ein utilitaristisches Bild: Der Mensch tut Gutes und ist fromm, weil es ihm nützt. Hiob aber bekennt sich zu Gott, trotz Leid und Ungerechtigkeit, auch wenn er nicht mehr weiß, wer dieser Gott ist. Irgendeinen Nutzen erwartet er nicht. Gerade diese Haltung wird am Ende bestätigt: »Wer auf das Leben um Gottes willen verzichtet, der wird mit dem Leben beschenkt.«[212]

2 Mit dem Buch Hiob war schon ein Blick in die Weisheitstraditionen des Alten Testaments möglich. Es entstand in einer Zeit, in der die »Undurchsichtigkeit der individuellen Lebensführung der Glauben an Jahwe immer größere Rätsel aufgab.«[213] Die bisherigen Glaubenstraditionen verloren ihre unangefochtene Geltung. Die Vorstellung, dass Gottes Ordnung der Welt durch denkendes Erforschen erkannt und verstanden werden kann, und der Mensch so Anteil an der »Weisheit« bekommt, geriet ins Wanken. Ist der Mensch wirklich ein verantwortlicher Partner Gottes, der frei entscheiden und sein Leben autonom gestalten kann? So jedenfalls wird der Mensch in der älteren Spruchweisheit gesehen (vgl. Prov 10–30).

Das Buch Hiob stellt dieses optimistische Menschenbild aus der Perspektive des Leides in Frage. Noch radikaler ist der Prediger Kohelet.

- »Denn es geht dem Menschen wie dem Vieh: wie dies stirbt, so stirbt auch er, und sie haben allen einen Odem, und der Mensch hat nichts voraus vor dem Vieh; denn es ist alles eitel« (Koh 3,19).

Menschliches Leben endet mit dem Tod, von diesem unausweichlichen Ende her erscheint das Leben insgesamt als nichtig, sinnlos und absurd. »Menschsein ist für Kohelet Sein-zum-Tode.«[214] Rationale Erforschung des Lebens kann den Sinn des Lebens nicht finden. Gottes Setzungen kann der Mensch nicht erfassen. Er muss sich dem Unabänderlichen fügen. Die unüberwindbare Grenze, die menschlichem Erkenntnisvermögen gesetzt ist, erkennt Kohelet mit einer Klarheit, die ihn in existentielle Verzweiflung führt: Das menschliche Leben ist eitel, nichtig, Mühsal und ein Haschen nach dem Wind (Koh 1,14). Was bleibt dem Menschen also übrig?

---

211 Klaiber, Gerecht vor Gott, 52.

212 V. Oorschot, Menschenbild, 339. Die Rahmenerzählung wurde später hinzugefügt und kann als eine Deutung der Hiobgeschichte angesehen werden. In einer Wette streiten Satan als Ankläger und Gott darum, ob und wie lange Hiob ein gerechter Mensch ist. V. Oorschot versteht dies als einen Streit um das rechte Menschenbild.

213 Von Rad, Weisheit, 266. In den folgenden Ausführungen beziehe ich mich hauptsächlich auf dieses Buch. Müller, Gott, 119ff. vertritt eine etwas modifizierte Auffassung.

214 Albertz, Mensch II, 472. Das Wort »Nichtigkeit« (*häbäl*) kommt in den 12 Kapiteln des Buches ungefähr 30 mal vor.

- »So geh hin und iß dein Brot mit Freuden, trink deinen Wein mit gutem Mut; denn dies dein Tun hat Gott schon längst gefallen« (Koh 9,7).

Gefangen in der Falle seiner Zeitlichkeit und der Einsicht, letztlich nichts wirklich wissen zu können, bleibt dem Prediger nur noch, die Gegenwart voll auszukosten und Momente der Lebensfreude zu genießen. Gott ist für ihn eine ferne, dunkle Schicksalsmacht, auf die der Mensch keinen Einfluss hat und von einer persönlichen Beziehung des Menschen zu Gott ist nichts zu bemerken. In Kohelet begegnet uns ein Mensch, der mit allen denkerischen Möglichkeiten, mit Erforschen und Ergründen die Zusammenhänge der Welt und des Lebens sucht. So will er den Sinn seines Lebens finden. Er stößt dabei an eine unüberwindliche Grenze. Offen bleibt, wie sich der Sinn finden lässt.

3.7 Jesus Christus, der Mensch Gottes

1 Mit der Botschaft »Das Reich Gottes ist nahe herbeigekommen« (vgl. Mk 1,15 par.) tritt Jesus auf. Von Anfang an wird darin erkennbar, worum es ihm geht. Er spricht von einem Gott, der kommt und seine Herrschaft in Israel aufrichten wird. Auf dieses Kommen sollen sich die Menschen vorbereiten, indem sie umkehren, Buße tun und sich zu Gott wenden.[215]

In Gleichnissen erzählt er von Gott, der das Verlorene sucht und sich über Umkehr freut (vgl. verlorenes Schaf, Mt 18, 12ff. parr; verlorener Sohn, Lk 11ff.). Mit Bildern aus der Alltagswelt der Menschen beschreibt er, wie Leben nach Gottes Willen aussehen kann. Gott nimmt am Leben und Zusammenleben intensiv Anteil. Er lässt sich so sehr auf die Menschen ein, dass er mit einer Hausfrau oder einem Schafhirten verglichen werden kann. Das bleibt nicht ohne Konsequenzen für das Verhalten der Menschen untereinander und in Bezug auf Gott:

- »So wie euer Vater im Himmel vollkommen ist, so sollt auch ihr vollkommen sein« (Mt 5,48).

Menschen stehen zu Gott in einer Beziehung, die von Liebe, aber auch von Verantwortung geprägt ist. Im endzeitlichen Gericht müssen sie sich bewähren und verantworten. Die Existenz der Menschen soll auf Gott ausgerichtet sein und seinem Willen entsprechen. Darin liegt ihre Würde und Ehre.[216]

Die Heilungswunder Jesu zeigen: Vergebung der Sünden und Heilung von Gebrechen gehören zusammen. Heil-Sein ist für Jesus nicht nur körperliche Gesundheit, sondern betrifft zugleich die Beziehung des Menschen zu Gott (vgl. Mk 2,1ff parr.). Glaube bedeutet Vertrauen auf Gottes rettendes und heilendes Handeln (vgl. Mk 10,

---

215 Jesus folgt mit diesem Ruf zur Umkehr der Predigt Johannes des Täufers, vgl. dazu Lk 3.

216 »Der Mensch, der den Willen Gottes tut, empfängt von dorther seine Würde und seine Ehre« (Wischmeyer, Neues Testament, 88).

46ff). Dieses unbedingte Vertrauen ist die angemessene Haltung des Menschen zu Gott.

In seinem Auftreten wird erkennbar, wie Gott ist und in welcher Beziehung er zu den Menschen steht. Er wendet sich den Menschen zu und nimmt vor allem die Kleinen und Benachteiligten in den Blick.[217] Jesus selber lebt diese liebevolle Zuwendung Gottes zeichenhaft, indem er Schuld vergibt, Gemeinschaft stiftet und Leben heilt.[218]

2 Alle neutestamentlichen Autoren gehen davon aus, dass in Jesus Christus Gott selbst Mensch geworden ist. In und an ihm ist deshalb zu erkennen, was Menschsein bedeutet, wie es Gott, der Schöpfer, gemeint hat. Das lässt sich exemplarisch an dem Titel »Menschensohn« zeigen, wie ihn die Evangelisten verwenden.

- Das Wort »Menschensohn« bedeutet im Alten Testament zunächst nur der Mensch oder ein Mensch.[219] Es wird häufig gebraucht, um die Niedrigkeit eines Menschen gegenüber Gott auszudrücken (vgl. Ps 8,5). In jüdisch-apokalyptischen Texten wird seit dem 2. Jahrhundert vor Christus von dem Menschensohn als dem Auserwählten gesprochen, »der im Himmel verborgen ist, sich aber in naher Zukunft offenbaren wird, um die Könige der Erde zu entmachten.«[220] Daran knüpfen die Messiaserwartungen an, die im Judentum zur Zeit Jesu aktuell waren.

Die frühen Christen greifen diese Erwartung auf und übertragen sie auf Jesus (dass Jesus von sich selbst als Menschensohn gesprochen hat, ist möglich, aber nicht ganz eindeutig zu klären). Dabei greifen sie die ihnen aus der apokalyptischen Tradition bekannte Vorstellung vom kommenden Richter auf (Mt 25,31ff.), erweitern die Rede vom Menschensohn aber unter dem Eindruck der Erfahrungen, die sie mit Jesus gemacht haben. Sie sprechen nicht mehr nur vom kommenden Menschensohn als einer zukünftigen Richtergestalt, sondern sehen Jesus bereits in seinem irdischen Leben als Menschensohn, der Sünden vergeben und Wunder wirken kann (Mk 2,10f.). Und auch das Leiden Jesu klammern sie nicht aus: In den Leidensweissagungen (Mk 8,31–22; 9,31–32; 10,33f.) wird ausdrücklich vom Leiden und Sterben des Menschensohns gesprochen, aber auch auf seine Auferweckung hingewiesen. In all dem schwingt die Grundbedeutung »Mensch« mit: In seinem Handeln für andere und seinem Leiden ist Jesus als »Menschensohn« der exemplarische Mensch, und in seiner Auferweckung wird deutlich, dass Gott sich auf die Seite dieses Menschen stellt. Gottes schöpferisches Handeln wird in der Auferweckung Jesu neu erkennbar und zeigt: Leben geht nicht am Tod vorbei, aber durch den Tod hindurch. So wird der Leidensweg Jesu zum Weg ins Leben und auf diesen Weg sind die Jünger in die Nachfolge gerufen: »Wer mir nachfolgen will, der verleugne sich selbst und nehme sein Kreuz

---

217 Vgl. dazu Müller, Mitte. Zum Folgenden vgl. Wischmeyer, Neues Testament, 85ff.

218 Er kann deshalb zutreffend als »Gleichnis Gottes« bezeichnet werden, so der Titel des Buches von Schweizer, Jesus.

219 Vgl. zum Folgenden Kearns, Menschensohn, 900ff.

220 Kaerns, Menschensohn, 900.

auf sich« (Mk 8,34). Was es bedeutet, ein Mensch zu sein, entscheidet sich in der Beziehung zu diesem Weg. Er führt ins Leben, kann aber auch verfehlt werden.

3 Für *Paulus* verbindet sich in der Geschichte Jesu Christi die Geschichte Gottes mit den Menschen. In Jesus ist Gott Mensch geworden, ganzer Mensch, geboren von einer Frau (Gal 4,4–6) und hingerichtet am Kreuz. Einmalig und geschichtlich wie alle Menschen, steht auch er unter dem Anspruch des Gesetzes Gottes, der jüdischen Tora. Anders als alle anderen Menschen aber ist er ohne Sünde (Röm 8,3).[221] Er wählt den Weg der Niedrigkeit und des Todes, um den Menschen den Weg ins Leben zu öffnen (Phil 2,6–11).

Von Christus aus erkennt Paulus: Alle Menschen, ohne Ausnahme, sind Gott gegenüber im Unrecht. Der Apostel erläutert dies an der Figur des Adam (zusammenhängend dargelegt in Röm 5,12–21).[222] Adam hat sich von Gott abgewandt, darin liegt der Ursprung der Sünde. Sie herrscht seitdem in der Welt und führt den Menschen in Tod und Verderben.

- »Wie durch einen Menschen die Sünde in die Welt gekommen ist und der Tod durch die Sünde, so ist der Tod zu allen Menschen durchgedrungen, weil sie alle gesündigt haben« (Röm 5,12).

Gott aber setzt der Adam-Geschichte die Geschichte Jesu Christi entgegen. Er hat in seinem Leben, Sterben und Auferstehen die Macht der Sünde überwunden. So kann der Glaubende in Beziehung zu Gott leben. Paulus verwendet dafür den Begriff der Gerechtigkeit: Im Evangelium von Jesus Christus, das er predigt »wird offenbart die Gerechtigkeit, die vor Gott gilt, welche kommt aus Glauben in Glauben« (Röm 1,17).

Dieses Evangelium kann Paulus im »Wort vom Kreuz« zusammenfassen und damit charakterisieren. Obwohl der Kreuzestod Christi von vielen als Ärgernis und Torheit angesehen wird, ist er für ihn die Kraft Gottes (1Kor 1,18). Menschliche Definitionen von Weisheit und Torheit werden im wahrsten Sinne des Wortes durchkreuzt. Vom gekreuzigten Christus her erkennt Paulus: Im Gegensatz zu dem, was Menschen erwarten, wählt Gott das Schwache, das in der Welt nichts gilt. Er bindet seine Kraft an die Schwachheit, seine Herrlichkeit an die Vergänglichkeit. Darum kann sich vor Gott niemand wegen seiner Stärke oder Größe rühmen. Für den Umgang mit seiner eigenen Krankheit kann Paulus die Zusage Gottes »Lass dir an meiner Gnade genügen« akzeptieren und in sein Leben integrieren:

- »Darum will ich mich am allerliebsten rühmen meiner Schwachheit, damit die Kraft Christi bei mir wohne« (2Kor 12,9).

---

221 »Jesus nahm die Existenzweise an, in der die Herrschaft der Sünde über die Menschen sich vollzieht. Tod und Auferstehung Jesu Christi entmachten somit die Sünde dort, wo sie wirksam ist: im Fleisch« (Schnelle, Theologie, 261).

222 Die Deutung von Gen 2 teilt er mit der frühjüdischen Tradition, in der er beheimatet war. Ursünde versteht Paulus als eine Macht, der jeder Mensch ausgesetzt ist und von der er sich aus eigener Kraft nicht befreien kann (vgl. Hahn, Theologie 2, 324).

3.8 Gelingendes und verfehltes Leben

Die Bibel erzählt von der Beziehung zwischen Gott und den Menschen. Von Beginn an wird dabei auch thematisiert, dass diese Beziehung gefährdet ist und durch den Menschen scheitern kann. Das wird mit dem Wort Sünde zum Ausdruck gebracht. Die Bibel spricht von Sünde, aber sie definiert nicht, was Sünde ist und sie erklärt es auch nicht. Zu fragen ist, wie sie von der Wirklichkeit und den Folgen der Sünde spricht.[223]

1 Im Alten Testament finden sich für die *Sünde* hauptsächlich drei Begriffe. »*chata'*« bedeutet: ein Ziel verfehlen (wie ein Schütze) – wer sündigt, verfehlt die Gemeinschaft mit Gott und den Menschen (vgl. 2Sam 2,25; Jer 16,10–12; 1Kön 8,46), die Auswirkungen dieser Verfehlung sind unabhängig davon, welche Motive zugrunde liegen. Das Wort »*'awon*« (Abweichung, Verkrümmung, Verdrehung, Ps 38,7) betont den Schaden und die Zerstörung, die die Sünde hervorruft. Das Wort »*päscha'*« (die Grundbedeutung des Verbs ist wegnehmen, rauben, sich entziehen) steht als Oberbegriff für Verbrechen und bezieht sich auf den Verstoß gegen die Lebensordnung Gottes (Lev 16,21; Jer 5,6 u.ö.).[224] In allen Fällen verletzt der Mensch durch die Sünde ein Gemeinschaftsverhältnis (besonders zwischen Gott und Mensch). Sünde ist gemeinschaftswidriges Verhalten und damit das Gegenteil von Gerechtigkeit. Die Propheten beschreiben die Sünde als Abfall von Gott und Hinwendung zu anderen Göttern. Zugleich zeigt sich die Sünde auch in der Struktur des Unrechts, etwa wenn sich Richter von Reichen kaufen lassen (vgl. Am 5,12). In vielen Psalmen finden wir das ritualisierte Eingeständnis von Sünde und die Bitte um Vergebung. Hier spiegelt sich die gottesdienstliche Praxis des alten Israel wieder (vgl. Ps 51).

Einer der bekanntesten Texte und zugleich ein Text mit einer langen Wirkungsgeschichte ist die Geschichte vom sogenannten »Sündenfall«, auch wenn das Wort »Sünde« im Text gar nicht vorkommt. Die Geschichte erzählt von der Übertretung der dem Menschen von Gott gesetzten Grenzen. Die Menschen wollen »sein wie Gott.« Ihnen werden die Augen geöffnet (Gen 3, 5+7), das bewirkt aber zugleich die Trennung von Gott. Die Geschichte zeigt: Das Streben nach Klugheit und Erkenntnis ist eine Möglichkeit des Menschen, und zugleich eine Möglichkeit, die von Gott gesetzten Grenzen zu übertreten. Der Mensch kann sein Leben eigenständig und vernünftig gestalten, er kann dabei auch scheitern, sein Geschöpfsein verfehlen und sich gegen den Schöpfer entscheiden. In Gen 3 ergreift der Mensch die Möglichkeit, Gutes und Schlechtes zu erkennen und zu unterscheiden.

Das bezeichnet das Alte Testament aber *nicht* als Sünde. Der Begriff »*chata'*« begegnet erst in der folgenden Geschichte von Kain und Abel.[225] Sie zeigt: Der Mensch hat die Möglichkeit und die Verantwortung, recht und dem Guten entsprechend zu han-

223 Vgl. zum Folgenden Müller, Schlüssel, 144ff.

224 Vgl. Hahn, Sünde, 1292, dort auch weitere Begriffe.

225 Gott warnt Kain: »Ist es nicht so: Wenn du Gutes bewirkst: Erhebung. Wenn du aber nicht Gutes bewirkst: an der Tür Sünde, ein Lagerer. Zu dir steht sein Verlangen, du aber sollst ihn beherrschen« (Gen 4,7 nach der Übersetzung von Crüsemann, Autonomie, 63).

deln. Gott mutet dem Menschen zu, der als lauernde Macht beschriebenen Sünde zu widerstehen.

Auch die folgenden Texte der Urgeschichte kreisen immer wieder um diese Thematik: Die Autonomie des Menschen, die Notwendigkeit zu entscheiden, was gut und böse ist, das daraus folgende Handeln und die unausweichliche Ambivalenz menschlichen Lebens. Sie beschreiben die »Vielgestaltigkeit der Möglichkeiten des Geschöpfes, sich gegen seinen Schöpfer zu richten.«[226] Sie zeigen dabei auch etwas von Gott. Mensch und Gott stehen in einer Wechselbeziehung. Gott setzt Grenzen, die der Mensch einhalten oder überschreiten kann. Der damit gegebenen Gefährdung von Mensch und Welt begegnet Gott durch Strafen (Lebensminderung als Folge der Gebotsübertretungen) und gleichzeitig mit Bewahrung und Schutz. Er weist die Menschen aus dem Garten und macht ihnen, die ihre Nacktheit durch Feigenblätter bedecken, Kleidung aus Fell (Gen 3,8–24). Er ahndet den Brudermord und schützt Kain mit einem Zeichen (Gen 4,1–16). Und schließlich ist es Gott selbst, der den Vergehen-Strafe Zusammenhang durchbricht, indem er den Menschen in seiner Ambivalenz bestehen lässt:

- »Ich will hinfort nicht mehr die Erde um der Menschen willen verfluchen; denn das Trachten des menschlichen Herzens ist böse von Jugend auf« (Gen 8,21).

Immer wieder wird im Alten Testament erzählt, wie Menschen das Ziel ihres Lebens verfehlen, von der Gemeinschaft mit Gott abweichen und sich um sich selbst drehen. Es erzählt von Gerechten wie Hiob, die vor Gott schuldlos sind. Es kennt aber auch Menschen, die auf die Erkenntnis ihrer Sünde erst mit der Nase gestoßen werden müssen, wie z. B. den großen König David (vgl. 2Sam 12). Und es erzählt davon, dass Menschen ihre Schuld erkennen, umkehren, aufgerichtet werden und einen neuen Anfang machen können.

2 *Gerechtigkeit* meint im Alten Testament die gute, rechte Ordnung schlechthin. Gott hat in der Schöpfung der ganzen Welt eine gute, umfassende Ordnung gegeben. Psalm 97,6 hebt hervor: Die Himmel verkündigen Gottes Gerechtigkeit. In besonderer Weise zeigt sich diese gerechte Ordnung aber in der Gemeinschaft Gottes mit seinem Volk. Diese einzigartige Beziehung hat rechtliche Strukturen, sie beruht auf einem gegenseitigen Bund.[227] Gerechtigkeit besteht in der Treue zur Gemeinschaft: gerecht ist, wer den Ansprüchen, die die Gemeinschaft an ihn stellt, gerecht wird. Gerechtigkeit ist Treue zur Gemeinschaft. Gott erweist sich in dieser Beziehung als gerecht, indem er seiner Verpflichtung nachkommt, für das Volk da zu sein, es zu schützen und zu bewahren. Gerechtigkeit Gottes besteht also darin, dass er sich zu seinem Volk bekennt, es rettet, schützt und ihm hilft – nicht etwa darin, dass er jedem den nach seinen Taten entsprechenden Lohn zuteilt. Israels Treue zur Gemeinschaft erweist sich im Gegenzug darin, dass es Gottes Gebote hält und nach dieser hilfreichen Lebensordnung lebt. Dtn 6,25 betont:

---

226 Westermann, Genesis 1–3, 74.

227 Zur Bedeutung des Bundes im Alten Testament vgl. Kegler, Bund.

- »Und das wird unsere Gerechtigkeit sein, dass wir alle diese Gebote tun und halten vor dem Herrn, unserm Gott, wie er uns geboten hat.«

Bei den Propheten begegnet uns dann eine Zuspitzung der Thematik. In ihrer Gerichtspredigt prangern sie an, dass sich die Menschen mehr auf die eigene Kraft verlassen als auf die Hingabe zu Gott. Damit ist der Bund gebrochen, die Grundlage der Gemeinschaft aufgehoben. Die Gemeinschaft mit Gott ist am Ungehorsam des Volkes zerbrochen. Wie kann sie wieder hergestellt werden? Die Propheten sind überzeugt: Nur Gott selbst kann und wird sie neu gewähren. Es ist seine bleibende liebende Zuwendung die sich mitten im Gericht zeigt und einen neuen Anfang gewährt. Zorn und Liebe, Gericht und Gnade Gottes machen in der Geschichte die immer neue Zuwendung Gottes zu seinen Menschen erkennbar.

3 Das Neue Testament bezeichnet *Sünde* mit *hamartia*: ein Ziel verfehlen; *adikia*: unrecht tun, Ungerechtigkeit; und *paraptōma*: Versehen, Irrtum, aber auch Vergehen, Übertretung.[228] Es teilt mit dem Alten Testament die Vorstellung, dass mit der Sünde ein angestrebtes Ziel, ein Weg, eine Beziehung verfehlt wird (bewusst oder unbeabsichtigt). Die Pointe liegt auch hier auf dem beklagenswerten Verfehlen dessen, was dem Menschen zum Leben gegeben oder zugedacht ist. Bemerkenswert ist insgesamt, dass die Schuldfrage im Zusammenhang mit der Sündenthematik auch im Neuen Testament eine vergleichsweise geringe Rolle spielt. Noch auffälliger ist es, dass die Evangelien von Sünde fast ausschließlich im Zusammenhang mit Vergebung und Überwindung sprechen. Jesus bezeichnet sich selbst als einen, der gekommen ist »die Sünder zu rufen und nicht die Gerechten« (Mk 2,17, programmatisch im Zusammenhang mit der Berufung des Zöllners Levi).

Hervorgehoben wird der Gedanke, dass die Sünde eine Macht ist, der sich der Mensch überlässt und so ihr Sklave wird. So spricht insbesondere Paulus von der Sünde überwiegend im Singular.[229] Es geht ihm nicht um einzelne Taten eines Menschen, sondern um eine verhängnisvolle, universale Macht, die das ganze Leben betrifft. Ihr sind die Menschen ausgeliefert, sie können nicht entrinnen. Diese Verfallenheit an die Sünde wird konkret und deutlich erkennbar durch das Gesetz Gottes, die Tora.[230] Deren lebenstiftende Ordnung hat sich ins Gegenteil verkehrt, denn die Sünde hat sich des Gesetzes bemächtigt. Je mehr nun der Mensch sich an diese Ordnung zu halten versucht, desto mehr verstrickt er sich in die todbringende Macht. Je besser es ihm gelingt, die Tora einzuhalten, desto mehr rühmt er sich dieses Verhaltens und seiner so gewonnenen Nähe zu Gott. In diesem Sich-Rühmen, dem Verlassen auf die eigene Kraft, zeigt sich für Paulus die Verfallenheit an die Sünde. Der aus sich selbst lebende und auf sich selbst vertrauende Mensch lebt in Wahrheit nicht aus sich selbst. Das eigentliche Subjekt seines Lebens ist die Sünde. Die Folge der Loslösung von Gott und der Auflehnung gegen ihn ist der Tod. Tod meint nicht in erster Linie das kreatürliche Sterben, es geht viel umfassender um den Bereich der Gott-

---

228 Vgl. zum Folgenden Hahn, Theologie 2, 318ff.
229 Schnelle, Theologie, 261ff.
230 Vgl. Kapitel 3.3.

ferne, Verlorenheit und Heillosigkeit des ganzen Lebens. Die Macht der Sünde »findet erst da ihr Ende, wo der Mensch im Vertrauen auf Christus von Gott Vergebung erfährt und für sich annimmt.«[231]

4 Die Bibel spricht von der Sünde nicht ohne die Chance zum Neubeginn, zur Umkehr. Wie aber kann der Mensch vor Gott »gerecht« sein oder werden?

Jesus lässt die Menschen »recht« sein. Er schenkt ihnen Anteil an der Gemeinschaft mit Gott, indem er sich mit ihnen an einen Tisch setzt und ihnen neue Anfänge zutraut und ermöglicht. In seinen Gleichnissen beschreibt er die Gemeinschaft zwischen Gott und Mensch. Das verlorene Schaf (oder die Drachme) und der verlorene Sohn weisen die Richtung: Gottes Freude über einen bußfertigen Sünder ist groß und seine Bereitschaft zur Liebe unermesslich. Im Gleichnis vom Pharisäer und Zöllner stellt Jesus die Haltung des Zöllners, der um Gottes Gnade fleht und nicht sein Verdienst vor Gott aufrechnet als Vorbild hin:

- »Dieser ging hinab gerechtfertigt in sein Haus« (Lk 18,9–14).

Damit knüpft er nahtlos an alttestamentliche Grundlagen an.

5 Die ersten Christen formulieren auf dem Hintergrund ihrer Erfahrung von Tod und Auferweckung Jesu: »Christus ist für uns gestorben« und deuten damit das Sterben Jesu als stellvertretendes Handeln Gottes: Durch sein Sterben vertritt Jesus die Menschen vor Gott – und Gott bei den Menschen. Gott selbst tritt an die Stelle der Menschen. Mit dem Tod und der Auferstehung Jesu rücken seine Taten und Worte in ein neues Licht. Schien seine Botschaft zunächst durch den Kreuzestod fundamental in Frage gestellt, so hat Gott selbst die Worte und Taten Jesu bestätigt und autorisiert, indem er ihn von den Toten auferweckte. Gott gibt Jesus Recht. Das Angebot der Gemeinschaft zwischen Gott und Menschen ist für alle und für allezeit gültig. Es gibt keine trennenden Grenzen mehr.

Von der Auferweckung her interpretieren die ersten Christen auch den Tod Jesu – er ist nicht das Ende eines hoffnungsvoll begonnenen Lebens, kein Scheitern seiner Mission, sondern entspricht dem Willen Gottes. In diesem Zusammenhang fügen die frühen christlichen Theologen dem Satz: »Jesus ist gestorben« ein »für uns« hinzu:

- »Jesus ist um unserer Sünden willen dahingegeben und um unserer Rechtfertigung willen auferweckt worden« (Röm 4,25).

Dieses »für uns« haben sie u. a. mit Hilfe alttestamentlicher Gedanken unterschiedlich erläutert: als Gericht über die Sünder; als Opfer; als Versöhnung; als Lösegeld; als wechselseitigen Tausch. Allen Deutungen gemeinsam aber ist der Gedanke der Stellvertretung: Durch sein Sterben vertritt Jesus die Menschen vor Gott – und Gott bei den Menschen. Der sich schon in seinem Leben mit den Ausgestoßenen und Schuldbeladenen an einen Tisch gesetzt hat, unterwirft sich im Tode dem Gericht Gottes über die Schuld der Menschen. Das heißt letztlich: Gott selbst tritt an die

---

231 Müller, Schlüssel, 151.

Stelle der Menschen. So haben die ersten Christen eine schlüssige und überzeugende Antwort auf die Frage gefunden, die seit den Propheten das gläubige Nachdenken beschäftigt hat: In Jesus Christus stellt Gott selbst die durch das Verschulden der Menschen zerbrochene Gemeinschaft zwischen Gott und Mensch wieder her.

6 Für Paulus ist es wichtig, dass nur Gott selbst den Menschen gerecht sprechen kann. Er entkräftet sein »Todesurteil« aus Gnade und schenkt Leben. Diesem Angebot der Lebens-Gemeinschaft mit Gott kann der Mensch glaubend entsprechen, indem er es annimmt und für sich gelten lässt.

- »So halten wir nun dafür, dass der Mensch gerecht werde ohne des Gesetzes Werke, allein durch den Glauben« (Röm 3,28).

Der Weg zu seiner Rechtfertigung kann nicht vom Menschen ausgehen, er muss von Gott kommen. Paulus behauptet nun, dass Gott in Jesus Christus diesen Weg gegangen ist. Er erweist seine »Gerechtigkeit« und Treue darin, dass er sich ihnen zuwendet. Er sagt Ja zu ihnen und nimmt sie in seine Gemeinschaft auf. Das war am Reden und Tun Jesu zu erkennen. Diese liebevolle Zuwendung Gottes zum Menschen nennt Paulus Gnade. Sichtbar und erkennbar wird sie in Tod und Auferstehung Jesu.

Wie aber kann ein Mensch diese Gnade Gottes für sich in Anspruch nehmen? Nur dadurch, so folgert Paulus logisch, dass er diese Haltung Gottes gelten lässt und sein Geschenk annimmt, das heißt: er glaubt. Glaube ist in diesem Sinne keine fromme Leistung, sondern gerade der Verzicht darauf. Glaube ist eine Haltung zu Gott und zum eigenen Leben.

Diese Rechtfertigung des Menschen durch Gott kann Paulus als Neuschöpfung beschreiben: Indem Gott den Menschen neu macht, ihm in der Taufe seinen Geist gibt, kommt er im Leben des Gerechtfertigten zu seinem Recht. In dessen Leben gewinnt nun die Liebe Raum, und im Handeln aus Liebe liegt die Erfüllung des Gesetzes. In der Freiheit dessen, der sich von Gott angenommen weiß, als Konsequenz eines befreiten, erneuerten Lebens handelt der Mensch aus Liebe. Paulus betont also, dass Rechtfertigung nie ohne Taten der Liebe ist. Diese sind keine Vorbedingungen, sondern Früchte des Glaubens, nicht der Angst oder der Leistung.

7 Eine etwas andere Sicht findet sich beim Evangelisten Matthäus. Ein wichtiges Stichwort seines Evangeliums ist Barmherzigkeit (5,7; 9,13; 12,7; 23,23). Die Barmherzigkeit Gottes wird in Jesu Leben und Handeln erkennbar. Jesu Auftreten versteht Matthäus als Erfüllung der Tora, deren Zentrum das Liebesgebot ist.[232] Dies ist Richtschnur und Orientierung für das Leben der Glaubenden. »An Jesus glauben heißt, zugleich seinen Willen und den Willen Gottes zu tun.«[233] Das bezeichnet Matthäus als Gerechtigkeit. Die Menschen können und sollen sich also am Tun der Gerechtigkeit beteiligen. Gedanken von Lohn und Strafe (Gericht) sind dem Evangelisten nicht fremd. »Menschsein konkretisiert sich für Matthäus im tätigen Erweis, in Handeln, im Tun der Lieben und gegenseitiger Vergebung. ... Menschsein entscheidet sich an

232 Vgl. Mt 5,17 und die ganze Bergpredigt.

233 Schnelle, Theologie, 416.

der Liebe. Es ist nie wirkungslos. Deshalb spielt der Gerichtsgedanke eine so unbequeme Rolle.«[234]

So bilden für Matthäus Anthropologie und Ethik eine untrennbare Einheit. Der Mensch ist dazu bestimmt, den Willen Gottes zu tun. Jesu Lehrreden und Gleichnisse legen diesen Willen Gottes aus. In den Seligpreisungen und den Antithesen der Bergpredigt zeigt sich der wahre, gute Mensch, der sich vom Willen Gottes leiten lässt. Für die Glaubenden ist Jesus selbst ein Beispiel des Menschen, der Gottes Willen tut, dies zeigt sich vor allem an der Passion Jesu – in der Gethsemane Perikope ordnet Jesus sich ausdrücklich dem Willen Gottes unter (Mt 26,36–46).

3.9 Leben auf Hoffnung

Die Bibel ist ein Hoffnungsbuch. Von der Urgeschichte über die Verheißungen an Abraham bis zur Predigt Jesu vom Reich Gottes eröffnet Gott den Menschen konkrete Zukunft. Gerade da, wo Leben verloren zu sein scheint oder durch eigenes Tun verspielt wurde, das hat sich in den bisherigen Darlegungen gezeigt, ermöglicht Gott neue Anfänge und zeigt Auswege.

1 Die Hoffnung der Menschen, von der in der Bibel die Rede ist, gründet in der Verlässlichkeit Gottes. Die Erfahrungen, die die Menschen mit diesem Gott gemacht haben und die sie in ihren Geschichten und Gebeten bewahrt haben, machen ihn zum Garanten einer guten Zukunft. Wer sich daran erinnert, gewinnt Zuversicht für das eigene Leben:

- »Denn du bist meine Zuversicht, Herr, mein Gott, meine Hoffnung von meiner Jugend an.« (Ps 71,5)

Diese Hoffnung gründet auf einer personalen Beziehung, der Glaubende vertraut seine Zukunft Gott an und wendet sich an ihn. Menschen hoffen auf Rettung aus (tödlicher) Not (Ps 33,18f.), auf Wohlergehen und Frieden (Jer 7,7f.), auf Vergebung (Ps 130,4) und Heil (Gen 49,18). Wenn die Beziehung zu Gott in eine Krise gerät, entsteht Hoffnungslosigkeit, wie sich bei Hiob gezeigt hat.

Exemplarisch dafür ist die Prophetie der Jesajabücher. Die Menschen zur Zeit des zweiten Jesaja leben in Babylon in Gefangenschaft. Sie denken noch wehmütig an die zerstörte Heimat, haben aber alle Hoffnung auf Rückkehr aufgegeben. Der Prophet erinnert sie an die Geschichte des Volkes Gottes und verspricht ihnen im Namen Gottes einen neuen Exodus und das Ende des Exils:

- »Gedenkt nicht an das Frühere und achtet nicht auf das Vorige. Denn siehe, ich will ein Neues schaffen, jetzt wächst es auf, erkennt ihrs denn nicht? Ich mache einen Weg in der Wüste und Wasserströme in der Einöde.« (Jes 43,18f.)

---

234 Reinmuth, Anthropologie, 70.

Die prophetische Hoffnung geht weit über die persönliche Hoffnung des Einzelnen hinaus. Sie betrifft das ganze Volk Israel und später die ganze Welt: Die Hoffnung richtet sich auf das Kommen Gottes (Jes 60,1), auf einen neuen Bund, der auf der Vergebung der Sünden beruht (Jer 31,31ff.) und auf einen zukünftigen Heilskönig (Jes 9,1–6). Der erste Jesaja beschreibt das Friedensreich in eindrücklichen Bildern:

- »Da werden die Wölfe bei den Lämmern wohnen ... die Löwen werden Stroh fressen wie die Rinder ... ein Säugling wird spielen am Loch der Otter ... das Land wird voll der Erkenntnis des Herrn sein, wie Wasser das Meer bedeckt« (Jes 11,6–9).

2 »Das Reich Gottes ist nahe herbeigekommen« (Mk 1,15b). Jesus sieht seine Gegenwart im Licht der hereinbrechenden Zukunft, Zukunft und Gegenwart sind untrennbar aufeinander bezogen. Seine Geschichten von diesem Reich sind Geschichten von Hochzeit und Festmahl. Wenn er das Heil des kommenden Reiches Gottes ankündigt, will er Mut zu einem Leben in der Gegenwart machen, das der Herrschaft Gottes entspricht. Die Seligpreisungen der Bergpredigt (Mt 5,3ff.) und die Gleichnisrede vom Weltgericht (Mt 25,31ff.) zeigen, worauf es ankommt.

Seit Ostern ist Jesus Christus der Grund aller Hoffnung. In seinem Sterben und Auferstehen hat Gott zentrale Hoffnungen des Alten Testaments erfüllt, bekräftigt und überboten. Jesu Auferweckung hat gezeigt, dass das Ende menschlicher Möglichkeiten nicht das Ende der Möglichkeiten Gottes ist. Paulus lebt in der Gewissheit: Weder Gegenwärtiges noch Zukünftiges, weder Tod noch Leben können uns von Gottes Liebe trennen (Röm 8,31–39). Christen hoffen darauf, dass Christus kommt, seine Herrschaft offenbar wird und Gott bei den Menschen sein wird:

- »Siehe da, die Hütte Gottes bei den Menschen, ... Gott wird alle Tränen abwischen« (Offb 21,3f).

Entscheidend ist die Relevanz dieser Hoffnung für die Gegenwart und das Leben der hoffenden Menschen. Christen leben zwischen schon und noch nicht (»denn wir sind zwar gerettet, doch auf Hoffnung hin«, Röm 8,24). Für das Leben in der Gegenwart bedeutet dies nicht Weltflucht, sondern kritische Distanz zum Vorfindlichen, Vertrauen gegen den Augenschein, Geduld in Zeiten der Bedrängnis (Hebräerbrief). Christliche Hoffnung ist tätige, aktive Hoffnung.

3 Das Neue Testament macht sehr deutlich, dass die Bestimmung des Menschen nicht auf das irdische Leben begrenzt ist. Am Ende ist nicht das Nichts – das lässt sich an Jesus glaubend erkennen und mit Paulus hoffen. Die Hoffnung auf die Auferstehung der Toten[235] zu einem Sein mit Gott drückt aus, dass die Wirklichkeit des Menschen über den Tod und das Nichts hinausreicht:

---

235 Schon im AT ist davon ansatzweise die Rede, vgl. etwa Hos 13,14 oder Jes 25,8.

- »Glauben wir allein in diesem Leben auf Christus, so sind wir die elendesten unter den Menschen« formuliert es Paulus deutlich (1Kor 15,19).

Das neue Leben, das in der Auferstehung Jesu erkennbar geworden ist, gilt für alle Menschen, die daran glauben. Die Aufhebung der Ambivalenzen, die Widersprüchlichkeit der eigenen Existenz, die Erfüllung von Sehnsucht, die Auslöschung von Schuld und Versagen sind für dieses neue Leben angesagt. Diese Hoffnung reicht in das irdische Leben zurück. Von der erhofften Zukunft her wird die Gegenwart gesehen und gelebt.

3.10 Mensch und Gott, Bilder und Begriffe

Die Beziehung des Menschen zu Gott ist lebendig und nicht starr, sie wandelt sich und kann sich je nach Lebenssituation unterschiedlich darstellen. Das hat sich in den bisherigen Ausführungen gezeigt. Es lässt sich besonders eindrücklich an den unterschiedlichen Begriffen erkennen, die für den Menschen gebraucht werden und an der Fülle der Bilder, die sich für Gott in der Bibel finden lassen.

1 Gott wird als Fels, Burg und sicherer Ort beschrieben; er wird mit einem fürsorgenden Hirten und einer tröstenden Mutter verglichen; er wird als Retter erlebt, aber auch als Feind und Rächer. Gott trägt, schützt, heilt, führt, bestraft, tröstet die Menschen und ist ihnen ganz nahe. Er wird auch als der ferne, unbegreifliche und bedrohliche Herrscher erlebt, der den Menschen Furcht einflößt. Nicht alle Bilder treffen immer gleichzeitig zu, sie ergänzen sich, aber sie widersprechen sich auch. Die Bibel verzichtet darauf, Widersprüche zu erklären, Gegensätze aufzuheben und ein einheitliches Bild zu erzeugen. Das ist ein Grundsatz menschlicher Rede von Gott, der von bleibender Bedeutung ist.

2 Für den Menschen findet sich im Alten Testament eine Fülle unterschiedlicher Bezeichnungen. Am häufigsten ist *adam* (dieser Begriff kommt 562 mal vor, überwiegend im Singular), damit ist überwiegend der Mensch als Gattung oder die Menschheit insgesamt gemeint. *'isch* meint ursprünglich Mann oder Ehemann, aber er kann auch den Menschen bezeichnen, der sich von Gott und den Tieren unterscheidet. *'enosch* findet sich meistens in poetischen Texten. Besonders eindrücklich ist nun, dass auch die Bezeichnungen für einzelne Körperteile und Organe Aussagen über den ganzen Menschen machen.[236] Sie korrelieren mit emotionalen, aber auch rationalen Vorgängen, man kann also von einer »psychosomatischen Einheit«[237] sprechen. Die Begriffe geben eine Perspektive an, eine Sichtweise mit der auf den *ganzen* Menschen geblickt wird. Die Hand und der Fuß können auf den Menschen in der Bedeutung Kraft, Macht bezogen werden und betonen dann seine Handlungsfähigkeit und -mög-

236 Vgl. zum Folgenden, Wolff, Anthropologie, 29ff. Vgl. auch Janowski, Konfliktgespräche, 8ff.; Wagner, Reduktion, und Albertz, Mensch.

237 Gertz, Mensch, 22, dort auch Verweise auf Literatur.

lichkeit. Auge und Ohr weisen auf die Erkenntnisfähigkeit und der Mund auf die Kommunikationsfähigkeit.

Das Wort *näfäsch* wird häufig mit »Seele« übersetzt, hat aber eine viel größere Bedeutungsfülle. Es bezeichnet zunächst das Atmen und den Ort des Atmens: die Kehle, den Hals. Es kann dann den bedürftigen Menschen beschreiben, körperliche Bedürfnisse wie Hunger und Begierde ausdrücken. Aber auch Wünschen, Verlangen und Sehnsucht schwingen in dem Begriff mit, und sogar umfassend das Leben und die Person (Spr 8, 35ff; Jon 4,3).

basar meint die Verwandtschaft oder die Menschheit, wird aber überwiegend in der Bedeutung Fleisch, Körper und Schwäche für den hinfälligen Menschen verwendet.[238] Der Begriff dient zur Charakterisierung des Menschen unter dem Aspekt der Vergänglichkeit: alles *basar* ist Gras (Jes 40,6f). Ps 63,2 stellt *näfäsch* und *basar* nebeneinander:

- »Es dürstet meine Seele (*näfäsch*) nach dir, mein ganzer Mensch (*basar*) verlangt nach dir.«

Hier zeigt sich: das Streben und Wünschen des Menschen richten sich in gleicher Weise wie der bedürftige Leib auf Gott aus. Die beiden Begriffe bringen jeweils eine Facette des Menschseins zum Ausdruck und zeigen die jeweilige Sichtweise, unter der ein Mensch betrachtet wird.

Das Wort *ruach* bedeutet Wind, aber auch Atem und damit den ermächtigten Menschen, seine Lebenskraft, Vitalität, Geist, Gemüt und Willenskraft. Bemerkenswert ist, dass *ruach* niemals einen Körperteil bezeichnet.[239]

Und schließlich wird der Mensch mit dem Begriff *lew* charakterisiert. Damit ist zunächst das Herz gemeint. Es ist der Sitz verschiedener Gefühle (Jes 7,4; Dtn 15,10; 1Sam 1,8; Ps 104,15), Wünsche (Ps 20,5), aber auch der Vernunft (Dtn 29,3; Jes 6,10) und der Willenskraft (Gen 6,5). Das Wort wird auch auf das »Herz« Gottes angewendet.[240] Ps 139,23 spricht der Beter: »Erforsche mich Gott, erkenne mein *lew*« – der Ort des Denkens und Planens ist auch der Ort des tiefsten Geheimnisses des Menschen.

Diese Begriffe zeigen jeweils eine eigene Dimension des Menschseins. Sie können nebeneinander, miteinander, allein oder zu zweit stehen und mit anderen auf den Menschen bezogenen Begriffen wie Nieren, Mutterleib, Haut verbunden werden.[241] Es gibt weder eine Trennung von Leib und Seele noch eine Abwertung des Leiblichen. »Der Mensch ist als Ganzer von Gott geschaffen ... es gibt keine ›göttlichen Elemente‹ im Menschen ... Wichtig ist, dass alle anthropologischen Begriffe offen sind auf Gott

---

238 Wolff, Anthropologie, 56ff. Vgl. besonders Hi 10,11; Klgl 3,4; Hi 33,21; Spr. 5,11; Sach 14,12.

239 Vgl. Wolff, Anthropologie, 64ff.

240 Wolff, Anthropologie, 75ff.

241 Wagner, Reduktion, zeigt darüber hinaus, dass die Begriffe nicht nur für den Menschen verwendet werden. *Basar* und *ruach* haben auch Tiere. Gott kann mit *nafäsch*, *lew* und *ruach* verbunden sein, niemals aber mit *basar*.

hin, der Mensch in seiner Lebendigkeit und Lebensfreude ist auf vielfache Weise direkt auf ihn bezogen.«[242]

3 Im Neuen Testament sind es drei Grundbegriffe, mit denen der Mensch beschrieben wird: *sarx* (Fleisch, der Begriff bezieht sich auf das hebräische Wort *basar*) kennzeichnet die Geschöpflichkeit, Vergänglichkeit und Zeitbedingtheit menschlicher Existenz, auch die Versuchbarkeit. *psychē* (Lebensodem, alttestamentlich *näphäsch*) bezeichnet die lebendige Existenz des Menschen und meint den göttlichen »›Lebensodem‹, der das Dasein und die Lebendigkeit des ganzheitlich verstandenen Menschen ermöglicht (vgl. Mk 8,35–37parr.).«[243] Wie bei dem hebräischen Äquivalent kann auch hier die Übersetzung mit »Seele« zu einem Verlust der Bedeutungsfülle führen. *sōma* (Leib) hat kein hebräisches Äquivalent, es beschreibt die Leiblichkeit des Menschen und dient der Bezeichnung für den ganzen Menschen. Der Begriff bezieht sich auf das konkrete menschliche Dasein in seiner jeweiligen individuellen Eigenart.

Diese drei Begriffe unterscheiden sich in ihrer Verwendung deutlich von der zeitgenössischen griechischen Anthropologie. Diese geht von einer Trennung von Leib (*sōma*) und Seele (*psychē*) aus und ordnet den Leib der Seele unter.[244] Im Neuen Testament ist dagegen, wie im Alten Testament, mit jedem der Begriffe immer der ganze Mensch gemeint, der in jeweils spezifischen Aspekten gesehen wird.

Die hier bestimmende ganzheitliche Sicht gilt auch für alle anderen Begriffe, die in Bezug auf den Menschen gebraucht werden: *kardia* (Herz) entspricht dem hebräischen Wort *lew* und bezeichnet wie dieses das Existenzzentrum des Menschen, das alles mitbestimmt. Es ist mehr ein Ort des vernünftig-verantwortlichen Entscheidens als der Ort für Emotionen. Der Begriff für den Sitz der Emotionen ist *splagchna*, Eingeweide. Aus dem griechischen Sprachraum wurden *nous* (Vernunft, Sinn) und *syneidēsis* (Gewissen) übernommen, beide Begriffe meinen den Menschen in seiner rationalen Fähigkeit und Urteilsfähigkeit.

Die unterschiedliche Bedeutung der Begriffe im hebräischen und griechischen Denken führte schon für Paulus zu gravierenden Verständigungsschwierigkeiten. Wenn er von der Auferstehung des Leibes spricht, hat er viel Mühe, dies den im dualistisch geprägten griechischen Denken aufgewachsenen und bewanderten Korinthern zu erklären (vgl. 1Kor 15). Eine Neubelebung von Körpern konnten diese sich schlicht nicht vorstellen und waren deshalb der Meinung, es gäbe keine Auferstehung der Toten. Paulus versucht, sich ihnen mit vielen Beispielen aus der Natur verständlich zu machen und schreibt:

- »Es könnte aber jemand fragen: Wie werden die Toten auferstehen, und mit was für einem Leib werden sie kommen? Du Narr, was du säst, wird nicht lebendig, wenn es nicht stirbt. Und was du säst, ist ja nicht der Leib, der werden soll, sondern ein bloßes Korn ... Gott aber gibt ihm einen Leib, wie er will. ... So auch die Aufer-

242 Albertz, Mensch, 466f.

243 Hahn, Theologie 2, 312.

244 Vgl. Kapitel 2.3.1.

stehung der Toten. Es wird gesät verweslich und wird auferstehen unverweslich« (1Kor 15,35–28.42).

Paulus geht davon aus, dass die Leiblichkeit des Menschen auch nach der Auferstehung der Toten erhalten bleibt, auch wenn er dies mit dem Begriff ›geistlicher Leib‹ nur unzureichend umschreiben kann. Er erwartet nicht die Erlösung *vom* Leib, sondern die Erlösung *des* Leibes (vgl. auch Röm 8,23).

Für die Beschreibung der sündhaften Existenz des Menschen verwendet Paulus überwiegend das Wort *sarx* (Fleisch).[245] Leben im Fleisch ist dadurch gekennzeichnet, dass der Mensch auf sich selbst bezogen ist, sich auf sich selbst verlässt und den Zugang zu Gott verloren hat.[246] Für das Leben, das dem Glauben in Christus geschenkt ist und in der Taufe besiegelt wird, gebraucht Paulus das Wort *pneuma*. Die Formulierungen »Leben im Fleisch« und »Leben im Geist« beziehen sich aber beide gleichermaßen auf den ganzen Menschen. Sie sind weder als Leib und Seele noch als Fleisch (Körperlichkeit) und Geist (Vernunft) zu verstehen. Ein solcher Dualismus liegt Paulus fern.

Anders als vom göttlichen *pneuma*, wird vom menschlichen Geist selten gesprochen. Dann aber ist die Kommunikationsfähigkeit des Menschen gemeint (vgl. Mk 14,38parr; Lk 1,47; Apg 17,16).

3.11 Vielfalt und Einheit – Zusammenfassende Thesen

Die Bibel ist ein »Viel-Stimmen-Buch,«[247] das gilt auch für die Rede von Gott und Mensch. Sie ist vielfältig, teilweise sogar widersprüchlich. Es gibt nicht *die eine* Vorstellung von Gott und Mensch, die sich in systematischer Stringenz entwickeln und abstrahieren lässt. Vielmehr wandelt sich die Rede von Gott mit den Menschen, die ihm begegnen und ihre jeweiligen Lebenserfahrungen von Gott her und auf ihn hin deuten. Von Gott und Mensch lässt sich nicht nur auf eine einzige Weise sprechen. Dennoch gibt es einige Grundlinien, die sich bei aller Diversität erkennen lassen. Diese sollen hier zusammengefasst werden, um daraus Anregungen zum Weiterdenken zu gewinnen.

1 Die Bibel rechnet mit der Gegenwart Gottes in der Welt und versteht den Menschen prinzipiell als *Mensch Gottes*. Sie sieht den Menschen in einer unauflöslichen Beziehung zu Gott. Nur in diesem Gottesbezug kann der Mensch sich selbst, seine Bestimmung, seine Vergangenheit, Gegenwart und seine Zukunft verstehen. Das Neue Testament konkretisiert den Gottesbezug als Beziehung zu Jesus Christus. Er wird als menschgewordener Gott geglaubt. Sein Leben, Leiden und Auferstehen zeigen, dass Gott sich auf den Menschen einlässt und so Leben ermöglicht. Dieser Zuwendung

245 Vgl. Kapitel 3.8.

246 Vgl. dazu Schnelle, Theologie, 260f.; zum Geist 244f.

247 Marti, Gottheit, 12.

Gottes entspricht auf der Seite des Menschen eine Haltung des Glaubens und Vertrauens.

2 Die Begriffe, mit denen die Bibel über den Menschen spricht, zeigen ein *ganzheitliches Menschenverständnis.* Geistige, körperliche und emotionale Elemente sind verbunden und können nicht getrennt werden. Soziale und psychische Konflikte ziehen Körperorgane in Mitleidenschaft. Dieser Zusammenhang mutet sehr aktuell an. Ein Verständnis, nach dem der Mensch aus Leib und Seele als getrennten Elementen bestünde, ist damit ausgeschlossen. Man kann von einer »psychosomatischen Einheit«[248] sprechen.

3 Der Mensch verdankt seine Existenz nicht sich selbst, sondern dem *schöpferischen Handeln* Gottes. Er ist es, der ihm den Lebensatem einhaucht, die Energie zum Leben gibt und damit zugleich auch Anteil an sich selbst. Als »Adam« ist der Mensch zugleich der Erde (*'adamah*) verbunden. Menschliches Leben hat einen Anfang und ein Ende, Vergänglichkeit, Begrenztheit und Sterblichkeit sind Teil des Lebens. Damit wird jeder Selbstüberschätzung ein kritischer Riegel vorgeschoben. Die Hoffnung auf Leben vor und nach dem Tod steht dazu nicht in Widerspruch.

Als *Bild Gottes* ist der Mensch in Entsprechung zu Gott geschaffen. Die Gottesbeziehung kommt nicht zum Menschsein hinzu, sondern ist wesentlicher Bestandteil. Als Bild Gottes handelt der Mensch, wenn er die irdischen Lebensräume als seiner Fürsorge anvertraut versteht und sich verantwortlich um deren Erhalt bemüht.

Die Einzigartigkeit der Menschen und ihre Verschiedenheit sind in Gottes schöpferischem Willen grundgelegt. Sie sind aneinander gewiesen und aufeinander angewiesen. In Christus hat Gott das Trennende zwischen sich und den Menschen aufgehoben, darum können Menschen verbunden durch das Band der Liebe miteinander leben.

4 Gott will, dass die Menschen in *Freiheit* leben können. Er steht auf der Seite der Armen und Unterdrückten und wird so zur Hoffnung für die Leidenden. Das Neue Testament wendet diese Erfahrung auf Jesus Christus. Er befreit die Glaubenden von der Knechtschaft der Sünde. Der so befreite Mensch ist ein Mensch, der sich der Herrschaft Gottes anvertraut, kein autonomes Individuum. Ohne Bindung kann die Bibel Menschsein nicht beschreiben. Die Frage ist nicht, *ob* der Mensch von Mächten abhängt, die größer sind als er selbst, sondern *von* welchen Mächten er bestimmt wird und sich bestimmen lässt.

Die *Bindung* an Gott verhilft Menschen zum Leben. Für die Gestaltung der Beziehung zu Gott und den Menschen bietet das Doppelgebot der Liebe Orientierung und Anleitung. Die Befolgung der Gesetze ist aber nicht der Weg, um zu Gott in eine gelingende Beziehung zu treten, sondern eher deren Konsequenz.

Die Lebensworte der Gebote sind auch ein kritischer Maßstab. Forderungen aller Art können darauf hin geprüft werden, ob sie Leben im Sinne Gottes fördern oder einschränken.

5 Die Bibel benennt deutlich die *Grenzen* des Menschen. Letzte Einsicht in die Weisheit der Welt und des Kosmos bleiben ihm versagt, das gilt auch in Bezug auf

248 Gertz, Mensch, 22, dort auch Verweise auf Literatur.

den Menschen selbst. Die staunende Frage »Was ist der Mensch, dass du seiner gedenkst ...?« bleibt offen. Auch die Erfahrung eines unbegreiflichen und unfassbaren Gottes ist manchmal unerträglich; die Suche nach Sinn scheint vergeblich. Diese Grenze kann der Mensch nicht loswerden, Leben an und mit den eigenen Grenzen ist eine Lebensaufgabe. Die Bibel klammert diese dunklen Erfahrungen nicht aus. Die Texte sprechen aber von dem Vertrauen darauf, dass Gott an seiner Beziehung zu den Menschen festhält.

6 Die Bibel bewahrt auch das Wissen davon, dass dem Menschen ein Ziel und eine Aufgabe gegeben sind. Sie kennt die Möglichkeit, dass der Mensch daran scheitert, die von Gott gesetzten Grenzen überschreitet und dabei sich selbst verfehlt. Das Alte Testament nennt dies *Sünde*. Paulus betont: Der aus sich selbst lebende Mensch, der nur auf sich selbst vertraut steht unter der Macht der Sünde. Dieser Macht kann er aus eigener Kraft nicht entkommen. Rechtfertigung, die Wiederherstellung der Beziehung zu Gott, geht von Jesus Christus aus. Durch seinen Tod und seine Auferstehung lässt er die Menschen recht sein.

In biblischer Perspektive kann man vom Menschen nicht ohne sein Bezogensein auf Gott sprechen. Die Bibel erzählt von den Erfahrungen der Menschen mit Gott, von den Deutungen ihres Lebens und dem Glauben, der sie bewegt und trägt. Für die Frage des Menschen nach sich selbst, bietet sie Fragehorizonte und Deutungsangebote, die der Suche nach Antworten eine Richtung geben.

Diese Erfahrungen und Deutungen hören mit der Kanonisierung der biblischen Schriften nicht auf. Die Beziehung zwischen Gott und Mensch geht weiter. Darum ist es nötig, die biblischen Anstöße immer wieder neu zu bedenken, sie mit den eigenen Erfahrungen zu verbinden, von den Herausforderungen der Gegenwart her zu befragen. Die Anregungen der Texte sind weiterzudenken, um daraus verlässliche Kriterien zu gewinnen für den Dialog über den Menschen. Darum geht es nun im Folgenden.

Literatur zum Weiterlesen

Müller: Gott und die Bibel
Wolf: Anthropologie des Alten Testaments
Reinmuth: Anthropologie im Neuen Testament
Oberthür: Stell dir vor ...

3.12 Religionspädagogische Anregungen

Gott, wer ist das für mich?

Grundschulkinder stellen Fragen nach Gott und den Menschen: »Ist er zu jedem Menschen lieb?« »Ob er den Menschen alle Fragen in und um die Menschen beantworten kann?« »Kann er sich in Menschen hineinversetzen?« »Warum sind Menschen zu Menschen böse?« »Rettet er Menschen, wenn sie Fehler machen?« »Wie beschützt

Gott die Menschen?« »Warum hat Gott mich geschaffen und mich auf die Welt gebracht?« »Was will Gott mit mir anfangen?« Diese oder ähnliche Fragen (auswählen!) werden als Impuls für ein theologisches Gespräch über das Verhältnis Gottes zu den Menschen verwendet.

Gottes Namen

»Du bist Vater und Mutter, Schwester und Bruder – du bist der: ICH BIN DA.«[249] Dieses Lied wird mit den Schülerinnen und Schüler gesungen. Dann dichten die Schülerinnen und Schüler weitere Verse, die das Verhältnis zwischen Gott und den Menschen beschreiben.

Was ist der Mensch, dass du seiner gedenkst?

Psalm 8 wird gelesen und mit Psalm 144,3f. und Hiob 7,16f. verglichen.

In Auseinandersetzung mit den drei Texten schreiben die Schülerinnen und Schüler einen eigenen Psalm, der mit den Worten beginnt: »Was ist der Mensch ...«

Wie lässt sich das Verhältnis zwischen Gott und Mensch beschreiben?

Jede/r Schülerin/Schüler schreibt auf fünf kleine Karteikarten jeweils ein Wort zum Thema »Gott und Mensch« (Beispiel: Liebe, Hoffnung, Angst, fragen, beziehungslos). Dann gehen die Schülerinnen und Schüler frei im Raum herum und tauschen ihre Karten aus. Nach einiger Zeit hat jeder 5 neue Karten in der Hand. Mit diesen Wörtern schreibt er einen kleinen Text oder ein Gedicht. Die Ergebnisse werden veröffentlicht.

Jesus als Mensch Gottes

Jesus Christus wird als der »Mensch Gottes« bezeichnet. Die Schülerinnen und Schüler tragen zusammen, welche Aspekte aus dem Leben Jesu für diese Aussage besonders bedeutsam sind. Sie gewinnen daraus Hinweise für ein christliches Menschenbild und formulieren ihre eigene Position.

Gott, der Mensch und die Welt

In dem Buch von Rainer Oberthür: »Stell dir vor ... Gedankenspiele über dich, Gott und die Welt«[250] finden sich viele Anregungen zum Nachdenken für jüngere und ältere Schülerinnen und Schüler und Erwachsene.

---

249 Krombusch/Edelkötter, Weil du mich so magst, 30.

250 Oberthür, Stell dir vor.

4. Gott und Mensch systematische Überlegungen

Was ist der Mensch?

Diese Frage soll nun in systematisch-theologischer Perspektive erörtert werden.

Die biblischen Impulse aus Kapitel drei bilden dafür die Grundlage. Sie wurden im Laufe der Kirchen- und Theologiegeschichte von vielen Theologen immer wieder aufgenommen. In Auseinandersetzung mit Fragen der jeweiligen Gegenwart wurden sie aktualisiert und weiterentwickelt. Dies wird an exemplarischen Themen nachvollzogen.

Des Weiteren werden die Anregungen aus Kapitel zwei berücksichtigt. Sie bilden den Kontext für das heutige Nachdenken über den Menschen. Das Ziel ist, theologische Perspektiven so zu beschreiben, dass ihre Bedeutung für die Herausforderungen der Gegenwart deutlich wird. Daraus ergeben sich Anregungen für den interdisziplinären Dialog über den Menschen. Sie werden in Kapitel fünf noch einmal abschließend zur Sprache kommen.

»Was ist der Mensch, dass du seiner gedenkst?« – diese Frage aus dem 8. Psalm kann als inhaltliche Leitfrage dieses Kapitels gelten. Staunend fragt der Mensch nach sich selbst im Gegenüber und in Beziehung zu Gott. In Kapitel zwei ist immer wieder deutlich geworden, dass man Antworten auf die Frage »Was ist der Mensch?« nur aus einer Position außerhalb seiner selbst finden kann, wenn sie denn mehr sein sollen als Teilantworten. Plessner hat dies als »exzentrische Existenz« bezeichnet und als ein Wesensmerkmal des Menschen beschrieben.[251] Theologisch lässt sich das mit Gerhard Sauter wie folgt ausdrücken: Die Frage des Menschen nach sich selbst »wird dadurch hervorgerufen, dass Gott den Menschen im Sinn hat und sein Augenmerk auf ihn richtet ... Die Substanz der Antwort lautet: Gott behält den Menschen stets im Auge, niemals kommt er ihm aus dem Sinn – darauf beruht sein Menschsein, so und nicht anders ist er Mensch und bleibt er Mensch!«[252] Diese Beziehung Gottes zum Menschen und des Menschen zu Gott ist die Perspektive, unter der nun im Folgenden über den Menschen nachgedacht wird.

Die Überlegungen werden in vier Unterkapiteln entfaltet. Zunächst wird in zwei Schritten die Beziehung zwischen Mensch und Gott bedacht. Genesis 1 beschreibt den Menschen als Geschöpf und Ebenbild Gottes. Was dies anthropologisch bedeutet ist Thema der beiden ersten Abschnitte.

---

251 Vgl. Kapitel 2.3.3.

252 Sauter, Leben, 41.

Darauf bezieht sich das Thema des dritten Unterkapitels. Er handelt von der Beziehung der Menschen untereinander: Menschliches Leben ist immer Leben in Beziehung, christliche Anthropologie ist also »relationale Anthropologie« (Härle). Wie lässt sich Menschsein in der Spannung von Individualität und Bezogensein so beschreiben, dass es der Gottebenbildlichkeit des Menschen entspricht?

Geschöpfliches Leben, das zum Ebenbild Gottes bestimmt und auf Beziehung ausgerichtet ist, kann auch scheitern und seine Bestimmung verfehlen. Menschen können ohne Gott leben, sich dabei über- oder unterschätzen. Die Bibel nennt das Sünde. Davon handelt der vierte Abschnitt dieses Kapitels.

Diese einzelnen Aspekte stehen nicht für sich allein, sie gehören zusammen wie die Buchstaben eines Wortes. Zunächst werden sie einzeln und je für sich »buchstabiert.« Aber erst zusammen ergeben sie ein ganzes »Wort«, das am Ende der Ausführungen als »Rechtfertigung« erkennbar wird. Mit der Rede von der Rechtfertigung erläutert christliche Anthropologie, wie Gottes Ja zum Menschen in Jesus Christus Gestalt gewinnt und wie die Orientierung daran die Perspektive auf den Menschen verändert.

4.1 Der Mensch als Geschöpf Gottes

> Jeder Mensch ist ein Geschöpf Gottes.
>
> Das meint: Niemand ist zufällig auf der Welt. Jeder ist von Gott gewollt und bejaht.
>
> Aus dieser Behauptung ergeben sich Fragen:
>
> Wie passt der Gedanke der Geschöpflichkeit zusammen mit den Erkenntnissen der Biologie über den Menschen?
>
> Wie ist das Verhältnis von Körper und Seele zu beschreiben?
>
> Menschliches Leben ist begrenzt und endlich. Wie lässt sich diese Aussage mit der Hoffnung auf Leben nach dem Tod verbinden?
>
> Diese Fragen werden im Folgenden unter Bezug auf die entsprechenden Anregungen und Ergebnisse aus den Kapiteln zwei und drei diskutiert.

- »Ich glaube, dass mich Gott geschaffen hat samt allen Kreaturen, mir Leib und Seele, Augen, Ohren und alle Glieder, Vernunft und alle Sinne gegeben hat und noch erhält; dazu Kleider und Schuh, Essen und Trinken, Haus und Hof, Weib und Kind, Acker, Vieh und alle Güter; mit allem, was nottut für Leib und Leben, mich reichlich und täglich versorgt, in allen Gefahren beschirmt und vor allem Übel behütet und bewahrt; und das alles aus lauter väterlicher, göttlicher Güte und Barmherzigkeit, ohn‹ all mein Verdienst und Würdigkeit: für all das ich ihm zu danken und zu loben und dafür zu dienen und gehorsam zu sein schuldig bin. Das ist gewisslich wahr.«[253]

253 Luther, Katechismus, 2. Hauptstück.

Mit dieser Auslegung des ersten Artikels des Apostolischen Glaubensbekenntnisses hat Martin Luther wichtige Spuren zum Verständnis des Menschen gelegt, die für eine theologische Anthropologie von besonderer Bedeutung sind:[254] Der Mensch ist Geschöpf Gottes und steht als solches im Zusammenhang mit allen anderen Geschöpfen. Gott erschafft den Menschen nicht nur, er erhält ihn auch, ermöglicht sein Leben. Diese Zuwendung ist nicht in besonderen Eigenschaften des Menschen, sondern in Gottes freiem Entschluss begründet. Die angemessene Antwort des Menschen darauf ist das Lob, das er mit seiner ganzen Existenz ausdrückt.

Luther beschließt seine Auslegung mit dem Wort »Amen« (das ist gewisslich wahr). Diese Worte sind also Bekenntnisworte, Äußerungen des Glaubens. Sie laden zur Einstimmung ein. Wie lässt sich dieses Bekenntnis nun theologisch formulieren? Das soll im Folgenden in vier Punkten ausgeführt werden.

4.1.1 Wertvoll und unverwechselbar – von Gott gewollt

1 *Jeder* Mensch ist ein *Geschöpf* Gottes. Schöpfung ist kein Geschehen, das am Anfang der Zeiten steht und die Entstehung der Welt (nur) an ihrem Beginn beschreibt. Gottes schöpferisches Handeln wirkt vielmehr fort durch alle Zeiten – jeder Mensch verdankt sein Leben einem Schöpfungsakt Gottes. Es ist Geschenk und Gabe, die ein Mensch empfängt, ohne dass er etwas dazu tun kann oder leisten muss. Er verdankt sich und sein Leben dem schöpferischen Handeln Gottes, nicht etwa seiner eigenen Leistung oder der Anderer. Darum ist ein Mensch auch nicht, was er selbst aus sich macht, oder was andere ihm zuschreiben. Ein Mensch ist das, wozu Gott ihn macht und bestimmt.

Gerhard Sauter unterscheidet zwischen biologisch erzeugtem Leben und der Bedeutung, die dieses Leben hat, zwischen Anfang und Ursprung des Lebens. Der Anfang eines jeden menschlichen Lebens liegt in seiner Zeugung. Der Ursprung meines individuellen Lebens aber liegt in Gott und seinem schöpferischen Handeln. »Mit dem Ja zum eigenen Geschaffensein, nimmt ein Mensch sich selbst an. … Wie sich Menschen zu Gottes Urteil im Geboren-Werden stellen, wird für ihre Lebensauffassung und Lebensführung entscheidend sein. Das gilt für das Verhältnis zu sich selbst und zu anderen Menschen.«[255]

Weil Gott den Menschen annimmt, kann er sich selber annehmen und sein Leben gestalten. So gewinnt er Freiheit gegenüber Fremd-Bestimmungen jeder Art, die festlegen und beschreiben wollen, was »der Mensch« ist und sein soll. Leben ist nicht beliebig und austauschbar. Jedes individuelle Leben hat einen eigenen Sinn, ein Ziel und eine Aufgabe: »Werde, wozu du geschaffen worden bist, gerade du!«[256]

---

254 Das Apostolische Glaubensbekenntnis geht in seinem Kern auf ein Taufbekenntnis der ersten Christen zurück. Es ist in seiner heutigen Form seit Anfang des fünften Jahrhunderts schriftlich belegt. Als »ökumenisches Bekenntnis« wird es in den evangelischen Kirchen, der römisch-katholischen Kirche, der altkatholischen Kirche, anglikanischen und anderen Kirchen gesprochen. (Der Text findet sich u. a. in jedem Gesangbuch).

255 Sauter, Leben, 217f., im Original teilweise kursiv.

256 Sauter, Leben, 218.

2 Der Aspekt der *Geschöpflichkeit* weist auf eine tiefe Verbundenheit zwischen dem Schöpfer und seinem Werk. Mensch und Welt existieren nicht zufällig und beliebig, sondern sind gewollt und bejaht. Zugleich ist damit eine grundsätzliche Unterscheidung benannt. Der Mensch ist nicht sein eigener Schöpfer, sein Leben ist ihm gegeben. Er ist von Gott geschaffen und von Menschen gezeugt. Die Erschaffung des Lebens unterscheidet sich von der Aufgabe zur Gestaltung des eigenen Lebens. Wenn sich der Mensch selbst zum Schöpfer macht, wird diese Unterscheidung übersehen. Geschöpflichkeit setzt also Grenzen. Insbesondere gelten diese Grenzen allen Versuchen, zu definieren, wann und in welcher Weise ein Mensch ein Mensch ist (und wann nicht!). Eine wie auch immer geartete Vorstellung von »Normalität« darf nicht als »Normierung« verstanden werden und damit zur Ausgrenzung von Menschen führen.

Ein Beispiel: Fredi Saal ist ein Mensch mit einer angeborenen Körperbehinderung. In seiner Autobiografie beschreibt er eindrücklich seine Erfahrungen mit der spastischen Lähmung, die verschiedenen Reaktionen seiner Umwelt und sein Selbstverständnis. Er stellt Versuche der Umwelt dar, die Behinderung von der Person zu trennen und sie als etwas zu verstehen, das eigentlich nicht zu ihm gehört. Fredi Saal hält dagegen: »Dieser bestimmte Mensch mit meinem Namen ist gar nicht anders zu denken als mit einer spastischen Lähmung, die seine Geh-, Greif- und Sprechfähigkeit einschränkt.« Und als solcher fordert er heraus: »Gott schuf den Menschen zu seinem Bilde? – Ich jedenfalls fühle mich als Spastiker als eine Schöpfung Gottes ... und zumindest die Christen sollten es auch tun.«[257]

Der Gedanke der Geschöpflichkeit setzt auch Grenzen gegenüber der Gentechnik und ihren Möglichkeiten, gezielte Eingriffe in die genetische Struktur des menschlichen Erbgutes vorzunehmen. Wir befinden uns aktuell in einer bioethischen Debatte über das »genetic engineering.« Das neue genetische Wissen ermöglicht, unsere eigene Natur zu manipulieren. Die Ergebnisse der Forschung erlauben viele hilfreiche und Leben erhaltende Maßnahmen, im medizinischen Bereich und darüber hinaus. Zugleich wird aber auch deutlich, dass die Anwendung genetischer Manipulation nicht nur von den technischen Möglichkeiten und Machbarkeiten her entschieden werden darf. Was macht den Menschen aus? Wieweit darf man ihn »perfektionieren?« Diese Fragen führen zu Irritation und Beunruhigung und weisen auf die Notwendigkeit, Orientierung zu gewinnen. Wir sind »ungeschützt angesichts der Erklärungsnot, die uns die Krise der menschlichen Selbsterkenntnis beschert hat, weil uns Metaphysik wie auch Religion (nicht mehr) und Wissenschaften (noch nicht) ein belastbares Orientierungswissen liefern, um entscheiden zu können, wo in verbindlicher Weise die Grenzen der Natur des Menschen verlaufen.«[258] Hier ist eine theologische Positionierung gefragt und nötig: Als Geschöpfe Gottes sind Menschen füreinander unverfügbar und unantastbar.

3 Die Aussage vom Geschaffensein bezieht sich besonders auf die biblischen Schöpfungsgeschichten in Genesis 1 und 2.[259] In beiden Texten werden *Mensch und*

---

257 Saal, Warum, 236.

258 Hartung, Natur, 66.

259 Vgl. Kapitel 3.4. Der Gedanke der Geschöpflichkeit des Menschen kommt darüber hinaus in den biblischen Texten insgesamt häufig vor.

Welt als Schöpfung beschrieben. Der Mensch ist *ein* Geschöpf neben den anderen Geschöpfen Gottes. Er steht nicht isoliert da, sondern ist verbunden mit der gesamten Schöpfung in ihrer Vielfalt und ungeheuren Unterschiedlichkeit. Alle Geschöpfe Gottes stehen in einer Beziehung zueinander und untereinander. Als differenzierte Einheit bilden sie das Gesamte der Schöpfung. Alle sind in Gottes Augen »sehr gut« (Gen 1,31). Sie entsprechen also schon allein durch ihr Dasein dem Willen des Schöpfers und »es ist ein Reichtum, dass es sie gibt.«[260] An der Fülle und der Vielfalt der Geschöpfe kann der Mensch die Güte Gottes erkennen, die der ganzen geschaffenen Welt gilt: »Herr, wie sind deine Werke so groß und viel! Du hast sie alle weise geordnet und die Erde ist voll deiner Güte.« (Ps 104,24)

Darüber hinaus haben die Geschöpfe eine Funktion füreinander. Tiere und Pflanzen sind für den Menschen da (sie sind ihm zur Nahrung gegeben, Gen 1,29f. und 9,3). Die Bestimmung des Menschen ist es, Gottes Ebenbild zu sein,[261] sowie für die Geschöpfe und die Welt zu sorgen. Spricht man also davon, dass der Mensch Geschöpf ist, dann wird betont, dass er Anteil an der geschaffenen Welt hat. Er gehört zu einer Lebensgemeinschaft mit allen anderen Lebewesen der Welt. Die Welt ist offen für die Gestaltung und Erforschung durch den Menschen, auch für Veränderung und Entwicklung. Allerdings müssen bei aller »Machbarkeit« der von Gott gesetzte Wert, sein Urteil (»sehr gut«) und das Geheimnis der geschaffenen Welt respektiert werden.

4 Die biblischen Aussagen zur Schöpfung wurden lange Zeit als objektive Aussagen über die *Entstehung der Welt* und des Menschen verstanden. Heute ist es weitgehend unbestritten, dass der Wortlaut der Bibel keine Erklärungen von Naturphänomenen in naturwissenschaftlichem Sinn liefern will. Das Verhältnis von religiöser Schöpfungsvorstellung und naturwissenschaftlicher Welterklärung ist nicht als Konkurrenz zu sehen. Das wäre für beide Ansätze unangemessen. Schon in der Bibel selbst lassen sich unterschiedliche Vorstellungen von der Weltentstehung nachweisen. Die Schriften sind an einer einheitlichen Erklärung offensichtlich nicht interessiert. Unabhängig von naturwissenschaftlichen Erklärungen und Erkenntnissen der Weltentstehung und -entwicklung gilt aus christlich-theologischer Perspektive: Die Welt und alle Lebewesen in ihr existieren, weil Gott sie geschaffen hat und ihnen Sinn und Bedeutung gibt.

Wilfried Härle führt hier unter Berufung auf Karl Barth die hilfreiche Unterscheidung zwischen innerem und äußerem Grund der Weltentstehung ein. Der innere Grund ist der Beweggrund und bezieht sich auf die Absicht und das Ziel der Weltentstehung. Der äußere Grund ist das, was nötig ist, um den inneren Grund verwirklichen zu können. Dies kann und soll naturwissenschaftliche Forschung ergründen. Der innere Grund erschließt sich empirischen Zugängen dagegen nicht. Härle verwendet dafür die Begriffe Schöpfung (innerer Grund) und Weltentstehung (äußerer Grund): »Die – naturwissenschaftlich mehr oder weniger vollständig erklärbare – Weltentstehung ist der äußere Grund der Schöpfung; die Schöpfung hingegen ist der

---

260 Härle, Dogmatik, 426.

261 Vgl. Kapitel 4.2.

innere Grund der Weltentstehung.«[262] Die theologische Aussage von der Schöpfung kann deshalb nicht als Gegensatz und Widerspruch zu naturwissenschaftlichen Sichtweisen verstanden werden. Sie steht auch nicht beziehungslos daneben, »sondern bezieht sich auf sie, indem sie diese in einer bestimmten Weise interpretiert.«[263] Das heißt: Theologie kann und soll sich an naturwissenschaftlichen Ergebnissen orientieren. Sie braucht den Wortlaut der biblischen Texte nicht gegen naturwissenschaftliche Erkenntnisse als Wahrheit zu behaupten. Im Gegenteil, sie kann sich von den Forschungen anregen lassen und biblisch orientierte Deutungen dialogisch einbringen. Sie kann aber »nicht darauf verzichten, die Welt der Natur und der menschlichen Geschichte als Schöpfung Gottes zu beschreiben, und zwar mit dem Anspruch, dass erst so das eigentliche Wesen dieser Welt in den Blick kommt. Diesen Anspruch muss die Theologie auch im Dialog mit den Wissenschaften behaupten.«[264] Das gilt auch in Bezug auf die Erforschung des Menschen.

5 Evolutionsbiologische Forschungen über die *Entstehung der Arten*, weisen die Gemeinschaft und enge Verbundenheit des Menschen mit den Tieren nach. Genetische Untersuchungen zeigen die Verwandtschaft zwischen Menschen und Menschenaffen. Das ist kein Gegensatz zu den biblischen Aussagen. Die naturwissenschaftlich nachgewiesene Verbundenheit von Mensch und Tier wird schon in den alten Texten hervorgehoben und als von Gott gewollt gedeutet. *Alle* Lebewesen auf der Welt entstanden aus dem Willen Gottes, für alle gilt sein Urteil: »Und siehe, es war sehr gut« (Gen 1,31). Christliche Theologie kann deshalb neugierig darauf warten, welche Forschungsergebnisse über die Geschichte des Menschseins in Zukunft noch zutage treten werden. Sie werden zeigen, wie vielfältig die Schöpfung Gottes ist.

Wenn die Bibel von der Gemeinschaft der Geschöpfe spricht, meint sie allerdings nicht die gemeinsame Abstammung. Sie hat eine andere Zielrichtung. Es geht ihr um die Verantwortung des Menschen für die Welt, in die er gestellt ist und für die Lebewesen, die wie er darauf wohnen. Er kann durch sein Eingreifen sich selbst und die Natur erhalten oder zerstören. Das »Sehr gut« Gottes, das er über seine Schöpfung spricht, wird zu einem kritischen Maßstab, an dem das Handeln des Menschen gemessen werden kann.[265] Das Verhältnis des Menschen zur Natur ist als Wechselwirkung gekennzeichnet. Der Mensch ist Teil der Natur, er ist eingebunden in den Kreislauf des Werdens und Vergehens. Mit allen Geschöpfen verbinden ihn die Lebendigkeit und die Körperlichkeit. Wie alle Geschöpfe ist auch der Mensch begrenzt und endlich.

4.1.2 Körper und Seele, wie gehört das zusammen?

Für die Bibel ist klar: Körper und Seele gehören zusammen und bilden den Menschen. Gen 2 beschreibt diese Verbindung in einer mythischen Erzählung: Gott bil-

---

262 Härle, Dogmatik, 420, im Folgenden beziehe ich mich auf dieses Werk.
263 Härle, Dogmatik, 420.
264 Pannenberg, Theologie 2, 77. Vgl. zum Thema insgesamt Weinhardt, Naturwissenschaften.
265 Vgl. Kapitel 4.2.

dete den Menschen aus Erde und blies ihm seinen Atem in die Nase – so wurde der Mensch ein lebendiges Wesen. Gott belebt den organischen Körper durch seinen Atem (*näfäsch*). Das lässt sich am besten als Begabung mit Vitalität beschreiben.[266] Körper und Seele sind nicht voneinander zu trennen, der Mensch ist eine psychosomatische Einheit. Dieses ganzheitliche Menschenbild der biblischen Texte ist in der Theologie nicht immer klar und eindeutig vertreten worden. Bis in die heutige Zeit begegnet eine mehr oder weniger strikte Trennung von Körper und Seele. Verbunden damit war häufig die Abwertung des Körpers und Ignoranz gegenüber der Sinnlichkeit. Wie kam es dazu und wie können wir heute über das Verhältnis von Körper und Seele sprechen?

1 Martin Rösel zeichnet in einem Aufsatz mit dem schönen Titel »Die Geburt der Seele in der Übersetzung«[267] die Ursprünge dieser folgenschweren Trennung nach. Sie begann schon früh mit der Übersetzung der Texte der Tora aus dem hebräischen Urtext in die griechische Sprache. Das hebräische Wort *näfäsch* wurde dabei mit dem griechischen Wort *psychē* übersetzt. Zunächst wurde *psychē* in einem weiten Sinn verstanden, bald aber auf die Bedeutung reduziert, die das Wort in der platonischen Deutung hat.[268] In diesem Verständnis kam der Begriff »Seele« dann in die Übersetzung des alttestamentlichen Textes zurück. Man kann also sagen: »Die im Deutschen übliche Vorstellung von der ›Seele‹ verdankt sich – zumindest in Teilen – durchaus dem Prozess des mehrfachen Übersetzens der hebräischen Bibel.«[269] Bis heute sind der Sprachgebrauch und unser landläufiges Verständnis der Seele also durch ein Menschenbild geprägt, das auf die griechische Antike zurückgeht.

2 Mit der Lehre von der Seele hat die christliche Theologie die Frage diskutiert, »wie das menschliche Wesen beschaffen sein muss, damit Gott ihm begegnen und es seinerseits sich Gott zuwenden kann.«[270] Die frühen Christen orientierten sich dafür an der Philosophie ihrer Zeit und übernahmen die Vorstellung einer rationalen, intelligiblen und unsterblichen Seele aus dem Neuplatonismus. Seele und Körper gehören zusammen. Zwischen beiden besteht aber eine eindeutige Rangordnung. Der Körper steht für die ersten christlichen Theologen grundsätzlich unter der Seele. Er muss der Seele zu Dienst sein und wird häufig als Übel betrachtet. Die untergeordnete Stellung wurde damit begründet, dass der Körper aus Materie besteht. Er ist so von dem als Geistwesen gedachten Gott weiter entfernt als die Seele. Diese steht als geistige Kraft in einer engeren Beziehung zu Gott. Viele Kirchenväter nehmen den Gedanken des Neuplatonismus auf, dass der Leib das Gefängnis der Seele ist und diese an der Erkenntnis (Gottes) hindert.[271]

---

266 Vgl. Kapitel 3.10. Martin Luther übersetzte 1545: »so ward der Mensch eine lebendige Seele,« heutige Bibelübersetzungen sprechen von einem lebendigem Wesen.

267 Rösel, Geburt.

268 Vgl. Kapitel 2.2 und Kapitel 3.10.

269 Rösel, Geburt, 170.

270 Link, Seele, 1103, darauf bezieht sich auch das Folgende.

271 Vgl. Gahbauer, Mensch, 497. Zur unterschiedlichen Verwendung der Begriffe vgl. Kapitel 2.1.1.

So schreibt der Kirchenvater *Laktanz*: »So sind auch wir aus zwei gleichermaßen widerstrebenden Bestandteilen zusammengesetzt, der Seele und dem Leibe. Der eine Bestandteil gehört der Ordnung des Himmels an, denn er ist fein und unfassbar; der andere gehört dem Gebiet der Erde an, denn er ist fassbar und greifbar. Die Seele ist unvergänglich und ewig, der Leib gebrechlich und sterblich. Der Seele haftet das Gute an, dem Leib das Böse, der Seele Licht, Leben und Gerechtigkeit, dem Leib Finsternis, Tod und Ungerechtigkeit.«[272]

Basilius von Cäsarea mahnt die Jugend: »Die Reinheit der Seele aber, um es ein für alle Mal und euch deutlich zu sagen, besteht in der Verachtung der sinnlichen Genüsse ... Man muss also ... den Leib züchtigen und niederhalten wie das Ungestüm eines Tieres, und ungeordnete Regungen, die er in der Seele weckt, mit der Geißel der Vernunft dämpfen, nicht aber der Sinnlichkeit die Zügel schießen lassen und die Vernunft so außer Acht lassen, dass sie wie ein Fuhrmann von zügellosen, wild dahinstürmenden Rossen mitfortgerissen wird.«[273]

Für *Augustin* ist der Mensch eine Einheit aus Leib und Seele. Diese Einheit besteht aber darin, dass die Seele den Körper besitzt, gebraucht und regiert. Insofern ist der Mensch eigentlich Seele, die dazu da ist, den Leib zu beherrschen: »Was ist der Mensch? Eine vernünftige Seele, die einen Leib hat.«[274]

Irenäus von Lyon wendet sich in Auseinandersetzung mit der Gnosis gegen eine dualistische Abwertung der Leiblichkeit. Aber auch hier ist die Abwertung des Körperlichen nicht wirklich überwunden: »Der vollkommene Mensch (sc. besteht) aus drei Stücken ...: aus Fleisch, Seele und Geist, indem der Geist erlöst und gestaltet, das Fleisch vereint und gestaltet wird, zwischen diesen beiden aber die Seele steht, die bald dem Geiste folgt und dann von ihm erhoben wird, bald aber dem Fleische zustimmt und dann in die irdischen Begierden hinabgleitet.«[275]

3 Im Mittelalter spricht *Thomas von Aquin* unter Bezug auf Aristoteles von der *anima forma corporis* (Seele, die den Körper formt). Wie der antike Philosoph unterscheidet auch er zwischen verschiedenen Teilen der Seele, der Lebens-, Sinnen- und Geistseele. Die Geistseele ist die höchste Form der Seele, sie hat die Kraft des Denkens und der Erkenntnis und ist unabhängig vom Körper. »In diesem Sinne ist ... der Geist vom Leib abgesondert, weil er keine Kraft im Leib, sondern eine Kraft in der Seele ist; die Seele aber ist die Wirklichkeit des Leibes.«[276] Die Seele braucht den Körper und die Sinne, um sich mitzuteilen und selber die Wirklichkeit wahrzunehmen. Umgekehrt ist der Körper auf die Seele angewiesen, da er von ihr geformt wird. Die Seele lässt das Körperliche zum menschlichen Leib werden, der Leib wiederum verleibt dem Geistigen das konkrete Dasein in der Zeit ein. So bilden »Leib und Seele ... eine Einheit in Unterschiedenheit.«[277]

---

272 Laktanz, Vom Zorne Gottes, Kapitel 15.

273 Basilius von Cäsarea, Mahnwort, Kapitel 7. Vgl. Platons Gleichnis vom Wagenlenker, Kapitel 2.1.2.

274 Augustinus, Tractatus, 15. Vortrag. Vgl. auch Aristoteles, Kapitel 2.1.2.

275 Irenäus, Häresien, 9.1.

276 Thomas von Aquin, Einheit, 39.

277 Dirscherl, Beziehungen, 62.

Nach geltender katholischer Lehre ist der Mensch eine Einheit. Die Seele ist das formgebende Prinzip, das dem Körper seine Gestalt gibt. Im Jahr 1513 erklärt das V. *Laterankonzil* als verbindliche Lehre der katholischen Christenheit: »Wir verurteilen und weisen alle zurück, die behaupten, dass die vernünftige Seele sterblich oder in allen Menschen eine einzige ist.«[278] Jeder Mensch hat eine individuelle und unsterbliche Seele. Diese Individualität der Seele ist die Voraussetzung für eine persönliche Unsterblichkeit.

An der Unsterblichkeit der Geistseele halten katholische Theologen bis heute fest. Joseph *Ratzinger* formuliert: »Eine geistige Seele haben heißt: Ein Wesen sein, das von Gott auf ewigen Dialog hin gerufen und darum seinerseits fähig ist, Gott zu erkennen und ihm zu antworten.«[279] *Schockenhoff* weist darauf hin, dass mit dem Begriff der Geistseele eine ökumenische Differenz benannt wird. Er erläutert: »Wenn wir von der Seele eines Menschen sprechen, dann steht dies für den Schutzbezirk seines Eigenseins, der dem gesellschaftlichen Zugriff entzogen bleiben muss. Der Begriff ›Geistseele‹ meint den Menschen als Person, insofern er in sich selbst steht und seine eigene Mitte bildet, um die herum sich alles zu seiner besonderen Welt ordnet.«[280]

4 In der *evangelischen Theologie* gibt es unterschiedliche Positionen. Martin *Luther* schenkt der Seele keine große Aufmerksamkeit, er hält an ihrer Unsterblichkeit fest, lehnt aber die Lehre des V. Laterankonzils ab. Der Mensch ist als Gottes Geschöpf eine leib-seelische Einheit.[281] Johannes *Calvin* dagegen vertritt einen strengen Leib-Seele Dualismus: »Weiterhin muss außer allem Streit stehen, dass der Mensch aus Seele und Leib besteht. Dabei verstehe ich unter ›Seele‹ ein unsterbliches, wenn auch geschaffenes Wesen, das des Menschen edlerer Teil ist ... Das Rechte, Gute, Anständige, das doch körperlichen Sinnen verborgen ist, vermögen wir (sc. mit der Seele) zu erfassen.«[282] Ein besonderes Interesse an der Seele bildet der Pietismus im Anschluss an die Mystik aus. Die Seele ist der Ort der besonderen Offenheit des Menschen für Gott. Mit der Frage nach der Seele verbindet sich die Frage nach der Identität des individuellen Menschen und nach seinem Selbstbewusstsein.[283]

Karl *Barth* hebt die Einheit von Leib und Seele hervor: »Durch Gottes Geist ist der Mensch das Subjekt, die Gestalt und das Leben eines stofflichen Organismus, die Seele seines Leibes – beides ganz und zugleich: in unaufhebbarer Verschiedenheit, in untrennbarer Einheit, in unzerstörbarer Ordnung.«[284] Auch er stellt dann aber mit Aristoteles und Thomas von Aquin die Seele über den Leib. »Als Leib verfügt er nicht über sich selbst, sondern steht er zu seiner eigenen Verfügung, gebraucht er sich nicht, sondern wird er von sich selbst gebraucht. Als Leib schreitet er nicht über sich

---

278 Zitiert bei Ott, Grundriss, 116.

279 Ratzinger, Einführung, 263. Joseph Ratzinger ist der spätere Papst Benedikt XVI.

280 Schockenhoff, Ethik, 196. Zur Person vgl. Kapitel 4.2.3.

281 Luther, Disputatio, 667, These 21. Vgl. Härle, Mensch, 172.

282 Calvin, Institutio 15,2. Er setzt dabei Seele und Geist gleich. 15,6 gibt Calvin ausdrücklich Platon recht.

283 Referiert nach Zachhuber, Seele.

284 Barth, Kirchliche Dogmatik III/2, 391.

selbst hinaus, so gewiss er nicht als Leib, sondern als Seele unmittelbar zum Geist und also zu Gott ist. Als Leib kann er also sich selbst nicht vorangehen, sondern nur nachfolgen.«[285]

Für Christian *Link* ist die Seele/der Geist nicht ein besonderer Teil am oder im Menschen, sondern die Ermöglichung dessen, dass der Mensch als lebendiger Leib existieren kann. Das Zusammenspiel von Leib und Seele ist Ausdruck der Geschöpflichkeit. Aber leibliches Leben ist »mehr als organisches Leben. Es ist Subjekt und Gestalt und in beidem Freiheit. Wir ›regieren‹ unseren Leib.«[286] Im Geist wird das kreatürliche, von Gott geschaffene Ich offenbar. Der Geist »ist das Prinzip, das den Menschen zum Subjekt macht, ohne freilich an das Leben dieses Subjekts gebunden zu sein. ... Er ... ist im Unterschied zum menschlichen Subjekt unsterblich«[287] und kehrt zu Gott zurück.

5 Während bei den bisher genannten Theologen der Dualismus zwischen Leib und Seele immer noch zu erkennen ist, will Jürgen *Moltmann* das alttestamentliche/biblische Bild des Menschen neu zur Geltung bringen. Der Mensch »hat keine Seele, sondern *ist* ›lebendige Seele‹ … er hat nicht Fleisch, er *ist* Fleisch.«[288] Die Beziehung von Leib und Seele sieht Moltmann als »ein perichoretisches Verhältnis wechselseitiger Durchdringung und differenzierter Einheit,« in der es keine »einseitigen Herrschaftsstrukturen«[289] gibt. Theologisch heißt das, »dass die Präsenz Gottes im Geist nicht allein im Bewusstsein oder in der Seele oder in der Subjektivität von Vernunft und Willen lokalisiert wird, sondern im ganzen menschlichen Organismus, nämlich in jener geschichtlichen Gestalt, die Menschen nach Leib und Seele in ihrer Umwelt entwickeln.«[290]

Auch Wilfried Härle betont die *Einheit von Leib und Seele*. Leibhaftigkeit ist kein Ausdruck von Gottferne oder Entfremdung, wie auch Seele oder Geist nicht der Ausdruck irgendwie gearteter Göttlichkeit des Menschen sind. Leib und Geist/Seele sind vielmehr unterschiedliche Aspekte ein und desselben Wesens. »In seiner Leibhaftigkeit ist der Mensch eingebunden in seine Umwelt, mit ihr im Austausch, ohne dies in irgendeiner Form suspendieren zu können. In seiner Geistigkeit ist der Mensch hingegen in der Lage, jede seiner Relationen (neu) zu deuten und sich wählend zu ihnen zu verhalten.«[291]

6 Menschen *haben* einen Körper, aber sie *sind* Leib.[292] Diese hilfreiche Differenzierung geht auf ein Konzept von *Leiblichkeit* zurück, das von der phänomenologischen Philosophie, vor allem von Maurice Merleau-Ponty und Bernhard Waldenfels, entwickelt wurde. Es ermöglicht, den Dualismus von Körper und Seele zu überwinden und den Menschen als Einheit zu sehen. »Unser Leib (sc. ist) nicht bloßes Instrument der Vernunft ..., sondern unsere spezifisch menschliche Weise, in der Welt zu leben, und zwar gemeinsam mit

285 Barth, Kirchliche Dogmatik III/2, 511.
286 Link, Seele, 1103. Hier greift er auf Karl Barth zurück.
287 Link, Seele 1104. Auch Link differenziert nicht genau zwischen Seele und Geist.
288 Moltmann, Gott, 260.
289 Moltmann, Gott, 262 (perichoretisch bedeutet: wechselseitig).
290 Moltmann, Gott, 262.
291 Härle, Art. Mensch, 1069.
292 Vgl. zum Folgenden Liedke, Leben, 382ff.

anderen, mit denen wir uns auch ohne Worte verständigen können.«[293] Ein Mensch nimmt sich selbst und die ihn umgebende Welt über seine Sinne wahr: hörend, sehend, tastend, schmeckend, riechend und über die Bewegung[294] erschließt er sich den eigenen Körper, die anderen Menschen und die Welt. Sinnliche Erfahrung aber ist stets leiblich. Insofern ist Wahrnehmung, Erkenntnis und Deutung des Wahrgenommen nicht vom Leib zu trennen. Als Leib ist sich der Mensch unmittelbar, vor jeder Reflexion, seiner selbst bewusst. »Mein Leib ist also nicht der Körper, den ich sehe, berühre oder empfinde, sondern er ist vielmehr mein *Vermögen* zu sehen, zu berühren und zu empfinden. Er ist kein Gegenstand in der Welt, sondern das Vermögen, das mir die Welt eröffnet.«[295] Bewusstsein und unbewusste Natur werden als untrennbare Einheit gesehen. Von Seele als einem eigenständigen Element kann nicht mehr gesprochen werden. Als Leib bin ich Subjekt, ich lebe als mein Leib, ich kann mich von ihm nicht distanzieren, ihn nicht zum Objekt meiner Wahrnehmung machen und ich kann ihn nicht mit anderen teilen. Niemand außer mir weiß, wie sich *meine* Empfindungen, *mein* Schmerz und *meine* Lust anfühlen. Dieses Konzept der Leiblichkeit überwindet die Trennung von Seele und Körper und kommt so dem ganzheitlichen Verständnis des Menschen, wie es in der Bibel vorausgesetzt wird, sehr nahe.

7 »Das *Gehirn* ist zum Nachfolger der Seele, zum Erben des Subjekts geworden.«[296] Dies ist die These einiger Neurobiologen. Wolf Singer und Gerhard Roth heben seit langem hervor: Das Gehirn ist ein hochentwickeltes und dynamisches System, das sich weitgehend selbst organisiert. Subjektivität und Selbstbewusstsein können nur als Ergebnis hirnorganischer Funktionen dargestellt werden. Denkprozesse beruhen auf neuronalen Vorgängen und gehen, ebenso wie Wahrnehmungen, auf Leistungen der Großhirnrinde zurück. Kognitive Leistungen sind als physiko-chemische Interaktionen in den Nervennetzen »kausal erklärbar.« Insofern kann man nicht mehr zwischen Geist/Seele und Körper trennen. Die Forscher lehnen ein dualistisches Menschenbild, wie es noch Descartes beschrieb,[297] ausdrücklich als überholt und wissenschaftlich widerlegt ab.

Das Grundproblem dieser These ist, dass sich hier das Gehirn sozusagen selbst erklärt. Damit zeigt sich zugleich eine entscheidende Grenze der Erkenntnis: Was für das kognitive System des Gehirns nicht erfassbar ist, kann nicht erkannt werden. Heißt das aber auch, dass es nicht existiert? Wenn empirische Wissenschaft beansprucht, alle geistigen Phänomene umfassend beschreiben zu können, muss dies als »neuer Reduktionismus«[298] beschrieben werden. Demgegenüber ist an dem unter

---

293 Meyer-Drawe, Leib, 32. Die Autorin bezieht sich auf Plessner.

294 Kinästetische Wahrnehmung bedeutet, dass »Empfindungen stets mit einer Bewegung des Leibes im Raum und dem sie begleitenden (Selbst)Bewußtsein verbunden sind« (Liedke, Leben, 386)

295 Fuchs, Leib, 23.

296 Fuchs, Gehirn, 52. Vgl. Kapitel 2.2.4

297 Vgl. Kapitel 2.2.2.

298 Vgl. dazu Lenzen, Haufen, 42: »Reduktionisten versuchen, komplexe Themen auf einfachere zurückzuführen – etwa ... die subjektiven Überzeugungen von Menschen auf ... Prozesse in ihren Gehirnen.«

Punkt 6 beschriebenen Gedanken der Leiblichkeit des Menschen festzuhalten. Hier ist die Trennung von Körper und Seele/Geist schon überwunden, ohne dass dabei der Mensch auf seine Körperlichkeit reduziert wird.

Hilfreich ist in diesem Zusammenhang ebenfalls, zwischen der Ich-Perspektive und der Beobachter-Perspektive zu unterscheiden. Es lässt sich beobachten, wann im Gehirn welche elektrischen Ströme fließen und welche Neuronen wie stark »feuern.« »Im Rahmen naturwissenschaftlicher Beschreibungssysteme« lässt sich Verhalten »fassen und erklären,«[299] das von außen beobachtbar, messbar und objektivierbar ist. Das wahrnehmende Bewusstsein aber lässt sich nicht auf das funktionelle Nervensystem reduzieren. Erfahrung ist mehr als Experiment. In der Ich-Perspektive kommen Erscheinungen in den Blick, die nur wir selbst wahrnehmen können (Glück, Schmerz, Leid, Stolz etc. gibt es nur, wenn wir sie erfahren). Diese Perspektive stellt das erfahrende Subjekt im Horizont seiner persönlichen Gewissheiten, in Bezug auf seinen Ursprung, seine Verfassung und seine Bestimmung dar. Naturwissenschaft kann also erklären, darf aber keine alleinige Deutungshoheit beanspruchen.

8 Aktuell steht der *Körper* hoch im Kurs. Das zeigt sich in verschiedenen Bereichen. Zu erinnern ist zunächst an die schon erwähnten gentechnologischen Entwicklungen, die Erkenntnisse der Neurobiologie und ihre Auswirkungen auf das Verständnis des Menschen. Daneben (oder in Verbindung damit) lässt sich im alltäglichen Leben die Tendenz zur Perfektionierung des Körpers an vielen Punkten beobachten.

Wer sich mit Trends in Technik, Medizin, Gesundheit, Fitness und Ernährung auseinandersetzt, stößt früher oder später auf den Begriff »Quantified Self.« Diese Bewegung der Selbstvermessung steht für die digitale Protokollierung des eigenen Lebens. Die neuen digitalen Techniken ermöglichen Selbstbeobachtung und versprechen Selbstoptimierung. Das Leitmotto lautet: »Self Knowledge Through Numbers« – Selbsterkenntnis durch Zahlen. Der Gedanke dahinter ist, dass die digital gemessenen Ergebnisse Selbsterkenntnis ermöglichen. »Quantified Self ist eine Gemeinschaft von Anwendern und Anbietern von Self-Tracking Lösungen. Ziel dieser Gemeinschaft ist der Austausch von Wissen über die Nutzung persönlicher Daten. Dies umfasst die Mittel und Methoden zur Erfassung von Daten aus allen Lebensbereichen. Im Vordergrund stehen jedoch die persönlichen Erkenntnisse, welche aus den Daten abgeleitet werden können, sowie die Veränderungen, welche sich mit ihnen nachvollziehen lassen.

Um persönliche Daten zu gewinnen nutzt Quantified Self Verfahren wie die Verhaltensbeobachtung, die Erfassung biologischer Informationen, Psychologische Tests, Dienste zur medizinischen Selbstdiagnose, Lifelogging, Genomsequenzierung und vieles mehr. Ähnlich einem Spiegel liefern die damit erfassten Daten über uns selbst, eine Möglichkeit, uns zu reflektieren und zu erkennen, was bessere, informiertere Entscheidungen erlaubt.«[300]

Stefan Selke sieht in dieser Bewegung den Beginn eines kulturellen Wandels, der sich durch die Technisierung des Lebens ergeben wird oder schon ergeben hat. Als

---

299 Singer, Selbsterfahrung, 138.

300 So die Selbstvorstellung der Bewegung auf ihrer Homepage: http://qsdeutschland.de (27.10.2016).

dahinterstehende Motive vermutet er: »Die Angst, in einer Gesellschaft der Fitten und Erfolgreichen nicht mehr mithalten zu können sowie die Kontrolle über das eigene Leben und den eigenen Tod zu verlieren.«[301] Dazu kommt die Lust daran, den eigenen Körper, das Tun oder das ganze Leben in Zahlen erfassen zu können und damit objektivierbar zu machen. Das hat Auswirkungen auf das menschliche Selbstverständnis. Selke erkennt »unter der Oberfläche cooler Technologien« gravierende »Entmenschlichungstendenzen ... (sc. und) den Bedeutungsverlust zentraler Begriffe und Bedingungen der menschlichen Existenz.« Er fragt: »Wie viel Wissen über sich selbst braucht der Mensch?«[302] Wissen kann Erfahrung nicht ersetzen und diese kann nicht empirisch abgebildet und in Zahlen dargestellt werden.

Aus theologischer Perspektive kann gelingendes Leben nicht mit einem vollkommenen Körper gleichgesetzt werden. Sinn lässt sich nicht durch (digitale) Vermessung und Protokollierung gewinnen. Vertrauen zum Leben lässt sich nicht durch Kenntnis aller Fakten gewinnen. Die Frage »Wie soll/kann ich mein Leben richtig leben?« können digitale Geräte nur ansatzweise beantworten. Christliche Anthropologie betont demgegenüber »die Konstituiertheit, die Abhängigkeit, das Beschenkt- und Bejahtsein durch eine unbedingte Liebe.«[303]

9 Die Bibel erzählt nicht nur, dass Gott den Menschen in seiner Leiblichkeit geschaffen hat. Das Neue Testament handelt davon, dass Gott in *Jesus Christus* selbst Mensch wird. Er wird geboren von einer Frau und stirbt am Kreuz einen schmerzhaften Tod. Er nimmt das Leben des Menschen auf sich mit seinen Freuden und Genüssen,[304] aber auch mit Grenzen, Leiden und Schmerzen. Er wendet sich gerade den Menschen zu, die nicht perfekt sind und deren Leben nicht den geltenden Normen entspricht. Mit seiner Menschwerdung (»Inkarnation« bedeutet: ins Fleisch kommen) widerspricht Gott in Jesus allen leibfeindlichen und lebensverachtenden Tendenzen innerhalb und außerhalb der Theologie. Damit ist ein kritischer Maßstab gegeben, der sich nicht nur auf das eigene Selbstverständnis richtet, sondern auch gegen soziale, technische und politische Vorgaben und Ansprüche auf den Menschen Anwendung findet. Gott wird in Jesus Christus Mensch – an diesem Satz müssen sich alle Aussagen über den Menschen messen lassen.

4.1.3 Begrenzt und verletzlich – so ist das Leben

»Verletzlich, endlich, fremd, widersprüchlich und verschieden zu sein sind grundsätzliche Bedingungen des Menschseins, an denen sich das Menschsein des Menschen zu bewähren hat.«[305] Mit dieser These macht Roland Kollmann auf ein Thema aufmerksam, das gegenwärtig zunehmend Aktualität gewinnt. In einer Gesellschaft, die von

301 Selke, Lifelogging, 22.

302 Selke, Lifelogging, 23. Vgl. auch Zirfas, Vervollkommnung, 20: Vier Fünftel aller Kinder und Jugendlichen, unabhängig von Geschlecht und Alter, sind mit ihrem Körper unzufrieden.

303 Grümme, Menschen, 187.

304 Von seinen Gegnern wird er als »Fresser und Weinsäufer« bezeichnet, vgl. Lk 7, 34.

305 Kollmann, Theodizee, 146.

dem Drang zur Perfektion und zur Grenzüberschreitung geprägt ist, fällt es schwer, mit Grenzen, Leid und Krankheit umzugehen. Sie werden häufig geleugnet. In einer theologischen Anthropologie aber ist nachdrücklich darauf hinzuweisen: Zur Geschöpflichkeit gehört auch, dass menschliches Leben endlich und begrenzt ist. Schwachheit, Ohnmacht und Leiden akzeptieren zu können, trägt zu einem gelingenden Leben bei.

1 Menschliches Leben ist *ambivalent.* »Das Defizitäre gehört in die Definition des Humanum,«[306] genauso wie die Beschreibung der Möglichkeiten und Hoffnungen. Nur in der Spannung von Gesundheit und Krankheit, Begabung und Behinderung, Gelingen und Scheitern, Verdienst und Schuld, Gewinn und Verlust, Ganzheit und Entfremdung, Verletzungen und Heilungen, Wachstum und Rückschritt lässt es sich ganz erfassen. Auflösen lässt sich die Widersprüchlichkeit nicht. Wer sie leugnet, wer nur die Grenzen oder ausschließlich die ungeheuren Möglichkeiten eines Menschen sieht, der verfehlt und reduziert Menschsein und zahlt letztlich dafür einen hohen Preis.

2 Die Frage nach *Krankheit und Gesundheit* hat im Selbsterleben und in der alltäglichen Kommunikation einen hohen Stellenwert. Auf den ersten Blick scheinen die Begriffe Gesundheit und Krankheit eindeutig definiert. Bei genauerer Betrachtung zeigt sich jedoch, dass sie sowohl im privaten wie im gesellschaftlichen Bereich sehr unterschiedlich verstanden werden:

Gesundheit lässt sich mit Wohlbefinden und Abwesenheit von Beschwerden und Symptomen beschreiben. Krankheit meint dann Beschwerden, Schmerzen und Einschränkungen. Dieses Verständnis findet man überwiegend im medizinischen Bereich, bei Patienten und Ärzten. Beim Vorhandensein von Beschwerden und Symptomen wird eine Person als krank eingestuft.

Ein anderes Verständnis ergibt sich, wenn statistische Daten zur Grundlage werden. Dann wird das, was auf die Mehrzahl der Menschen zutrifft, als gesund definiert. Abweichungen von diesen Durchschnittswerten sind als krank zu bezeichnen. Für die Einordnung einer Person als krank oder gesund sind also ihre Bezugsgruppe (Referenzgruppe, z. B. nach Alter und Geschlecht) und die festgelegten Grenzwerte bedeutsam.

Die Weltgesundheitsorganisation (WHO) definierte im Jahr 1948 Gesundheit folgendermaßen: »Gesundheit ist ein Zustand vollkommenen körperlichen, geistigen und sozialen Wohlbefindens und nicht allein das Fehlen von Krankheit und Gebrechen.«[307] Damit ist eine Idealnorm gesetzt. Die Frage ist, ob ein Mensch Gesundheit in diesem Sinne überhaupt erreichen kann.

3 Der israelisch-amerikanische Medizinsoziologe und Stressforscher Aaron Antonovsky[308] hat mit seinem Konzept der Salutogenese einen interessanten Vorschlag für

---

306 Bach, Kraft, 28.

307 Weltgesundheitsorganisation, Verfassung. Originaltext: »Health is a state of complete physical, mental and social wellbeing and not merely the absence of disease or infirmity.«

308 Antonovsky, Salutogenese. Nähere Hinweise unter www.salutogenese-zentrum.de/cms/main/wissenschaft/a-antonovsky.html (3.2.2017).

das Verständnis von Gesundheit und Krankheit vorgelegt. Er hat beobachtet, dass Menschen bei gleicher medizinischer Diagnose unterschiedlich schwer krank sind und sucht dafür nach Erklärungen und Gründen. Anders als allgemein üblich fragt er nun aber nicht nach den Ursachen der Krankheit (Pathogenese), sondern der Gesundheit (Salutogenese): Was führt dazu, dass ein Mensch gesund ist?

Er findet heraus, dass es vor allem ein Kohärenzgefühl ist, das zur Gesundheit beiträgt. Dieses Gefühl setzt sich aus drei Komponenten zusammen:

Verstehbarkeit – sie ist dann gegeben, wenn Lebensereignisse als sinnvoll wahrgenommen werden und widrige Ereignisse eingeordnet, erklärt oder vorhergesagt werden können.

Handhabbarkeit – sie bezieht sich auf das Bewusstsein, genug eigene Ressourcen zu haben, um den Anforderungen des Lebens gewachsen zu sein (die Ressourcen sind im Menschen selbst oder werden von anderen zur Verfügung gestellt).

Bedeutsamkeit – sie ergibt sich, wenn stresserzeugende Ereignisse kognitiv verstanden und emotional gespürt werden. Sie erscheinen dann als willkommene Herausforderung und weniger als Belastung.

Das Zusammenspiel dieser drei Komponenten nennt Antonovsky »Kohärenz.« Je ausgeprägter das Kohärenzgefühl einer Person ist, desto gesünder sollte sie sein, bzw. desto schneller sollte sie gesund werden und bleiben. Dieses Kohärenzgefühl ist eine Grundeinstellung zum Leben. Es kann durch eine allgemeine Grundhaltung eines Menschen zur Welt und dem eigenen Leben, durch eine Weltanschauung entstehen.

4 Theologisches Reden vom Menschen findet in dem Konzept der Salutogenese viele Anknüpfungspunkte. Wenn es gelingt, Spannungen und Ambivalenzen des Lebens in das Selbstverständnis zu integrieren und sich als Mensch zu akzeptieren, der beides ist: stark und schwach, autonom und hilfsbedürftig, gebrechlich und voller Elan, kann ein Mensch gesund sein oder werden. Medizinische Behandlung ist damit natürlich nicht überflüssig oder gar abzulehnen. Gesundheit in dem umfassenden Sinne der Kohärenz ist allerdings von der Medizin allein nicht zu erwarten. Sie ist auch technisch nicht machbar. Zur Kohärenz kann jedoch die Überzeugung helfen, von Gott geliebt und bejaht zu sein. Aus dieser Haltung kann ein Mensch die Kraft gewinnen, sich selbst zu akzeptieren. Wer sich gehalten weiß, kann loslassen. Wer sich als Geschöpf versteht, muss nicht alles selber machen. Wer seinen Ursprung kennt, gewinnt Freiheit und Distanz gegenüber verschiedenen Ansprüchen. Wer seine Endlichkeit akzeptiert, kann auf Hoffnung hin leben. Gesundheit kann auch darin bestehen, dass ein Mensch (wie etwa Paulus, vgl. 2Kor 12,7–10) sich in seiner Schwachheit der Gnade Gottes bewusst wird und ihm von da aus die Kraft zuwächst, sein Leben mit allen Begrenzungen anzunehmen und zu leben.

5 Caspar Söling beobachtet aktuell eine schleichende *Naturalisierung* des Menschenbildes. Das zeigt sich an der schon beschriebenen Vorherrschaft der Naturwissenschaften, deren Erkenntnisse immer mehr weltanschauliche Bedeutung bekommen. Das zeigt sich aber auch an dem »Gesundheitsboom,«[309] der auch aus wirtschaftlichen und gesellschaftlichen Gründen gefördert wird. »Normal ist optimal.

309 Söling, Befreiungstheologie, 3.

Und wer nicht optimal ist, der kann sich mit Hilfe von Wellness, Schönheitschirurgie und Medizintechnik selbst-optimieren – oder er sollte vor der Geburt zumindest das Recht bekommen, sich selektieren zu lassen.«[310] Söling fordert unter ausdrücklichem Bezug auf die lateinamerikanische Befreiungstheologie auch für diesen Bereich eine »Befreiungs«-Theologie, die strukturell denkt und für das Recht jedes Menschen eintritt, nicht perfekt zu sein. Dies ermöglicht »einen Blick auf den Menschen, so wie er ist, frei von allen Versuch(ung)en, ihn mit etwas oder jemandem zu vergleichen. Das ist der unvergleichliche Blick der liebenden Aufmerksamkeit.«[311]

Das lässt auch die (kritische) Frage nach den Grenzen medizinischen Eingreifens zu. Nicht alles, was medizintechnisch möglich ist, ist auch lebensfördernd. Dies bezieht sich z. B. auf die Transplantationsmedizin, Teile der Intensivmedizin und gleichermaßen auf die Frage nach dem Lebensrecht von (ungeborenen) Kindern mit Behinderung. »Die Menschenwürde ist die Würde des begrenzten menschlichen Lebens.«[312]

6 Ebenso wie Glück gehört auch *Leiden* zum Menschsein. Menschen können Unglück, Unrecht und Verlust erleiden, Not durchstehen oder daran zugrunde gehen, von Angst in die Enge getrieben werden. Auch das Selbstgefühl kann verletzt werden.[313] Es gibt darüber hinaus Unglück, das vermeidbar wäre und verhindert werden kann und soll. Sowohl dem Übel, das Menschen einander zufügen, wie auch strukturellem Unrecht, das gesellschaftlich erzeugt wird, muss Widerstand entgegengesetzt werden. An Jesus, der sich für die Schwachen und Ausgegrenzten eingesetzt hat, orientiert sich bis heute die Theologie der Befreiung.[314]

Erfahrenes Leid macht Betroffene oft sprachlos. Das Buch Hiob erzählt eindrücklich, wie einsam ein betroffener Mensch werden kann.[315] Anders als das bekannte Sprichwort andeutet, lässt Leid sich nicht wirklich teilen, sehr wohl aber durch Anteilnahme, Mitleiden und Solidarität lindern.[316]

Leid entzieht sich letztlich jeder Erklärung oder Deutung. Aufforderungen zum geduldigen Ertragen, zur Suche nach Schuld und Verantwortung bei sich selbst oder nach »Sünden«, für die erfahrenes Leid eine Strafe Gottes sein könne, haben in der Geschichte des Christentums eine unrühmliche Tradition des Tröstens begründet. Dies ist oft zu einer menschenverachtenden Vertröstung geworden, die zurückgewiesen werden muss. Die Akzeptanz von Leid ist weder mit Verherrlichung von Leid noch mit demütigem Sich-Fügen zu verwechseln. Der Einsatz für ein Leben in Würde erfordert auch Widerstand und Kritik. Das schließt auch die Frage nach der Gerechtigkeit Gottes ein (Theodizee).

7 Christliche Theologie spricht von einem Gott, der sich vom leidenden Menschen nicht abwendet, sondern sich in Mitleidenschaft ziehen lässt: Immer wieder begegnet in der Bibel, vor allem in der Sprache des Gebets die Frage: Warum Gott, wie lange noch …? In Klage und Anklage gegenüber Gott gewinnen Menschen Sprache und Ausdrucksmög-

---

310 Söling, Befreiungstheologie, 6. Zur Befreiungstheologie vgl. 4.4.1.

311 Söling, Befreiungstheologie 7.

312 Härle, Menschsein, 431.

313 Vgl. Sauter, Leben, 228ff.

314 Vgl. Kapitel 4.4.1.

315 Vgl. Kapitel 3.6.

316 Vgl. dazu Kuld/Gönnheimer, Compassion.

lichkeit für ihr Leid und ihre existentiellen Fragen. Oft mündet die Klage in Dank für erfahrene Hilfe oder lobende Freude über neue Lebensmöglichkeiten (vgl. z. B. Ps 31).

Die Evangelien erzählen, dass Jesus an leidenden Menschen nicht vorbeigeht, sondern sich ihnen zuwendet. Zeichenhaft hebt er die durch Krankheit oder Behinderung gegebenen Einschränkungen der von Gott geschaffenen Fülle der Lebensmöglichkeiten auf. Damit will er auch die gesellschaftlichen und religiösen Stigmata beseitigen, die die betroffenen Menschen oft zu ertragen haben. So gibt er den Ausgestoßenen ihre Würde zurück. Jesus zeigt mit seinem wunderbaren Handeln einen Gott, der sich den Menschen zuwendet, sich auf sie einlässt, sie auch und gerade in ihrer Schwachheit würdigt.

Im leidenden Christus schließlich lässt sich erkennen, wie groß die Solidarität Gottes mit den Menschen ist. Er lässt sich ganz auf ihr Leben ein, mit allen Grenzen und Begrenztheiten und geht mit ihnen den Weg des Leidens und des Sterbens. »Der in physischen Qualen am Kreuz sterbende Christus identifiziert sich mit den Kranken, Gequälten und in Qualen Sterbenden. Darum können diese in ihm Heilung finden: nämlich Gemeinschaft mit Gott, der Quelle des ewigen Lebens.«[317]

(8) Henning Luther hat zur Beschreibung des Menschen den Begriff des *Fragments* in die Diskussion gebracht. Dieses Wort ist besonders geeignet, die Ambivalenz menschlichen Daseins zu erfassen. Luther schreibt: »Wir sind immer zugleich auch gleichsam Ruinen unserer Vergangenheit, Fragmente zerbrochener Hoffnungen, verronnener Lebenswünsche, verworfener Möglichkeiten, vertaner und verspielter Chancen. Wir sind Ruinen aufgrund unseres Versagens und unserer Schuld ebenso wie aufgrund zugefügter Verletzungen und erlittener und widerfahrener Verluste und Niederlagen. Dies ist der Schmerz des Fragments.«[318]

Mit dem Begriff Fragment kann aber zugleich die Unabgeschlossenheit menschlicher Existenz bezeichnet werden. So wird damit der Hoffnung auf Vollendung Ausdruck verliehen, die zu jedem Leben gehört: Wir sind auch »Ruinen der Zukunft, Baustellen, von denen wir nicht wissen, ob und wie an ihnen weitergebaut wird; wir wissen immer nur, dass der Bau noch nicht vollendet ist. Gegen die Erstarrung steht die Sehnsucht, die Bewegung der Selbst-transzendenz.«[319] Menschliche Existenz, fragmentarisch gedacht, besagt also: Ich kann Gelingen und Erfolg in meinem Leben anerkennen und schätzen. Ich brauche Erfahrungen von Scheitern, Versagen, von Behinderung nicht zu leugnen. Ich bin weder auf das Eine noch das Andere festgelegt. Zukunft kann mehr sein als Verlängerung des Vorhandenen. Aus dieser Hoffnung speist sich Sehnsucht nach Überschreiten der gegebenen Grenzen.

4.1.4 Ende und Anfang – Leben auf Hoffnung

Christlicher Glaube ermöglicht die Akzeptanz der Grenzen des geschöpflichen Lebens und ist zugleich in einem unvorstellbaren Ausmaß grenzüberschreitend: die Grenze

317 Moltmann, Gott, 249.

318 Luther, Religion, 168f.

319 Luther, Religion, 170.

des Todes wird überschritten. Insofern hängt dieser Abschnitt eng mit dem vorhergehenden zusammen.

Die Frage nach dem Weiterleben nach dem Tod ist immer auch eine Frage nach dem Sinn des irdischen Lebens. Was bin ich wert? Wie wertvoll ist mein Leben? Wie bedeutsam bin ich? Auf diese Fragen geben unterschiedliche Todesvorstellungen unterschiedliche Antworten. Diese haben immer auch Rückwirkungen auf das Verständnis des Menschen von sich selbst, seiner Beziehung zur Welt, zu den Mitmenschen und zu Gott und damit auf die Gestaltung des Lebens vor dem Tod.

Umgekehrt gilt: Je nachdem wie ich mein Leben jetzt erfahre und deute, werde ich auch den Tod verstehen und betrachten. Leben vor dem Tod und Leben nach dem Tod gehören zusammen. Theologisch lässt sich kein Wissen über den Tod formulieren, wohl aber ein Verständnis seiner Bedeutung für den Menschen und Hinweise für den Umgang mit dem Ende. In seelsorgerlicher Hinsicht bietet der Glaube eine Einstellung zum Sterben und Hoffnung für das Leben.

1 Die Suche nach dem Sinn des Todes hat im Wesentlichen zwei Funktionen. Zum einen muss das Grauen und die Furcht vor dem eigenen Sterben so weit gemildert werden, dass es die Routine des selbstverständlichen Alltagslebens nicht gefährdet oder gar lähmt. Zum andern muss es einem Menschen möglich sein, nach dem Tod persönlicher Lebensgefährten weiterleben zu können. So macht sich jede Gesellschaft bestimmte »Todesbilder«, mit denen sie versucht, den Tod zu begreifen und damit auch sein Grauen zu begrenzen.[320]

Bei der Bereitstellung von Sinn an den Lebensgrenzen spielt Religion eine wesentliche Rolle. Zu den ältesten Dokumenten über den Menschen gehören Gräber und deren Ausstattung. Offensichtlich war die Erfahrung der Sterblichkeit ein früher Impuls, über den Menschen nachzudenken und nach dem Sinn von Tod und Leben zu fragen.

Die moderne Gesellschaft ist durch das Stichwort Pluralismus geprägt, auch in Bezug auf Wert- und Sinnorientierungen. Eine in früheren Zeiten mehr oder weniger gegebene Verbindlichkeit religiöser Weltauslegung und Sinndeutung gibt es nicht mehr. Damit ist auch die Möglichkeit erschwert, intersubjektiv oder gar gesamtgesellschaftlich einen plausiblen Sinn angesichts des Todes bereitzustellen. So ist der einzelne Mensch heute dem Tod und seinen Grenzen viel stärker ausgesetzt als frühere Generationen das waren. Die Suche nach Deutungen und einem tragfähigen Sinn von Leben und Sterben ist dem Einzelnen aufgegeben.

2 Gemeinhin geht man heute davon aus, dass Sterben und Tod in der modernen Gesellschaft weitgehend tabuisiert und aus dem unmittelbaren Erleben verschwunden sind. Dabei wird in der Regel auf die Untersuchungen von Philippe Ariès verwiesen. Er hat eine zunehmende Hospitalisierung des Sterbens beschrieben, die sich seit den 30er Jahren des letzten Jahrhunderts beobachten lässt.[321] Im Mittelalter hing das Sterbehemd in fast jedem Kleiderschrank. Noch vor 100 Jahren starben Menschen häufig zu Hause, im Kreis der Familie. Heute ist das Sterben abgedrängt in dafür bereitge-

320 Vgl. dazu ausführlich Fuchs, Todesbilder.

321 Vgl. Ariès, Studien, 58.

stellte Räume. Gestorben wird nicht mehr im häuslichen Bereich, sondern überwiegend in Krankenhäusern oder Hospizeinrichtungen. Sterben und Tod sind weitgehend professionalisiert und institutionalisiert. Auch der Umgang mit Sterben, Tod und Trauer wird von »professionellen« Personen und Institutionen begleitet und geprägt (Krankenhaus, Altersheim; Arzt, Pfarrer, Bestattungsunternehmen). So rücken Tod und Sterben aus dem alltäglichen Erleben. Gedanken daran werden aus dem Bewusstsein verbannt und verdrängt.

Gleichzeitig ist aber zu beobachten, dass der Tod ins Leben zurückkehrt. Medial vermittelt ist der überwiegend gewaltsame Tod in jedem Wohnzimmer. Nachrichten und Medien sind voll von Todesmeldungen. Trauer und Gedenken finden im öffentlichen Raum statt – die vielen öffentlichen Trauerbekundungen beim Tod von Lady Diana, die blumengeschmückten Kreuze am Straßenrand, die den Unfalltod eines Menschen markieren, oder die Bilder von spontanen Trauerbekundungen beim gewaltsamen Tod von Menschen sind ein Zeichen dafür.

3 Je mehr religiöse Deutungen an Akzeptanz verlieren, desto mehr Autorität gewinnen (natur-)wissenschaftliche Antworten. Auch wenn Menschen den Glauben an die Auferstehung der Toten, wie ihn die christliche Kirche vertritt, verloren haben oder nicht mehr bedeutsam finden, bleibt doch die Sehnsucht nach Gewissheit und Weiterleben. Forschungen zu Nahtoderfahrungen stoßen auf großes Interesse. Sie beschreiben, dass viele Menschen nach dem zeitweiligen »Tod« Bewusstsein hatten. Ist das Bewusstsein also (doch) mehr als eine Funktion des Gehirns? Viele verstehen diese Berichte auch als einen Beweis für das bewusste Weiterleben nach dem Tod.

Mit der Weiterentwicklung der digitalen Technologien verbindet sich darüber hinaus für viele eine große Hoffnung auf eine wie auch immer geartete Existenz über den Tod hinaus:

Der körperbehinderte Physiker Stephen Hawking lehnt den Gedanken an eine menschliche Existenz nach dem Tod vehement ab: »Ich betrachte das Gehirn als einen Computer, der aufhört zu funktionieren, wenn seine Bestandteile versagen. Es gibt keinen Himmel und kein Leben nach dem Tod für kaputte Computer. Dies ist ein Märchen für Leute, die Angst vor der Dunkelheit haben.«[322] Hawking hält dennoch eine Weiterexistenz des *Gehirns* nach dem Tod theoretisch für möglich. Wenn man das Gehirn mit einem Computer vergleicht, dann ließe sich dessen Software auf einen anderen Rechner kopieren. Die dafür nötigen technischen Möglichkeiten seien heute aber noch nicht gegeben.

Hans Moravec[323] forscht nach solchen Möglichkeiten, menschliches Denken in einer postbiologischen Welt zu bewahren. In Zukunft wird diese Welt beherrscht von sich selbst vervollkommnenden, denkenden Maschinen. Der menschliche Körper ist dann obsolet, der Geist hingegen ist unsterblich. Aus dem Gehirn befreit und »frei von der Bindung an einen sterblichen Körper,« kann der Geist in den Speicher der

322 So in einem Interview mit der Zeitung Guardian (zitiert nach http://www.focus.de/wissen/mensch/der-vielleicht-kluegste-mensch-der-welt-das-sind-die-acht-spektakulaersten-theorien-von-stephen-hawking_id_4504146.html (29.1.2017).

323 Vgl. zum Folgenden Fröhlich, Techno-Utopien.

Maschinen übertragen werden und dort ewig leben: »Unser versagendes Gehirn kann Bit für Bit durch überlegene elektronische Äquivalente ersetzt werden, die unsere Persönlichkeit und unsere Gedanken klarer als jemals machen werden, obgleich nach einer bestimmten Zeit keine Spur unseres ursprünglichen Körpers oder unseres Gehirns übrigbleiben wird. .... Unser Geist wird von unserem ursprünglichen biologischen Gehirn in eine künstliche Hardware verpflanzt werden. Eine Transplantation in noch andere Hardware sollte im Vergleich dazu trivial sein.«[324]

Frank Tipler folgert: »Die Wissenschaft kann nun angesichts des Todes exakt denselben Trost spenden wie einst die Religion. Die Religion ist nun Teil der Wissenschaft.«[325] Auch er geht davon aus, dass die menschliche Spezies zukünftig in Computerform existiert, alle Menschen werden als perfekte Computeremulationen auferstehen und zwar »sobald die Leistungsfähigkeit aller Computer im Universum« groß genug ist.

Digitale Friedhöfe und Trauerportale entsprechen den Anforderungen einer modernen flexiblen Gesellschaft. Trauer kann so virtuell und öffentlich stattfinden.

Die nahezu unbegrenzten Speicherkapazitäten der Rechner ermöglichen jedem, sein eigenes Leben zu dokumentieren und über den Tod hinaus zu bewahren. Gordon Bell verspricht: »Wenn Sie Ihr Leben digital aufzeichnen, erhalten Sie dadurch die Möglichkeit, Ihre eigenen Ideen, Absichten und Persönlichkeit in einer bislang nicht möglichen Art und Weise an die Nachwelt weiterzureichen. ... Ihre digitalisierten Erinnerungen können zusammen mit Ihrem fossilen Persönlichkeitsmuster in einem Avatar (einer synthetischen Person) aufgehen. Diesen Avatar können zukünftige Personen kennenlernen und ansprechen. Ihr digitales Selbst wird die Lebenden der Zukunft berühren und einen Einfluss auf kommende Generationen haben.«[326]

Diese kurzen Schlaglichter zeigen: Menschen suchen Antworten auf die Frage nach Tod und Leben. Die Antworten, die die christliche Theologie bereithält, müssen im Konzert der vielen Möglichkeiten vernehmbar gemacht werden. Dabei ist die vorhandene Skepsis in der heutigen Gesellschaft gegenüber religiösen und »kirchlichen« Antworten zu berücksichtigen.

Wie können Christen glaubwürdig vom Tod und der Hoffnung auf Leben sprechen?

4 Das Alte Testament spricht in großer Nüchternheit vom Tod. Seine Lebenszeit ist dem Menschen von Gott zugemessen. Auch der Tod steht in Gottes Macht – er gibt das Leben und er nimmt es wieder (vgl. Ps 104,29). Leben bedeutet: eine Beziehung haben zu Gott und den Menschen. Tod ist umgekehrt der Ort der Beziehungslosigkeit, der Gottesferne aber auch der Ort der Abgeschiedenheit von den Mitmenschen. Der Tod betrifft den ganzen Menschen, nicht nur der Körper stirbt, die ganze Individualität kommt an ein Ende.

---

324 Moravec, Evolution, o.S. Moravec und Tipler sind Transhumanisten, vgl. dazu Coenen, Transhumanismus.

325 Tipler, Physik, 407.

326 Bell/Gemmell, Life, 6; zit. nach der Übersetzung von Selke, Lifelogging, 160f.

Herausragend für das Verständnis von Leben und Tod im Neuen Testament ist das Sterben und Auferstehen Jesu Christi. In Jesus ist die Macht des Todes gebrochen, seine Auferweckung zeigt: Gott will das Leben, nicht den Tod. Dies begründet die Hoffnung auf die Auferweckung der Glaubenden.

Paulus, der sich mit dieser Frage besonders intensiv auseinandersetzt, formuliert die Antwort als Paradox: der Glaubende ist mit Christus gestorben und hat den (geistlichen) Tod[327] überwunden. Zugleich aber hat jeder Lebende den eigenen (kreatürlichen) Tod noch vor sich. Weil der geistliche Tod gleichsam schon überwunden ist, hat der vor ihm liegende leibliche Tod aber keine entscheidende Bedeutung mehr für einen Menschen, der an Jesus Christus glaubt. Er ist dann kein Schlusspunkt, sondern eher ein Doppelpunkt.

Sterben ist für Paulus also kein Durchgangsstadium, kein Übergang in ein neues Leben. Der kreatürliche Tod vernichtet den ganzen Menschen. In der Auferstehung Jesu liegt jedoch die Hoffnung begründet, dass alle, die mit ihm gestorben sind, von Gott zu neuem Leben erweckt werden. An dieser Hoffnung auf die Auferstehung der Toten hängt für Paulus der gesamte Glaube (1Thess 4,13–19; 1Kor 15,35–43). Paulus versteht die Auferweckung der Toten als einen erneuten Schöpfungsakt Gottes und zeichnet das Hoffnungsbild eines »geistlichen, unverweslichen, herrlichen und kraftvollen Leibes.« (1Kor 15,35ff.) Gottes Schöpferkraft ist stärker als der Tod. Der ganze Mensch mit Leib und Seele wird neu geschaffen.

Weil Christus Herr über Leben und Tod ist, hat der Tod seine Schrecken verloren (Röm 14,7–9). Das Leben vor dem Tod ist so gekennzeichnet durch eine große Freiheit. Die Freiheit vom Tod bedeutet zugleich Freiheit von der Welt und ihren Mächten.

5 Die Hoffnung des christlichen Glaubens richtet sich nicht auf die Fortsetzung des irdischen Einzelschicksals oder dessen Verewigung, sondern auf eine letzte Gemeinschaft mit Gott. Er wird die Endlichkeit der Menschen in seiner Ewigkeit, in seinem Reich zu einer neuen Gemeinschaft umgestalten. Wie das geschehen kann, bleibt ein unbegreifliches Geheimnis. Darum macht christlicher Glaube Mut zu einem Schweigen, das nicht zur Resignation führt, sondern angesichts der Macht des Todes auf die Liebe Gottes vertraut. Manfred Josuttis schreibt: »Wer angesichts der Allmacht des Todes von Gott zu reden wagt, der kann wohl nicht anders als zu behaupten: Gott ist die Liebe. Und deshalb ist er nicht der Toten, sondern der Lebenden Gott. ... Die Liebe Gottes hat uns gewollt ... Die Liebe Gottes begleitet uns durch alle Trennungen hindurch, die wir im Leben erfahren müssen. Die Liebe Gottes, die sich dem Tod unterworfen hat, wird uns tragen, auch in der letzten Zeit unseres Lebens und weit darüber hinaus.«[328] Aussagen des Glaubens sind Deutungen des Lebens – keine wissenschaftlich-prognostischen Hypothesen oder Erkenntnisse. Auf diese Unterscheidung kommt es an.

Glaube, der sich auf die Auferstehung Jesu gründet, enthält die Hoffnung, dass der Tod die Gemeinschaft zwischen Gott und Mensch nicht zerstören kann. Die Rede

---

327 Vgl. Kapitel 4.4.

328 Josuttis, Passion, 100.

von der Liebe Gottes drückt die Hoffnung und die fragmentarische Erfahrung aus, dass das Leben über den Tod hinaus bei Gott aufgehoben und geborgen sei. Die Erwartung eines Lebens nach dem Tod spricht der christliche Glaube in Bildern aus. Gemeinsam ist allen diesen Bildern, dass es eine Zukunft Gottes, nicht aber die Zukunft irgendeines bestimmten Menschen oder einer bevorzugten Menschengruppe sein wird. Wie die Zukunft des Menschen aussehen wird, darüber lässt sich nichts sagen. »Wir sehen jetzt durch einen Spiegel, in einem dunklen Wort, dann aber von Angesicht zu Angesicht« (1Kor 13,12). Wenn Christen den Tod als Spiegel der Hoffnungen ihres Glaubens verstehen, dann erkennen sie mehr als andere Menschen und doch nichts, was die Grenzen unseres Lebens sprengt. Hoffnungsbilder leugnen nicht die Endlichkeit allen Lebens, auch nicht die Angst und die Traurigkeiten, die damit verbunden sind. Hoffnung auf Gottes Liebe aber macht Mut, macht frei zum Leben angesichts des Todes.

6 Die Hoffnung auf die Auferstehung richtet sich nicht nur auf ein Leben nach dem Tod, sondern verändert auch das Leben vor dem Tod. Das irdische Leben kann als geschenktes Leben verstanden werden. Es will nicht nur gelebt, sondern auch bejaht werden. Der Wert des Lebens und die besondere Bedeutung jedes einzelnen Menschen werden so deutlich und erkennbar. Die Hoffnung auf das Leben Gottes, das in diese Welt hineinscheint, gibt Mut zur und Orientierung für die Gestaltung des Lebens vor dem Tod. So wird auch erkennbar, dass Leben verfehlt werden kann – wo die Liebe fehlt, bleibt nur Leere übrig. Dann tritt der Tod schon im Leben zutage. Mit Ps 90,12 kann diese Erkenntnis als Klugheit bezeichnet werden: »Lehre uns bedenken, dass wir sterben müssen, auf dass wir klug werden.« In dieser Bitte des Beters wird deutlich: Das Wissen um das eigene Sterben hat Auswirkungen auf das Leben. Die Gegebenheiten der Welt sind nicht das Letzte, sondern das Vorletzte. Sie werden damit nicht unwichtig oder wertlos, man kann und muss sich aber eine kritische Distanz dazu bewahren.

4.1.5 Zusammenfassende Thesen

- Die Existenz der Menschheit und der Welt ist begründet im Schöpferwillen Gottes. Jeder Mensch ist wertvoll und bejaht, er ist gewollt und nicht das Ergebnis zufälliger Konstellationen von Ausgangsbedingungen. Als Geschöpf Gottes hat der Mensch Freiheit und Grenzen, innerhalb derer er sein Leben gestalten kann und soll. Das ist als Angebot für eine Antwort auf die Frage nach dem Sinn des Lebens zu verstehen.
- Als Geschöpfe Gottes sind Menschen leibhaftige Wesen. Eine dualistische Sichtweise, die Leib und Seele trennt, lässt sich von der biblischen Sicht auf den Menschen her nicht begründen. Seele *und* Körper sind von Gott geschaffen, sie gehören konstitutiv zur geschöpflichen Natur des Menschen und bilden miteinander den Leib. Eine biblisch orientierte Anthropologie nimmt die Leiblichkeit ernst. Das verbindet sie mit der phänomenologischen Philosophie. Körperfeindlichkeit und -verachtung lässt sich theologisch nicht rechtfertigen, ebenso wenig wie die Überschätzung von Seele und/oder Geist.

- Der Körper des Menschen ist als Gabe des Lebens zu achten. Menschen können und sollen ihre Begabungen und Fähigkeiten einsetzen, Leben so lebenswert wie möglich zu machen und Leid zu lindern. Das ist im Sinne des Schöpfers. Wo aber der Sinn des Lebens in einem perfekten Körper gesehen wird und daraus Normen abgeleitet werden, die zu Zwang und Ausgrenzung führen, ist Widerspruch angesagt und nötig.
- Eine ganzheitliche Sicht des Menschen schließt ein, mit Ambivalenzen zu leben. Das bedeutet, die eigenen Fähigkeiten und Möglichkeiten zu erkennen und die eigenen Grenzen und Begrenzungen zu akzeptieren. Dazu gehört auch eine realistische Sicht auf Krankheit und Gesundheit. Gesundheit ist nicht als Abwesenheit von Krankheit und Begrenztheit zu verstehen, sondern als Fähigkeit und Kraft, mit ihnen zu leben. Diese Kraft kann aus dem Vertrauen auf Gott erwachsen, der das ganze Leben in seiner Hand hält.
- Menschliches Leben ist nicht ohne Leid, das darf nicht schöngeredet oder verdrängt werden. Nicht alles lässt sich erklären. In dem Gott, der sich solidarisch auf das Leben und Leiden der Menschen eingelassen hat, findet die laute oder stumme Klage und die Anklage der Leidenden eine Adresse.
- Fragmentarität ist eine angemessene Beschreibung des Menschseins. Theologische Anthropologie ist deshalb ein kritischer Wächter gegen alle Vorstellungen und Versuche, Perfektion zum Maßstab des Menschlichen zu machen oder den Menschen auf das festzulegen, was vor Augen ist.
- Die letzte Grenze des leiblichen Lebens ist der Tod. Christen haben Hoffnung, für dieses Leben und über den Tod hinaus. Diese Hoffnung erwächst aus der Orientierung an Tod und Auferstehung Jesu Christi. »Geschöpfliches, besonders leibliches Leben trägt in sich Verheißung auf Erfüllung, ist nicht zur Vernichtung, sondern zur Vollendung bestimmt.«[329]
- Gott, der Ursprung irdischen Lebens, ist auch der Schöpfer neuen Lebens. Die Vorstellung einer unsterblichen Seele lässt sich mit dem ganzheitlichen Ansatz der leiblichen Existenz nicht vereinbaren. Dass Gott eine Kontinuität stiften wird, ist eine Hoffnung. Theologische Rede kommt hier an eine Grenze, die zu Vertrauen einlädt, nicht zu Resignation.
- Christliche Auferstehungshoffnung wirkt sich auf das Leben vor dem Tod aus. Sie ermutigt zur Gestaltung, ist ein kritischer Wächter gegenüber Allmachts- und Ewigkeitsphantasien. Sie ermöglicht Freiheit und verantwortungsvolles Leben.

Literatur zum Weiterlesen

Barth: Religion in der Moderne, 401–426.
Ammicht-Quinn: Leben mit allen Sinnen.
Vorgrimmler: Die Vergänglichkeit des Menschen.
Weinhardt: Naturwissenschaften und Theologie.

329 Gollwitzer, Holz, 223.

Müller: Schlüssel zur Bibel, 183–191.
Selke, Lifelogging.
ARD Doku-Serie: Was glaubt Deutschland? – Wie wir hoffen
http://www.ardmediathek.de/tv/Doku-Serie/Was-glaubt-Deutschland (12.10.2016)

4.1.6 Religionspädagogische Anregungen

Ich bin wunderbar gemacht

Die Schülerinnen und Schüler erhalten ein Blatt mit dem Psalmwort: »Gott, *ich danke dir, dass ich wunderbar gemacht bin*!« (Ps 139,14a). Unter dem Text gestalten sie mit ihren Fingerabdrücken eine Umrisszeichnung von sich. In die Figur schreiben sie Fähigkeiten, Möglichkeiten, Eigenschaften von sich hinein, (Ich bin ..., ich habe ..., ich kann ...). Die Mitschüler/innen können dabei helfen. Sie entdecken im Vergleich der Blätter, dass jeder einmalig und besonders ist. Sie formulieren einen eigenen Satz zu ihrem Plakat. Die Schülerinnen und Schüler schreiben mit den Sätzen einen eigenen Schöpfungs-Psalm.

Grundrechte für Menschenaffen?!

Tierschützer fordern *Grundrechte für große Menschenaffen*. Seit einiger Zeit kämpft das Great Ape Project (GAP) intensiv für einen besseren Umgang mit unseren nahen Verwandten und fordert internationale Menschenaffenrechte. Es gehe dabei um elementare Grundrechte auf Leben, Freiheit und Unversehrtheit, die bislang uns Menschen vorbehalten sind, so Peter Singer, einer der Gründer des Projekts. Damit wäre es strafbar, Menschenaffen in Versuchen Schmerzen zuzufügen, sie unter unwürdigen Bedingungen zu halten und ihre Wälder abzuholzen.

Die Schülerinnen und Schüler sammeln Argumente: Was spricht für die Forderung – was dagegen? Ist das eine angemessene Wahrnehmung des Schöpfungsauftrags?

Literaturhinweis: http://www.zeit.de/zeit-wissen/2012/05/Menschenaffen-Grundrechte

Partnerwahl nach Gen-Abgleich?

Der US-Genomforscher Evan Eichler sagt in einem Interview:

»Wir können nun das *Erbgut jedes einzelnen Menschen entziffern*, sehr schnell und zu vernünftigen Kosten. Und wir können all die genetischen Variationen in den Genomen der Menschen verstehen, erstaunlich! ... In zehn Jahren wird das ein alltäglicher Teil unserer medizinischen Grundversorgung sein. Überlegen Sie mal: Sie wollen mit jemandem Kinder haben. Sie kennen die eigenen Mutationen. Auch wenn diese nur bei zwei Prozent der Bevölkerung vorkommen, werden Sie wissen wollen, ob Ihr Partner dieselben Defekte hat, denn dann könnten Ihre Kinder schwer krank sein. Genetische Informationen werden in der Partnerwahl zu einem Teil der Gleichung. ... Am Anfang werden es Leute machen, die es sich leisten können. Oder deren

Versicherung das bezahlt. Und es wird zuerst in Ländern eingeführt werden, in denen die Bürger den Wert der präventiven Medizin erkannt haben. Wenn die Kenntnis des Genoms es ermöglicht, ein gesundes Leben zu führen, dann verbessert das die Lebensqualität und entlastet das Gesundheitssystem. Der genetische Code wird einfach Teil der Krankenakte werden, die uns das ganze Leben lang begleitet. Der Hausarzt wird die Sequenzdaten genauso selbstverständlich benutzen wie alle anderen medizinischen Daten.«[330]

Die Schülerinnen und Schüler lesen das Interview und überlegen: Was bedeutet das für meine Wahl eines Lebenspartners? Welche Konsequenzen hat das für Kinder mit (angeborenen) Behinderungen und deren Eltern? Welche Rolle spielen die Interessen der Medizinwirtschaft?

Sie nennen Chancen und Grenzen der genetischen Erforschung des menschlichen Erbgutes.

Wer ist schon perfekt?

Die Zürcher Bahnhofstrasse glänzt in der Vorweihnachtszeit mit schmucken Auslagen. In den Schaufenstern von fünf Modegeschäften sind heute jedoch besondere Schaufensterpuppen im Einsatz. Es sind »Puppen mit Behinderung.« Die Figuren wurden maßstabsgetreu als dreidimensionale Abbilder von Miss Handicap 2010 Jasmin Rechsteiner, dem Radiomoderator und Filmkritiker Alex Oberholzer, dem Leichtathleten Urs Kolly, Bloggerin Nadja Schmid sowie dem Schauspieler Erwin Aljukic geschaffen.

Der Film[331] »*Wer ist schon perfekt?*« zeigt die Akteure, die Entstehung ihrer Abbilder und die Reaktion der Menschen, die die Schaufensterpuppen betrachten.

Die Schülerinnen und Schüler diskutieren aufgrund des Films die Frage: Was ist ein perfektes Leben?

Film abrufbar unter: https://www.youtube.com/watch?v=vf55LVk4ek4

Self-Tracking

»Philipp Kalwies weiß eine Menge über sich. Wie ausgedehnt er in der Nacht geträumt hat. Mit welchem Körperfettanteil er in den Tag startet. Die Zahl der Schritte, die er bis zum Abend zurücklegt. Wie viele Kalorien er verbraucht. Und wie sein Blutzucker auf den Apfelstrudel am Nachmittag reagiert… Der 30 Jahre alte Verkaufstrainer ist Anhänger der Quantified-Self-Bewegung, die 2007 in San Francisco ihren Anfang nahm. Und für deren Anhänger das Messen und Verwalten von Vitalitätswerten und Aktivitäten zum Alltag gehört wie das Atmen. Waagen, Sensoren und Zähler

330 Das Interview wurde veröffentlicht am 23.1.2014 in: Die Zeit Nr. 5/2014, S.35.

331 Die Schweizer Organisation »pro infirmis« (www.proinfirmis.ch) hat diesen Film 2013 gedreht. Die Organisation setzt sich mit verschiedenen Kampagnen für die Rechte von Menschen mit Behinderung ein.

liefern einen Wust an Daten. Mit dem Ziel, so Gary Wolf, ›Wired‹-Journalist und Gründer von Quantified Self (QS), sich selbst zu erkennen – und zu verbessern.«[332]

Die Schülerinnen und Schüler informieren sich über Self-Tracking, beschreiben eigenen Erfahrungen mit der Selbstbeobachtung und diskutieren die Chancen und Gefahren. Welche Motivation mögen Menschen haben, die sich selbst vermessen?

Sie beziehen die Ergebnisse auf den Ausschnitt aus einem Brief Dietrich Bonhoeffers, den er aus dem Gefängnis an seine Eltern schreibt: Unsere Existenz bleibt ein Torso. »Es kommt wohl nur darauf an, ob man dem Fragment unseres Lebens noch ansieht, wie das Ganze eigentlich angelegt und gedacht war und aus welchem Material es besteht.«[333]

Weiterleben nach dem Tod?

- In einem theologischen Gespräch über den Satz: »Alles Leben hat ein Ende« sagt ein Schüler: Ich lege mich auf den Kopierer und »kopiere mich ... und dann leben wir wieder und dann kopieren wir uns immer weiter und wenn dann das eine Original stirbt, bis dahin gibt's dann schon 'ne Kopie.«[334]
- Die Schülerinnen und Schüler sprechen über diesen Satz und tauschen miteinander eigene Vorstellungen zu einem Leben nach dem Tod aus.

4.2 Menschsein nach dem Bild Gottes

Menschen sind Geschöpfe Gottes und zugleich dazu bestimmt, Gottes Ebenbild zu sein.

Diese Aussage bezieht sich auf den Schöpfungsbericht der Priesterschrift: »Gott schuf den Menschen zu seinem Bilde, zum Bilde Gottes schuf er ihn« (Gen 1,27). Dieser eine Vers hat eine immense Wirkung auf das theologische Nachdenken über den Menschen entfaltet. Gottebenbildlichkeit ist zum Grunddatum theologischer Anthropologie geworden.

Aber was bedeutet es eigentlich, wenn man sagt: Jeder Mensch ist Gottes Ebenbild? Welche Bedeutung hat diese Aussage für heutige Menschen?

Wer bestimmt, wer und was der Mensch ist? Ist jeder Mensch eine Person und wie begründet sich seine Würde? Welche Bedeutung hat die Vernunft für das Menschsein? Wie lässt sich Gottes »Herrschaftsauftrag« über die Welt verstehen?

Diese Fragen werden im Folgenden theologisch erläutert und im Kontext der Ausführungen in Kapitel zwei, Abschnitt drei diskutiert.

---

332 http://www.fitforfun.de/sport/weitere-sportarten/self-tracking-sammel-dein-leben_aid_12839.html

333 Bonhoeffer, Widerstand S.154.

334 Rupp, Lernfortschritte, 162.

4.2.1 Zwei Wörter und ihre Wirkung

Das Verständnis der Ebenbildlichkeit des Menschen hat sich im Laufe der Jahrhunderte immer wieder gewandelt: »Die kirchliche Besinnung hat die spärlichen biblischen Verweise auf den Menschen zu einem systematischen Lehrstück ausgestaltet, in dem sich dogmatische Entscheidungen mit anthropologischen Grundsichten kreuzen.«[335] Dabei ist es auch zu Verkürzungen, Vereinnahmungen und damit zu Missverständnissen der biblischen Aussagen gekommen. Um Klarheit zu gewinnen, werden im Folgenden einige Deutungen aus Vergangenheit und Gegenwart zusammengestellt.[336]

1 Es beginnt auch hier mit der Übersetzung![337] Im hebräischen Text werden für die Gottesbildlichkeit des Menschen zwei Begriffe verwendet, die einander erläutern: Der Mensch ist als Bild (*zäläm*) Gottes geschaffen, als ein dem Urbild entsprechendes und ähnliches (*d^{e}mut*) Bild.[338] Auf dem Hintergrund anderer Sprach- und Denktraditionen wurden diese im Genesistext zusammengehörenden Begriffe bei ihrer Übersetzung auf zwei Vorstellungskreise aufgeteilt: *zäläm* wurde griechisch mit *eikōn* und lateinisch mit *imago* übersetzt und auf die natürliche Ausstattung des Menschen, seine Vernunft und Willensfreiheit bezogen. *d^{e}mut* wurde griechisch zu *homoiōsis*, lateinisch zu *similitudo*, und als Begabung des Menschen mit der göttlichen Gnade gedeutet.[339] Das Ebenbild wurde geteilt.

Durch diese Zweiteilung wurde es möglich, die Vorstellung der Gottebenbildlichkeit des Menschen mit der dogmatischen Lehre von Urstand und Fall zu verbinden.[340] Nach dieser Lehre ist der Mensch zwar ursprünglich vollkommen geschaffen, hat seine Vollkommenheit aber durch den Sündenfall verloren. Damit entstand die Frage, ob und wie die Gottebenbildlichkeit mit dem Sündersein des Menschen verbunden sein kann. Ist sie mit dem Sündenfall ebenfalls und vollständig verloren gegangen, oder gibt es etwas am oder im Menschen, das weiterhin Gottes Ebenbild genannt werden kann?

2 Die *Kirchenväter* lösen das Problem mit der strengen Trennung der beiden Begriffe. Irenäus von Lyon ist der erste, der diese Unterscheidung ausführt.[341] Die wahre Gottähnlichkeit bedeutet Teilhabe an Gott. Sie ist durch den Sündenfall verloren gegangen. Nach dem Sündenfall verblieb dem Menschen nur der Status der *imago* (Vernunft und Wille). Die Ähnlichkeit (*similitudo*) ist verloren. Diesen Status kann der Mensch nur durch den Lehrmeister Christus wieder erreichen, indem er sozusagen in ihn hineinwächst. So gelangt »der erschaffene Mensch zum Bild und Gleichnis des

335 Peters, Bild, 506.

336 Es ist nicht möglich, an dieser Stelle die ganze Diskussion nachzuzeichnen, zur Wirkungsgeschichte und Deutung vgl Pöhlmann, Abriss, 115ff, und ausführlich in inklusiver Perspektive Mohr, Behinderung, 149–248.

337 Vgl. die Erläuterungen zur Seele in Kapitel 4.1.2.

338 Vgl. zum biblischen Hintergrunde der Begriffe die Erläuterungen in Kapitel 3.4.

339 Vgl. Trillhaas, Dogmatik, 208.

340 Vgl. dazu Kapitel 4.4.

341 Vgl. Schwanz, Imago, 119ff.

unerschaffenen Gottes, indem der Vater es will und beschließt, der Sohn es bewirkt und bildet, der Geist Nahrung und Wachstum gewährt, der Mensch aber allmählich vorwärts kommt und zur Vollkommenheit«[342] gelangt. Der Mensch ist also auf dem Weg zur Gottähnlichkeit und dabei auf die Hilfe Gottes angewiesen. Jesus Christus ist der Lehrer und Erzieher der Menschheit, den Gott geschenkt hat.

In der westlichen Theologie war und ist es *Augustin*, der theologisches Nachdenken prägt. Auch er unterscheidet zwischen *imago* und *similitudo* und spricht davon, dass der Mensch auf dem Weg zur Gottähnlichkeit ist. »Ziel dieses Weges des Menschen bis hin zur Vollendung ist die *visio Dei*, die Schau Gottes.«[343] Augustin reduziert die *imago Dei* auf die Seele des Menschen, die nicht verloren geht: Wie ein Siegel ist Gottes Bild der Seele eingeprägt, die den Körper beherrscht, wie Gott die Welt. »Vielmehr muss man in der Seele des Menschen, das heißt in der der Verstandeserkenntnis oder der Vernunfteinsicht fähigen Seele das Bild des Schöpfers finden, das unsterblich ihrer Unsterblichkeit eingepflanzt ist. ... So ist die menschliche Seele, wenngleich ihr Verstand und ihre Vernunft bald betäubt, bald klein, bald groß erscheint, niemals ohne Verstand und Vernunft; wenn sie daher nach dem Bilde Gottes geschaffen ist, sofern sie ihren Verstand und ihre Vernunft zur Erkenntnis und zur Schau Gottes gebrauchen kann, so ist in der Tat vom ersten Augenblick an, in dem diese so große und wunderbare Natur zu sein anfing, das Bild Gottes, mag es so verbraucht sein, dass es beinahe nicht mehr ist, mag es verdunkelt und entstellt sein, mag es hell und schön sein, immer vorhanden.«[344]

3 In der Scholastik hat dann vor allem *Thomas von Aquin* an die Kirchenväter angeknüpft. Er unterscheidet ebenfalls zwischen *imago* und *similitudo*, die Gottebenbildlichkeit ist für ihn Zweck und Ziel der Erschaffung des Menschen. *Imago* ist in der Geistigkeit, der Vernunft (*ratio*) des Menschen mit der Schöpfung gegeben. Kraft dieser »vernünftigen Natur« kann der Mensch Gott nachahmen und ihm ähnlich werden. Dieses Bild Gottes kann »in dreifacher Weise im Menschen betrachtet werden: einmal, weil der Mensch von Natur aus geeignet ist, Gott zu erkennen und zu lieben; – und da dies in der Natur begründet ist, bleibt es allen Menschen gemeinsam. Dann, insofern der Mensch tatsächlich oder dem Zustande nach Gott liebt und erkennt, jedoch in unvollkommener Weise; – und das ist das Bild gemäß der in der Gnade begründeten Gleichförmigkeit. Endlich, insofern der Mensch Gott erkennt und liebt, sowohl dem tatsächlichen Sein nach als auch vollkommen; – und das ist das Bild Gottes in der Herrlichkeit.«[345] In allen Geschöpfen Gottes findet Thomas eine Spurähnlichkeit (*similitudo vestigii*), aber nur in der Geistnatur des Menschen gibt es eine Bildähnlichkeit (*similitudo Dei per modum imaginis*). Daraus folgt, dass die Gottebenbildlichkeit allein der vernünftigen Seele eingeprägt sein kann. Der Körper weist ihr gegenüber nur Spuren Gottes auf. »Die

342 Irenäus, Haer IV, 38,3. Ähnlich auch Clemens von Alexandrien und Origines, vgl. Sauter, Leben, 65.

343 Dirscherl, Beziehungen, 65.

344 Augustin, De trinitate XIV, 4,6.

345 Thomas von Aquin, STh I a q 93, art.4.

Figur des menschlichen Körpers ist eine Spur und ein Abglanz des Bildes Gottes, welches in der Seele sich findet.«[346]

Martin Luther kritisiert die scholastische Theologie und lehnt die Unterscheidung von *imago* und *similitudo* ab. Er versteht den ganzen Menschen als einen zu rechtfertigenden Sünder.[347] Diese Grundüberzeugung prägt alle seine theologischen Äußerungen, auch die zur Gottebenbildlichkeit des Menschen. Die schöpfungsmäßige Gottebenbildlichkeit besteht »im worthaft personalen Gottesbezug.«[348] Der ganze und vollständige Mensch ist »Gottes Geschöpf ..., das aus Fleisch und einer lebenden Seele besteht, vom Anfang an zum Bild Gottes gemacht ohne Sünde, dass er sich vermehre und über die Dinge herrsche und niemals sterbe.«[349] Gottebenbildlichkeit besteht nicht in der Vernunft, sondern in der durch die Sünde nicht gestörten oder zerstörten Gottesbeziehung. Diese grundlegende Beziehung prägte im Urstand das innerste Wesen des Menschen, ging aber mit dem Sündenfall als Ganze verloren. Nach dem Fall ist der ganze Mensch und jeder Mensch in der Gewalt der Sünde, die er nicht aus eigener Kraft überwinden kann.[350] Christus hat sich als wahres Ebenbild Gottes auf das verlorene Menschsein eingelassen. Im Glauben an ihn kann der Mensch gerechtfertigt und wieder in das Bild Gottes hineingebildet werden.

4 Alle Versuche, die Gottebenbildlichkeit in einer *Substanz* des Menschen zu sehen, insbesondere in seiner vernunftbegabten Seele, müssen letztlich scheitern. Die Bibel sieht Körper und Geist als eine Einheit und lässt eine Aufteilung nicht zu. Die Zusage der Ebenbildlichkeit gilt allen Menschen, auch Menschen mit geistiger oder körperlicher Behinderung, dementen und hilfsbedürftigen Menschen kann sie nicht abgesprochen werden. Menschen sind weder auf ihre Leistungsfähigkeit beschränkt noch darf die Begrenztheit allen Lebens ausgeblendet werden. Darum wird in der *neueren Theologie* eine ontologische Sicht der Gottebenbildlichkeit nicht mehr vertreten. Gottesbildlichkeit wird nun, der alttestamentlichen Aussage entsprechend, in der personalen Beziehung zu Gott gesehen. Damit erübrigt sich die Frage, wo sie im Menschen zu finden sei. Das Gottesverhältnis umgreift auch die Sündhaftigkeit des Menschen. Auch an einer zeitlichen Abfolge zwischen Urstand und Fall braucht nicht mehr festgehalten zu werden. Die Vorstellung von der Ebenbildlichkeit in Gen 1 kennzeichnet den Beginn einer Geschichte Gottes mit den Menschen, es ist Urbild und Zielbild zugleich. Schöpfung ist nicht als abgeschlossener Anfang zu verstehen, sondern als Beginn einer Entwicklung, geprägt von Dynamik und Bewegung. Menschsein in der Ebenbildlichkeit wird als Weg verstanden zwischen Schöpfung und Auferweckung der Toten. Dazu einige Positionen:

5 Für *Karl Barth* ist die Gottebenbildlichkeit »keine Qualität des Menschen. Es hat also keinen Sinn zu fragen, in welchen besonderen Eigenschaften oder Verhaltungsweisen des Menschen sie besteht.« Denn der Mensch wäre »nicht Mensch, wenn er

---

346 Thomas von Aquin, STh I a q 93, art.6. Er bezieht sich dabei auf Augustin.
347 Vgl. Kapitel 4.4.
348 Peters, Bild, 510.
349 Luther, Disputatio, 667, These 21.
350 Luther, Disputatio, 667, Thesen 22, 24, 25.

nicht Gottes Ebenbild wäre. Er ist Gottes Ebenbild, indem er Mensch ist.«[351] Zur Gottespartnerschaft berufen, lebt der Mensch doch zugleich in Abkehr von Gott, dieses dialektische Verhältnis kann er in Christus erkennen. Der Mensch ist Empfänger des Lebens, er verdankt seine Existenz dem Handeln Gottes. Indem Gott den Menschen erschafft und als sein Geschöpf anspricht, macht er ihn zu seinem Ebenbild und damit zur »Person.« Das ist mit dem Bild der Gottebenbildlichkeit ausgedrückt und kann im Licht des Evangeliums voll erkannt werden.

Für *Wolfhard Pannenberg* sind Gottebenbildlichkeit und Herrschaftsvollmacht eng verbunden. Er erkennt darin einen »Sachzusammenhang, der auch im Phänomen der sog. Weltoffenheit des Menschen wiederzuerkennen ist.«[352] Die den Schöpfer stellvertretende Herrschaft hat »ihren Maßstab ... in Gottes Schöpfungswillen.«[353]

Wilfried Härle betont: Ebenbildlichkeit ist keine Eigenschaft und auch nicht an Eigenschaften gebunden, sondern eine Relation zwischen Gott und Mensch, Mensch und Gott. »Es ist nicht etwas am Menschen, das ihn zu einem Bild Gottes macht – sei es die körperliche Gestalt, der aufrechte Gang, die Geistnatur, die Ansprechbarkeit, die Zweigeschlechtlichkeit oder der Herrschaftsauftrag –, sondern gemeint ist die Existenz im Gegenüber und in Beziehung zu Gott insgesamt, die seine Erschaffung und Bestimmung zum Bild Gottes ausmacht. Diese Bestimmung ist mit dem Dasein des Menschen gegeben, ... der Mensch ... kann diese Bestimmung zwar verleugnen und ihr widersprechen, aber er hat sie auch nach dem ›Sündenfall‹ nicht verloren.«[354] Weil Gott für Härle wesentlich als Liebe zu beschreiben ist, ist Ebenbildlichkeit eine dem Menschen zugesagte, zugedachte und zugemutete Bestimmung zur Liebe, die als solche unverbrüchlich für ihn gilt.

Gerhard Sauter plädiert ausdrücklich dafür, die biblische Kürze und Kargheit in Bezug auf die Gottebenbildlichkeit ernst zu nehmen. Es sind letztlich nur zwei Wörter. Von ihnen her richtet sich der Blick vom Anfang in die Geschichte Gottes mit den Menschen. Gerade das Alte Testament erzählt in vielfältigen Formen und Gestaltungen davon, wie Menschen sich als Geschöpfe Gottes wahrnehmen und »entdecken, wessen sie von Gott gewürdigt werden.«[355] Die Geschichte des Volkes Israel, die Propheten und auch die Psalmen beschreiben die gelingende und auch die scheiternde Entsprechung des Menschen zu Gott. Das bedeutet aber auch: »Wie Gott den Menschen bestimmt, lässt sich nicht aus dem erschließen, was Menschen an sich und anderen erkunden und was sie aus ihrer Sicht aus allen übrigen Lebewesen heraushebt. ... *Imago Dei* ist keine Auszeichnung, die Menschen sich zuschreiben können, weil es an ihnen für sie selber und für andere ansichtig wird.«[356]

6 Ein wesentlicher Zug des alttestamentlichen Gottesglaubens ist das *Bilderverbot*. Nichts im Himmel, auf der Erde oder unter der Erde soll und kann Gott abbilden (Ex 24,10f.). Er ist nicht darstellbar. Damit sichert das Alte Testament die Unterschei-

---

351 Barth, Kirchliche Dogmatik, III/1, 206f.

352 Pannenberg, Anthropologie, 73. Vgl. zur Weltoffenheit Kapitel 2.2.3 und 2.4.

353 Pannenberg, Anthropologie, 75. Vgl. weiter Kapitel 4.2.6.

354 Härle, Dogmatik, 435.

355 Sauter, Leben, 80.

356 Sauter, Leben, 80.

dung von Gott und Mensch. Dennoch verzichtet die Bibel nicht auf Bilder für Gott, einige ergänzen sich, andere stehen im Widerspruch zueinander. Die Vielfalt der Bilder für Gott sichert seine Einzigartigkeit und ermöglicht immer neue Hinblicke und Einsichten. Das Bilderverbot kann sich also nicht auf den Gebrauch von Bildern richten, wohl aber auf ihre Bewertung. »Bete sie nicht an und diene ihnen nicht«, dieser Zusatz zum Gebot zeigt eine Richtung, die ich so verstehen möchte: »Verabsolutiere deine Vorstellungen von Gott, der Welt und den Menschen nicht und mache diese nicht zu einer Norm für dich und andere, die nicht mehr hinterfragt werden kann.«

So lässt sich dieses Bilderverbot nun auch auf den Menschen beziehen. Weil er Gottes Bild ist, ist sein Geheimnis nicht auszuloten. Durch die Fixierung auf ein bestimmtes Bild kann man einem Menschen nicht gerecht werden. Der einzelne Mensch ist immer mehr als sein Bild.

Bilder und Vorstellungen helfen, die Fülle der Wahrnehmungen und Eindrücke des Alltags zu sortieren, zu ordnen und zu verarbeiten. Damit aus Wahrnehmungen und Empfindungen Erfahrungen werden können, brauchen Menschen innere Bilder von der sie umgebenden Wirklichkeit und ihrer Struktur. Sie geben Sicherheit und Gelassenheit, der Umwelt zu begegnen. Dazu gehört auch ein Bild, eine Vorstellung von anderen Menschen und von sich selbst. Allerdings gilt: Wer sich ein Bild macht, legt fest. Sich selbst und den Anderen. Es besteht die Gefahr, Menschen und Dinge, die nicht ins Bild passen zu ignorieren, zu verdrängen oder zu verändern. »Das Bild, das er sich von sich macht (und er muss sich ein Bild machen, weil nicht festliegt, was er zu sein hat), verführt ihn dazu, sich dem Bild ähnlich zu machen.«[357] Das Bilderverbot macht Menschen füreinander unverfügbar. Wo Menschen den Menschen formen, festlegen und nach den Maßstäben der Gesellschaft beurteilen wollen, hält der Gedanke der Ebenbildlichkeit die Freiheit offen, schützt sein Recht gegen Zwang und Intoleranz gesellschaftlich eingespielter Rollen und Rollenerwartungen.

4.2.2 Nachdenken über den Menschen (Eine Zwischenbemerkung)

Der »Topos von der Erschaffung des Menschen (sc. ist) zum Ebenbild Gottes ist zum Bestandteil eines kulturgeschichtlichen Panoptikums geworden.«[358] Mit dieser Formulierung fasst Gerhard Sauter die Vielfalt der Deutungen der Ebenbildlichkeit Gottes zusammen. Die breite Diskussion um den Begriff zeigt exemplarisch Grenzen und Chancen theologischen Nachdenkens über den Menschen. Dies will ich in fünf Aspekten erläutern:

1 Von Beginn an versuchen Christen, ihren Glauben in der Sprache ihrer Zeit zu formulieren. Das ist gut und notwendig, nur so kann die Botschaft von den Adressaten gehört und verstanden werden. Bei diesem »*Übersetzungsprozess*« können sich

357 Breun, Skizzen, 12.

358 Sauter, Leben, 76.

Inhalte des Glaubens aber verändern, wenn z. B. philosophische Vorstellungen vom Menschen damit verknüpft werden. So hat die Hervorhebung der Seele und der Vernunft gegenüber dem Körper Folgen, die bis in die Gegenwart reichen: Leibfeindlichkeit, die Herabwürdigung von Frauen und die Ausgrenzung von Menschen mit Behinderungen. Eine kritische Distanz ist nötig und geboten.

Heute ist zu betonen: Ebenbild Gottes ist der ganze Mensch und sind alle Menschen, Einschränkungen dürfen theologisch nicht legitimiert werden.

2 Die verschiedenen Deutungen sind als Versuch zu verstehen, den christlichen Glauben zu klären, zu erklären und dogmatisch in *Lehrstücke* zu fassen. Das ist wichtig und wird gebraucht, sonst wird Theologie sprachlos. Mit dogmatischen Festlegungen und Lehrsätzen ist aber immer auch Macht verbunden, Definitionsmacht und Verfügungsgewalt. Davon war und ist die christliche Kirche nicht frei.[359] Dürfen Gedankengänge früherer Menschen zur dogmatischen Wahrheit erklärt werden, hinter die man nicht zurückgehen kann? Ist die Gefahr der Freiheit und Beliebigkeit kleiner als die des Zwangs und der Festlegung von Lehrmeinungen? Diese Frage ist im ökumenischen Dialog zu klären.

Heute ist zu sagen: Ebenbildlichkeit ist Zuspruch und Anspruch, Gott in den Menschen, und in Menschen den Gott zu sehen, der Mensch geworden ist. Die damit geschenkte Freiheit ist zugleich die Herausforderung, selber zu denken und kritisch zu sein.

3 Schon in der Bibel, insbesondere in der christologischen Interpretation der Ebenbildlichkeit, zeigt sich eine *Weiterentwicklung* und Veränderung der Bedeutung des Gedankens. Die ideologiekritische Dimension des priesterschriftlichen Textes ging verloren. Die herrschenden Verhältnisse, gegen die der alttestamentliche Text protestiert, gab es nicht mehr, so wurde der Sinn verändert. Im Neuen Testament ging es darum, mit dem Bild Christus als den menschgewordenen Gott zu zeigen. Den Autoren war die enge Verbindung der Glaubenden mit Christus wichtig. Biblische Texte sind darum nicht einfach wörtlich zu übernehmen, sie wollen gedeutet werden. Ihre Bedeutung muss diskutiert werden, sie sind als »Dialogpartner« zu verstehen, als Orientierungshilfe, nicht als Norm.

Heute ist zu sagen: *Imago Dei* hat einen emanzipatorischen *und* einen orientierenden Impuls: Von Menschen als Gottes Ebenbild kann nicht gesprochen werden, ohne zugleich von ihrer Bestimmung zur Freiheit zu reden und Unfreiheit aufzuzeigen. Ebenso gilt: Jesus als das Ebenbild Gottes zeigt, wie Menschen in Gottes Augen sind und sein können. In dieser Weise vom Menschen zu reden, das Leben zu gestalten, und damit Gott zu repräsentieren, ist beides: Ermutigung und Herausforderung.

4 Alle Versuche, das *Unbegreifliche* begreifbar zu machen, verkleinern und reduzieren es notgedrungen. Das zeigt sich an dem – verständlichen – Versuch, den Anspruch und Zuspruch der Ebenbildlichkeit mit der vorfindlichen Wirklichkeit des Menschen zu verbinden. Kann es wirklich sein, dass der sündige Mensch, dem sein Leben Gott gegenüber so wenig gelingt, Gott repräsentiert? Hier schien die Zweitei-

359 Vgl. dazu Dierk, Gott.

lung der Ebenbildlichkeit in einen noch erkennbaren Rest und eine erst aufscheinende eschatologische Vollendung lange Zeit problemlösend zu sein.

Heute ist zu sagen: Es ist nicht die Entscheidung des/der Menschen, Gottes Ebenbild zu sein, es ist Gottes Zuspruch. Darum liegt in jedem Menschen ein Geheimnis, das zu wahren ist. Es verbietet sich also, einen Maßstab zu benennen, wann und unter welchen Bedingungen ein Mensch Ebenbild Gottes ist.

5 Man könnte einwenden: Ist das nicht »Theologensprech« – interessant vielleicht für Insider, aber eigentlich nicht relevant? Welche Bedeutung hat denn der Streit um die Gottebenbildlichkeit des Menschen in der heutigen Zeit noch? Fragt, außer Theologen, noch jemand danach? Allerdings kommen mit dem Begriff *imago* einige wichtige Entscheidungen zum *Verständnis des Menschen* in den Blick. Darum kann man darauf nicht verzichten. Letztlich geht es um die Frage, wer bestimmen kann und festlegen darf, wer und was der Mensch ist. Mit dem Gedanken der Gottebenbildlichkeit erhebt Theologie den Anspruch, dass kein Mensch (auch kein Theologe) endgültig und definitiv eine Antwort geben kann und darf: das Bilderverbot gilt!

Dies will ich im Folgenden exemplarisch an vier Themen zeigen: Zunächst wird nach der Person gefragt, sodann der Unterschied von Vernunft und Geist diskutiert. Weiter wird zwischen Wert und Würde differenziert und abschließend der »Herrschaftsauftrag« ansatzweise erörtert.

4.2.3 Alle Menschen sind Personen

1 Etymologisch gesehen bedeutet das griechische Wort *prósopon* und seine lateinische Übersetzung *persona* zunächst das Gesicht des Menschen. Später wurde daraus die Maske, die im Theater verwendet wurde, von da aus auch die Rolle, die ein Mensch in der Gesellschaft spielt. Cicero unterscheidet vier gesellschaftskonstitutive Rollen (im Sinne von Funktionen): Vernunftnatur (Unterschied zu Tieren), Charakter, Zugehörigkeit zu einer sozialen Schicht und berufliche Lebensgestaltung.[360]

Die klassische Definition des Begriffs »Person« stammt von dem antiken Philosophen Boethius (480–524): »Person ... ist die unteilbare (*individua*) Substanz einer verständigen (*rationabilis*) Natur.«[361] Hier ist der Personbegriff eng mit dem Individuum und der Vernunft verbunden. Die Unterscheidung zwischen der körperlichen Existenz des Menschen und seinem Personsein ist schon angelegt. Sie wird später z. B. von Descartes ausgeführt und bis in die Gegenwart hinein behauptet.[362] John Locke definiert die Person als ein »denkendes, vernünftiges Wesen mit Verstand und Überlegung, was sich als sich selbst und als dasselbe denkende Wesen zu verschiedenen Zeiten und Orten auffassen kann, indem dies nur durch das Selbstbewusstsein geschieht, was vom Denken nicht zu trennen ist, und wie mir scheint, ihm wesent-

---

360 Vgl. zum Folgenden Bohlken, Person, 391 und Kapitel 2.2.

361 Boethius, Traktat V, 80.

362 Vgl. Kapitel 2.1.2.

lich.«[363] Er unterscheidet also zwischen dem Menschen, der mit dem Körper verbunden ist und der Person, für die der Körper keine Rolle spielt.

2 Diese strikte Trennung von Person und Körper findet man bis heute. Damit stellt sich zugleich die Frage, ob alle Menschen zu allen Zeiten ihres Lebens Personen sind. Die Antwort ist mit der Unterscheidung vorgegeben. Der australische Ethiker Peter Singer bezieht sich auf John Locke, wenn er Person als ein rationales, selbstbewusstes Wesen definiert. Eine Person kann Wünsche in Bezug auf ihre Zukunft haben, sie hat eigene Interessen und kann sie auch verfolgen und vertreten.[364] An dem Status als Person hängt nun für Singer das Recht auf Leben. Das bedeutet »dass das Leben eines Fötus nicht mehr wert ist als das Leben eines nichtmenschlichen Lebewesens auf einem ähnlichen Stand der Rationalität ... und dass, weil kein Fötus eine Person ist, kein Fötus denselben Anspruch auf Leben hat wie eine Person.«[365] Ungeborene Kinder oder Säuglinge haben kein eigenständiges Recht auf Leben, dies hängt an dem Interesse der Eltern am Leben des Kindes. Weil Neugeborene noch keine Personen sind, ist es unter Umständen legitim, ein Kind mit Trisomie 21 oder Hämophilie zu töten, vor allem dann, wenn die Tötung des behinderten Kindes dazu dient, einem neuen, gesunden Kind »Platz zu machen.«[366] Gleiches gilt für schwer behinderte Menschen oder Menschen mit Demenz. Schimpansen und Delphine hingegen sind in diesem Sinn als Personen anzusehen, da man ihnen ein gewisses Maß an Rationalität zugestehen kann. Die Zugehörigkeit zur Gattung Mensch allein begründet also noch kein Recht auf Leben eines einzelnen Menschen. Das wäre für Singer »Speziezismus.«[367]

Gegen diese Position wird eingewandt: Die Entwicklung vom Embryo bis zum geborenen Menschen ist eine Kontinuität, die nicht willkürlich unterbrochen werden darf. Schon der Embryo hat personales Potential in sich und entwickelt sich im Laufe der Zeit zu einer Person. Der Embryo ist vom erwachsenen Menschen nicht zu trennen, es ist derselbe Mensch, sie sind identisch. Allerdings gilt: »Die genannten Argumente gegen die Trennung von ›Mensch‹ und ›Person‹ sind in den letzten Jahren ausführlich diskutiert worden. Dabei hat sich keines von ihnen als unerschütterlich erwiesen.«[368]

An diesem Beispiel zeigt sich ein Menschenbild, das durch die Dominanz der empirisch-analytischen Wissenschaften eine fast unumschränkte und unterhinterfragte Geltung gewonnen hat. Rationalität, Ich-Bewusstsein und ein unerschütterlicher Glaube an die Vernunft sind gepaart mit der Orientierung an Kausalzusammenhängen und Effizienz. Selbstverständnis und Lebensrecht sind in hohem Maße

---

363 Locke, Versuch, 2.Buch, Kapitel 27,9.

364 Singer, Ethik, 107–109; 128.

365 Singer, Ethik, 168.

366 Vgl. Kuhse/Singer, Baby, vor allem 155–161.

367 Speziezismus meint die Bevorzugung eines Individuums gegenüber einem anderen Individuum mit der Begründung, dass das erstgenannte Individuum einer bestimmten Spezies, z. B. der Spezies Mensch angehöre. Vgl. dazu ausführlich Denkhaus, Speziezismus, und Schaede, Herausforderungen.

368 Bohlken, Person, 394.

abhängig von persönlicher Leistungsfähigkeit und den für die Gesellschaft erbrachten Leistungen.

3 Der Gedanke der Gottebenbildlichkeit des Menschen ist ein kritisches Kriterium zur Einschätzung und Beurteilung der Definition des Menschseins. In dieser Perspektive lassen sich vier Argumente zur Bestimmung der Person nennen:

Personsein ist keine Eigenschaft, sondern mit der Bestimmung des Menschen gegeben: »Gottes schöpferische Anrede konstituiert den Menschen als Du und somit als Person, und zwar in seiner schöpfungsmäßigen Bestimmung.«[369] Für Martin Luther ruht der Kern der Person in Gott, nicht im Menschen selbst. Er ist zur Antwort im Glauben gerufen, und lebt aus der Verheißung, dass Gott sein Personsein vollendet. »Im Glauben habe ich mich nicht, im Glauben antworte ich auf Gottes Zuruf, im Glauben werde ich zu der Person, die ich einst ungebrochen sein darf.«[370]

In dieser Beziehung zu Gott zeigt sich das Personsein des Menschen. Es besteht nicht in irgendwelchen Eigenschaften, die ein Mensch hat oder nicht hat. Es liegt darum nicht im Belieben menschlicher Entscheidungen oder Definitionen, ob und wann ein Mensch als Person anzusehen ist.

Das Personsein des Menschen ist unverfügbar: Alle Menschen haben eine Bestimmung. Ihr Personsein ist unabhängig davon, wie diese Bestimmung aktuell gelebt und verwirklicht wird oder werden kann. Ein Mensch gibt sich in seinem Personsein anderen zu erkennen – oder auch nicht. »Personsein bezeichnet das am Menschen, was sich der Verfügung und dem Zugriff durch andere entzieht und die Würde des Menschen ausmacht. Deswegen darf auch nicht selegiert werden, welchen Menschen Personsein zukommt und welchen nicht.«[371] In jedem Menschen ist das Bild Gottes zu sehen, das macht die unantastbare Würde des Einzelnen aus. Eberhard Schockenhoff betont, auch gegen Singer: »Person *ist* der Mensch, zur Person kann er sich nicht machen, noch können andere ihn dazu machen. Sein Werden *zur* Person ist allein von Gott her begründet« und er fügt hinzu, »sein Werden *als* Person bleibt dagegen ihm selbst auferlegt und von vielen sozialen Bedingungen abhängig.«[372]

Personsein ist ein Beziehungsbegriff: Bei der Verwendung des Wortes Person orientierte christliche Dogmatik sich zunächst an der griechischen und lateinischen Bedeutung des Wortes Person. Die »Rolle,« die ein Mensch im Schauspiel und in der Gesellschaft hat, weist darauf hin, dass er mit anderen in Zusammenhang steht und Verantwortung hat. Insofern ist für die christliche Theologie mit dem Begriff Person immer schon der Bezug zu Gott, zu anderen Menschen und damit auch die persönliche Verantwortung verknüpft. Mensch und Gott sind personal aufeinander bezogen. In gleicher Weise sind Menschen auf sich selbst, aufeinander bezogen und füreinander verantwortlich. Theologisch bedeutet Person »›ein unverwechselbares Gesicht haben‹ vor Gott, so auch andere ansehen und von ihnen angesehen werden,

369 Fraas, Bildung, 204. Zum Glauben vgl. Kuld, Gott.

370 Hailer, Mensch, 85. Dort auch der Verweis auf Luther.

371 Härle, Art. Mensch, 1070.

372 Schockenhoff, Ethik, 193. Schockenhoff ist katholischer Theologe.

was sich nicht darin erschöpft, ein ›Ansehen‹ zu haben, geachtet und wertgeschätzt zu werden.«[373]

Gott ist Person: Die Bibel spricht von einem personalen Gott. Jahwe wird als Begleiter, Krieger, Herrscher, Vater erlebt und beschrieben. Er bringt die Schöpfung durch das Wort hervor. Menschen können ihn ansprechen, mit ihm kommunizieren. Diesem personalen Gott entspricht die Personalität des Menschen. Gott ist der schöpferische Grund alles Personseins und zugleich Bestimmung und Ziel alles Personhaften. Wilfried Härle, der Gottes Wesen als Liebe beschreibt, formuliert: »Erst in der Liebe finden Personen ihre Erfüllung.«[374]

In der Person Jesu Christi zeigt sich dann, was den Menschen im Besonderen ausmacht. Christus ist ganz Mensch, kraftvoll und leidend, verletzt und doch nicht würdelos (vgl. Phil 2,6ff.). Kreuz und Auferstehung, Leid und Überwindung von Leid gehören zusammen. Dieser eine Mensch, nicht ein normierter Mittelwert, repräsentiert die gesamte »Spezies Mensch.« »Jesus Christus als Inbegriff des Menschen, als ideale Verkörperung des Ebenbildes Gottes wird so zur Instanziierung der menschlichen Spezies.«[375] So entscheidet sich die Definitionsfrage, was der Mensch sei, theologisch an der Betrachtung Jesu Christi, nicht an der Beobachtung und Erforschung von Menschen.

4.2.4 Vernunft und Geist

Seit der Antike gilt der Mensch als vernunftbegabtes Wesen. Dies ist wohl die »wirkungsmächtigste Bestimmung dessen, was der Mensch sei.«[376] Der Begriff »Vernunft« verweist auf die Möglichkeit, dass der Mensch sich selbst gegenüberstehen und sich gedanklich von sich selbst distanzieren kann. In Kapitel 2 wurde die Bedeutung der Vernunft für das Selbstverständnis des Menschen dargelegt und gefragt, ob die Bezeichnung *animal rationale* zur Beschreibung des Menschseins ausreicht.[377]

1 In der christlichen Theologie wurde die Vernunft lange als die einzige Möglichkeit des Menschen angesehen, zu Gott in Beziehung zu treten. So schreibt beispielsweise der Kirchenvater Laktanz (250–320): »Ich komme noch nicht zu den Vorzügen der Seele und des Geistes, durch die der Mensch eine offenkundige Verwandtschaft mit Gott hat; ich frage nur: lässt nicht schon die Stellung des Leibes und die Gestaltung des Antlitzes klar ersehen, dass wir nicht mit den stummen Tieren auf gleicher Stufe stehen? Die Natur des Tieres ist abwärts zum Futter und zur Erde gerichtet und

---

373 Sauter, Leben, 145.

374 Härle, Dogmatik, 252. Er klärt den Begriff Person im Kapitel »Gottesverständnis.« In der Trinitätslehre wird von Gott in der Person des Vaters, des Sohnes und des Heiligen Geistes gesprochen und so die unterschiedlichen Wirkungsweisen des einen Gottes ausgedrückt.Vgl. dazu Härle, Dogmatik, 384ff.

375 Schaede, Herausforderungen, 58. Damit wird der Speziezismus-Vorwurf Singers zurückgewiesen.

376 Schobert, Einführung, 129.

377 Vgl. Kapitel 2.4.1.

hat nichts mit dem Himmel gemein, zu dem sie nicht emporschaut. Der Mensch aber in seiner aufrechten Stellung, mit dem emporgerichteten Antlitz ist zur Betrachtung des Weltalls geschaffen und tauscht mit Gott den Blick, und Vernunft erkennt die Vernunft. Darum gibt es ... kein Geschöpf auf Erden außer dem Menschen, das auch nur die geringste Kenntnis von Gott hätte. Der Mensch allein ist mit Vernunft ausgestattet, um allein die Religion, das Pflichtverhältnis gegen Gott zu erkennen, und das ist zwischen Mensch und Tier der wesentlichste, um nicht zu sagen der einzige Unterschied.«[378]

Thomas von Aquin nennt Vernunft und Freiheit als Möglichkeiten des Menschen, in denen er sein Bild-Gottes-Sein vollzieht. Der Mensch ist »nach dem Bilde Gottes gemacht, weil er Vernunft und freien Willen und Herrschaft über sich selbst« besitzt und er ist »das Prinzip seiner Tätigkeit ..., insofern er freien Willen hat und Herrschaft über sich selbst.«[379] Der Mensch ist nur dann ganz Mensch, wenn er seine Vernunft gebraucht und entwickelt. Zu fragen ist, ob damit die Bedeutung der Ebenbildlichkeit zutreffend beschrieben ist. Kann man mit vernünftigen, rationalen Zugangsweisen wirklich den ganzen Menschen erfassen?

Martin Luther formuliert in seiner »*Disputatio de Homine*« eine deutliche Grenze. Er schätzt die Vernunft hoch ein: »Und in der Tat ist es wahr, dass die Vernunft die Hauptsache von allem ist, das Beste im Vergleich mit den übrigen Dingen dieses Lebens und geradezu etwas Göttliches. Sie ist Erfinderin und Lenkerin aller freien Künste der medizinischen Wissenschaft, der Jurisprudenz und all dessen, was in diesem Leben an Weisheit, Macht, Tüchtigkeit und Herrlichkeit von Menschen besessen wird. So muss sie mit Recht als Wesensunterschied bezeichnet werden, durch den der Mensch als Mensch bestimmt wird in Unterscheidung von den Tieren und den sonstigen Dingen.«[380]

Vernunft ist eine Möglichkeit des Menschen. Er braucht und gebraucht sie um seine Wahrnehmungen zu ordnen, Überblick zu gewinnen, Zusammenhänge zu erschließen und die eigene Begrenzung zu erkennen. Aber ihre Reichweite auf das irdische Leben beschränkt. Der ganze Mensch, das Ebenbild Gottes, lässt sich vernünftig nicht erfassen. Es braucht ein Mehr an Erkenntnis, und diese Weisheit verdankt die Theologie dem Glauben, der Anteil an der göttlichen Weisheit gewährt. Darum schreibt Luther weiter: »Unter diesen Umständen befindet sich jene allerschönste und allerherrlichste Sache, welche in voller Größe die Vernunft auch nach dem Sündenfall geblieben ist, dennoch ... unter der Macht des Teufels.«[381]

2 Was der Mensch vor Gott ist und wer Gott in Bezug auf den Menschen ist, lässt sich mit rationalen Zugängen allein nicht angemessen erkennen. Anstelle von Vernunft ist darum besser vom *Geist* zu sprechen. Geist »steht in einer theologischen

---

378 Laktanz, Zorn, 7.

379 Thomas von Aquin, Summa, Ia-IIae pr. Vgl. Dirscherl, Beziehungen, 68.

380 Luther, Disputatio, 665, These 4–6. Die Disputatio de Homine aus dem Jahr 1536 ist Luthers einzige Schrift über den Menschen. In 40 Thesen beschäftigt er sich ausführlich mit dem Unterschied der philosophischen und der theologischen Perspektive auf den Menschen (vgl. dazu Schröder, » ...apparebit ...«).

381 Luther, Disputatio, These 24.

Anthropologie für die belebende Gabe Gottes an Menschen und zwar in ganz besonderer Weise: Gott teilt von sich selber mit, was Leben hervorbringt, am Leben erhält und zum Leben dient.«[382] Schon am Anfang spricht die Bibel davon, dass Gottes schöpferischer Geist die Welt hervorbringt und sie belebt. Gottes *ruach*, sein Geist, seine Lebenskraft macht den Menschen lebendig. Dieser Geist ist belebend, dynamisch und bewegend. Er durchdringt und erfüllt den Menschen und macht ihn so zum Bild Gottes. Biblisch-theologisch gesehen, ist Geist also weniger ein Erkenntnisprinzip als ein Lebensprinzip.[383] Dies gilt auch für den »Heiligen Geist«, den die Bibel als einen Geist der Erlösung beschreibt. Er ergreift den ganzen Menschen, erfasst seine Gefühle, Leib, Seele und Vernunft und gibt dem Leben eine Richtung. Ohne diese Richtung ist der Mensch orientierungslos. »In seiner Bewegung, seinen Intentionen und seiner Hoffnung zeigt sich der Geist des Menschen als sein Lebensgeist,«[384] als ein Geist der Lebensbejahung und der Liebe. Diese Bejahung des Lebens schließt Leben und Tod, Glück und Leid ein. Es ist ein Geist der Hoffnung auf die Auferstehung. Für Paulus bedeutet die Gabe des Geistes die Zugehörigkeit zu Christus. Sie macht den Glaubenden zu einem Teil des Leibes Christi (vgl. Röm 8,9; 1Kor 12,13). Paulus stellt das Leben im Geist dem Leben im Fleisch gegenüber. Damit meint er aber nicht die Trennung von Seele und Körper, sondern die Orientierung und Richtung, die das Leben der Menschen nimmt. Es kommt darauf an, »wes Geistes Kind« ein Mensch ist![385] »Kraft des Geistes werden Seele und Leib nicht nur als Einheit der ›Person‹ zusammengehalten, sondern sie werden auf Gott als den Schöpfer und Vollender des Lebens ausgerichtet.«[386]

Dieser Geist des Menschen ist zugleich der Geist Gottes. Die Doppeldeutigkeit ist unvermeidlich. »Der Geber (sc. ist) selbst die Gabe und folglich die Gabe selbst der Geber.«[387] Sie zeigt die enge Verbindung zwischen Gott und Mensch und stiftet zugleich eine besondere Bindung der Glaubenden untereinander. Bei all ihrer Verschiedenheit gilt: Es ist ein Geist, ein Herr und ein Gott, der da wirkt alles in allen (vgl. 1.Kor 12,4).

3 Diese Perspektive des Lebens aus dem Geist hebt den Menschen aber nicht in eine »andere Welt.« Vielmehr ermöglicht und erlaubt sie den Blick auf sich selbst und die Welt ohne Beschönigungen und Entschuldigungen. So kommen die Verkürzungen in den Blick, die durch eine Beschränkung auf rationale Zugänge zu Welt und Mensch hervorgerufen werden können. Wenn der Mensch nur als denkendes, reflektierendes Subjekt angesehen wird, geht das leibhaftige Leben in seiner Vielfalt verloren. Gefühle wie Traurigkeit und Freude, Liebe und Hass spielen keine Rolle. Phantasie, Intuition und lebensgeschichtliche Erinnerung werden als irrational verworfen. Auch die Fähigkeit, sich mit Grenzen auseinanderzusetzen und auf Überschreiten von Grenzen zu hoffen, geht verloren.

382 Sauter, Leben, 179.
383 Vgl. Kapitel 3.10.
384 Moltmann, Mensch, 268.
385 Vgl. Kapitel 3.8.
386 Sauter, Leben, 179.
387 Härle, Dogmatik, 365 (im Original z. T. kursiv).

Eine hauptsächlich mathematisch orientierte Strukturierung der Welt identifiziert die Wirklichkeit mit dem, was methodisch erkennbar und erklärbar ist. An die Stelle der Erfahrung treten in den Naturwissenschaften Messgeräte und Experimente und quantifizierbare Ergebnisse. Das qualitative und individuelle Element der Erfahrung geht verloren. Die Fülle menschlicher Erfahrungen und Motivationen werden als »Epiphänomen hirnphysiologischer Vorgänge angesehen und Moral wie Bewusstsein als Vorteil der Gattung im Evolutionsprozess angesehen.«[388] Ein solcher Reduktionismus ist für Naturwissenschaften vielleicht notwendig. Forschung kann sich immer auf einen Ausschnitt des Menschen konzentrieren, wenn sie belastbare Ergebnisse formulieren will. Problematisch wird es allerdings, wenn die jeweiligen Bereiche wissenschaftlicher Erkenntnisse Anspruch auf das Ganze erheben und behaupten: So ist *der* Mensch. Regina Ammicht-Quinn warnt vor einem neuen normativen Menschenbild der Naturwissenschaften. »›Der Mensch‹ ist maschinenähnlich. Er ist Mensch, wo und insoweit er nach dem Muster von Maschinen funktioniert, immer sich selbst gleich, zuverlässig, schnell, ästhetisch ansprechend. Tauchen Probleme auf, sollten sie im Rahmen zügiger Reparaturen behebbar sein. Perfektionsansprüche an menschliches Funktionieren zeigen sich nicht länger als Perfektionsansprüche, sondern als erwartete Normalität. Das ›Andere‹ des neuen normativen Menschenbildes ist das Lebendige – und zwar das Lebendige dort, wo es innerhalb einer technisierten Lebenswelt Schwierigkeiten macht: Unkontrollierbarkeit, Unzulänglichkeit, Fehlbarkeit; Zufall, Lust, Schmerz; Geburt, Altern, Tod.«[389] Dieses neue normative Menschenbild muss »hinter dem Menschen *als Menschen* zurückbleiben.«[390] Der Preis dafür ist hoch. Aus dem Verständnis des Menschen wird alles ausgegrenzt, abgelehnt und ignoriert, was nicht der Norm entspricht oder nicht ins Erklärungsraster passt. Für Menschen mit Behinderungen zum Beispiel kann es zu einer Existenzfrage werden, wenn ihnen das Personsein und damit ihr Lebensrecht aufgrund fehlender rationaler Fähigkeiten abgesprochen werden.

4 Für das theologische Reden vom Menschen bedeutet die kritische Auseinandersetzung mit der Vernunft nun aber nicht, dass Theologie sich nicht vernünftig ausdrücken muss. Glaube und Vernunft sind keine Gegensätze, sie schließen sich nicht aus. Zum Glauben gehört das Verstehen, das bezieht sich sowohl auf den Gegenstand des Glaubens als auch auf das vom Glauben geprägte Verständnis von Mensch und Welt. Wolfhart Pannenberg fordert zurecht, dass christliche Theologie sich nicht in eine Nische zurückziehen darf, die ihr keinen Bezug zu anderen Wissenschaften ermöglicht. Dieses Anliegen ist gerade heute von besonderer Bedeutung. Die Herausforderung besteht darin, Ausdrucksform und Gestalt des christlichen Glaubens an die jeweilige Gegenwart anzupassen, ohne dabei seine grundlegende, spezifische Basis aufzugeben, die in dem Geschehen um Jesus Christus verortet ist. »Geist ist immer auch (reflexives) Erkennen. Aber es ist eine spezifische Weise des Erkennens, nämlich

388 Schoberth, Einführung, 134.

389 Ammicht-Quinn, Menschenwürde, 24. Dies war schon bei Descartes zu erkennen (vgl. Kapitel 2.3.2).

390 Ammicht-Quinn, Menschenwürde, 25.

des verbindenden Erkennens, das als solches schon Ausdruck einer – von Gott her – bestehenden Verbindung und Gemeinschaft ist.«[391] Vom Wirken des Geistes Gottes im Menschen kann nur tastend, erwartungsvoll und vorläufig gesprochen werden. Allerdings nicht ohne Gewissheit: »Der Heilige Geist ist kein Skeptiker! Er hat uns keine Zweifel oder bloße Meinungen in unsere Herzen geschrieben, sondern Wahrheitsgewissheiten (*assertiones*) gewisser und fester als das Leben selbst und alle Erfahrung.«[392]

4.2.5 Würde oder Wert?

Im Jahr 1989 veröffentlichten der Rat der Evangelischen Kirche in Deutschland und das Sekretariat der katholischen Deutschen Bischofskonferenz eine gemeinsame Erklärung. Darin heißt es: »Die Gottebenbildlichkeit wird ... in der geistigen Welt des Christentums zu einem Zentralbegriff in der Beschreibung der besonderen Würde des menschlichen Lebens. ... Die Qualifizierung als ›Bild Gottes‹ gilt nicht allein der menschlichen Gattung, sondern jedem einzelnen Menschen. Individuelle Besonderheit ist ein Wesensmerkmal des Menschseins. Jeder Mensch ist als solcher einmalig.«[393]

1 Die besondere Würde des Menschen, die mit seiner Gottebenbildlichkeit begründet ist, steht in enger Verbindung zu seinem Personsein. Sie ist von Fähigkeiten und Eigenschaften des Einzelnen ebenso unabhängig wie von gesellschaftlichen Normierungen und Bestimmungen. Sie beruht weder auf Autonomie oder Rationalität, noch auf Leistungsfähigkeit oder gesellschaftlicher Nützlichkeit. Sie ist einfach mit dem Menschsein gegeben. Gottes Anrede qualifiziert den Menschen als Person, darum hat kein Mensch das Recht, über das Leben oder Personsein eines anderen Menschen zu befinden. Menschen stehen deshalb gleichberechtigt nebeneinander, dürfen aber niemals hierarchisch übereinander herrschen. Der Gedanke der Ebenbildlichkeit garantiert zudem die Unantastbarkeit menschlichen Lebens. Gen 9,6 verbietet den Mord an Menschen mit dem Hinweis auf deren Ebenbildlichkeit. Weil die Gottebenbildlichkeit in der Beziehung zwischen Gott und Mensch besteht, ist jede Tötung »ein direkter Eingriff in Gottes Herrschaftsrecht. ... Es gilt für die ganze Menschheitsgeschichte, dass ein Mörder in seiner Tat Gott beraubt.«[394]

2 Unverkennbar ist die Verbindung dieser Gedanken mit der Tradition der Menschenrechte. Art. 1 Abs. 1 des Grundgesetzes der Bundesrepublik Deutschland formuliert: »Die Würde des Menschen ist unantastbar. Sie zu achten und zu schützen ist Verpflichtung aller staatlichen Gewalt.« Ähnlich formuliert die Charta der Vereinten Nationen in der Erklärung der Menschenrechte (Art.1): »Alle Menschen sind frei und gleich an Würde und Rechten geboren. Sie sind mit Vernunft und Gewissen begabt

391 Härle, Dogmatik, 363.

392 Luther, De servo arbitrio, 233.

393 Evangelische Kirche in Deutschland, Gott, Abschnitt IV, 1. Zur Geschichte des Begriffs Würde seit der Antike vgl. Herms, Würde des Menschen, 1736.

394 Westermann, Genesis, 627.

und sollen einander im Geist der Brüderlichkeit begegnen.«[395] In der Präambel wird dies damit begründet, dass die Anerkennung der angeborenen Würde die Grundlage von Freiheit, Gerechtigkeit und Frieden in der Welt sei.

Gleichheit aller Menschen, Freiheit des Individuums und Recht auf Selbstbestimmung und Partizipation werden im 18. Jahrhundert als humane Forderungen formuliert und politisch erstritten. Selbstbestimmung bezieht sich auf den konkreten Einzelnen. Sie ist in erster Linie ein Schutzrecht und nicht ein Anspruchsrecht. Darum bedeutet Selbstbestimmung immer auch Schutz eines Menschen vor Übergriffen auf sein Leben. Die Würde des Menschen, die in diesen Forderungen hervorgehoben wird, ist als Menschen*recht* nur bedingt zu begründen oder einklagbar. Wie aber kann gewährleistet werden, dass alle Menschen erhalten, was menschlichem Leben zukommt?

3 »Diese ethische, ja politische und weltbürgerliche Frage kann in einer theologischen Anthropologie nur so aufgenommen werden, dass sie nachzuzeichnen versucht, wessen Gott seine Menschengeschöpfe inmitten seiner Schöpfung gewürdigt hat.«[396] Sie sind als Gottes Ebenbild dazu bestimmt, in ihrer Existenz in der Welt den zu würdigen, der dies alles gewährt. Dieser »Status« gilt »dem ganzen Menschsein-in-Welt ... also auch schon dessen frühestens Zuständen als Exemplar der Gattung homo sapiens.«[397] Deshalb gibt es nichts und niemanden, das oder der dem Menschen diese Würde absprechen kann. Zwar kann ein Mensch seine Bestimmung verfehlen oder leugnen. Es gibt durchaus unwürdiges Verhalten, Reden und Denken, das aber führt nicht zu dem Verlust der von Gott gewährten Würde.

Die Würde des Menschen kann »nicht abhängig sein von bestimmten, individuell unterschiedlich entwickelten Fähigkeiten, Ausstattungen oder Leistungen (wie z. B. Vernunft, Sprache, Interessefähigkeit, körperliche und geistige Gesundheit etc.). Sie kann sich nur auf das Menschsein als solches beziehen« sowie »auf die Achtung und den Schutz des Menschseins aller Menschen vom Beginn bis zum Ende ihres Daseins, ja ... sogar über dieses Ende noch hinaus, weil wir gar nicht davon absehen können, dass der menschliche Leichnam zum Menschsein hinzugehört.«[398] Die Würde des Menschen gilt allen und jedem, ohne Ansehen der Person.

4 Ottfried Schreiner fasst in 6 Punkten zusammen, wie sich die Menschenwürde als zentrales Element des christlichen Menschenbildes konkretisieren lässt. Danach bedeutet Würde

- »dass der Mensch zugleich als Zweck und niemals als bloßes Mittel gebraucht wird;
- dass der Mensch als Person geachtet und nicht zum Objekt herabgewürdigt wird;
- dass der Mensch Selbstbestimmung üben kann und nicht völlig fremdbestimmt wird;
- dass der Mensch Entscheidungsfreiheit behält und nicht durch Zwangsmaßnahmen gefügig gemacht wird;

---

395 Vereinte Nationen, Erklärung, Art.1.

396 Sauter, Leben, 77. Vgl. auch Müller, Würde.

397 Herms, Würde des Menschen, 1739.

398 Härle, Autonomie, 247.

- dass der Mensch in der Sphäre seiner Intimität bleiben kann und nicht bloßgestellt wird;
- dass der Mensch als gleichberechtigt behandelt und nicht diskriminiert wird.«[399]

Zu ergänzen ist ein Aspekt, der sich aus der Menschwerdung Gottes in Jesus Christus ableiten lässt. In Jesus Christus zeigt sich ein »Gott, der den Schmerz des Menschen fühlt und daraufhin handelt« und ein Mensch »der, Abbild Gottes, den Schmerz des Mitmenschen fühlt und handelt.«[400] Die Würde des Menschen realisiert sich demnach auch in der liebenden Hingabe an andere. Als Bild Gottes ist der Mensch des Mit-Gefühls bedürftig und fähig.

5 Die Vorstellung, bestimmten Menschengruppen komme aufgrund von Verdiensten, Leistungen und/oder gesellschaftlichen Stellungen eine besondere Würde zu (differenzierende Würdekonzepte) ist so alt wie die Menschheit. Dies widerspricht aber dem Postulat der allen Menschen zukommenden gleichen Würde. Die Frage ist: Wo und wodurch wird die Würde des Einzelnen heute besonders in Frage gestellt?

Einige Bereiche wurden bisher schon genannt (die Unterscheidung zwischen Gattungsmitglied und Person, die Reduzierung des Menschen auf Rationalität). Ein weiterer Bereich ist die Gleichsetzung von Würde und Wert, die in einer von Leistung geprägten Gesellschaft verbreitet ist. Seit dem Beginn der Industrialisierung ist die Norm der wirtschaftlichen Brauchbarkeit ein ausschlaggebendes Kriterium für die Bezahlung, und damit ganz konkret auch den »Wert« eines Menschen. Arbeit lässt sich als erbrachte Leistung messen und ihr Wert in Geld ausdrücken. Leistung wird damit zum Maßstab sozialer Differenzierung. Wer seine Fähigkeiten und Kräfte möglichst effektiv, rationell und erfolgreich einsetzt, der gewinnt den Kampf um die vorderen Plätze und erringt den höchsten Verdienst und das höchste Ansehen. Wer, aus welchen Gründen auch immer, keine bezahlte Arbeit hat, gehört zu den Verlierern. Was aber geschieht mit Menschen, die ihre Arbeitskraft nicht verkaufen können? Es ist nicht im Sinne Gottes, wenn Menschen als Diener der Wirtschaft und der Maschinen verstanden, als Leistungsträger beurteilt und nach ökonomischen Gesichtspunkten bewertet werden. »Die christliche Kirche hat die Überzeugung von der göttlichen Würde jedes Menschen in einer doppelten Richtung zum Ausdruck gebracht, die ein Nein zur Vergötzung menschlicher Macht, Schönheit und Leistung und ein Ja zum menschlichen Leben in seiner schwachen und hinfälligen Gestalt einschließt.«[401]

6 Alles Lebendige, nicht nur Menschen, hat Würde. Schon Albert Schweitzer hat die »Ehrfurcht vor dem Leben«[402] als ein Grundprinzip christlicher Ethik beschrieben und danach gehandelt. Die Würde, die dem Menschen zukommt, gilt für alle Geschöpfe Gottes. Sie sind »Würdeträger für den Menschen ..., die ihn als Würdeadressaten zur Würdigung dieser ihrer Eigenart, zu ihrer Anerkennung und zu einem ihr

---

399 Schreiner, Würde, 69. Er bezieht sich auf Härle.

400 Ammicht-Quinn, Menschenwürde, 28.

401 Schockenhoff, Ethik, 206.

402 Schweitzer, Ehrfurcht, 21f. Dies wird heute vor allem in Argumentationszusammenhängen verwendet, die den exklusiven Status des Menschen als Würdeträger als Speziesismus attackieren und überwinden wollen, vgl. Kapitel 4.2.3, Singer.

entsprechenden Umfang (sic!) verpflichten.«[403] Mit dieser ethischen Dimension der Menschenwürde ist schon der Übergang zum letzten Aspekt angedeutet: Als Gottes Ebenbild ist der Mensch Repräsentant Gottes in der Welt und mit deren Bewahrung beauftragt.

4.2.6 Auftrag

Die Priesterschrift stellt die Erschaffung der Menschen in den Gesamtzusammenhang der Weltschöpfung und hebt dadurch hervor: Menschen sind Mit-Geschöpfe, ihre Aufgabe ist die Herrschaft über die übrige Kreatur. Maßstab dieses Auftrags ist der Schöpfungswille Gottes, er bietet Orientierung und Begrenzung.

1 Vielfach wird die Ebenbildlichkeit des Menschen in diesem Herrschaftsauftrag Gottes gesehen. Der Mensch ist Repräsentant und Statthalter, der im Auftrag Gottes die Herrschaft über die Erde ausübt. Wenn er das tut, handelt er als Stellvertreter Gottes. Die Bibel selbst interpretiert den Auftrag als positives Motto.[404] Es geht weniger um das Beherrschen, als um Bebauen und Bewahren (Gen 2,15). Herrschen bedeutet also nicht unterdrücken, sondern sorgen. Durch sein Handeln kann und soll der Mensch den von Gott gegebenen Lebensraum für sich und die übrigen Geschöpfe bewahren. Ebenbildlichkeit Gottes kann in diesem Sinn als »Einweisung in eine Aufgabe« interpretiert werden. Sie sagt nicht, wer der Mensch ist, sondern *wozu* er da ist: »Er soll mit seiner Existenz Gott erscheinen lassen, ihn in der Welt vertreten und repräsentieren.«[405]

Wenn der Mensch in dieser Weise mit sich selbst und der Schöpfung umgeht, dann entdeckt er in der Wahrnehmung des Auftrags seine Bestimmung: Gott zu loben. »Die Werke Gottes, die der Mensch erkundet, sprechen eine Sprache, die den Menschen zum Hymnus herausfordert.«[406] Im Lob wird angemessen ausgedrückt, dass die Herrschaft nicht aus dem Menschen selbst kommt, nicht in seiner Macht und Verfügung liegt, sondern gewährte, verdankte Herrschaft ist. Sie lässt sich letztlich auf die Herrschaft Gottes, neutestamentlich auf die Herrschaft Jesu Christi, zurückführen. Darauf muss sie bezogen bleiben. Sucht man die Herrschaft an anderer Stelle, etwa in der Gewalt des Staates oder der wissenschaftlich-technischen Macht, verfehlt man das Ziel.[407]

2 Der Auftrag Gottes zur Herrschaft über die Natur kann als Verpflichtung zur Fürsorge übernommen und ausgeübt werden, aber auch als Legitimation zur Ausbeutung der Natur missverstanden werden. Ein Blick in die Geschichte zeigt, wie skrupellos Menschen mit der Natur umgegangen sind und es immer noch tun. Durch seine biologische Konstitution ist der Mensch darauf angewiesen, in Wechselbeziehung zu seiner Umwelt zu leben und sie dabei so umzugestalten, dass sie zum Lebensraum

403 Herms, Würde, 1736.
404 Vgl. Kapitel 3.4. Insgesamt: Pannenberg, Anthropologie, 71ff.
405 Link, Menschenbild, 65.
406 Wolff, Anthropologie, 318.
407 Vgl. dazu Moltmann, Gott, 233 und Kapitel 2.2.1.

für ihn werden kann. Mit dem Begriff »Mängelwesen« hat Arnold Gehlen dies als Ambivalenz und als Grundgegebenheit menschlicher Existenz beschrieben.[408] Um überleben zu können, muss der Mensch seine Umwelt verändern und seinen Bedürfnissen anpassen, und dabei auch Gewalt anwenden gegenüber Tieren und Pflanzen. Die technische Entwicklung der letzten hundert Jahre vergrößerte die Diskrepanz immer weiter. Beides, die Umgestaltung der Welt zum Nutzen der Menschen und die Veränderung des Menschen in Richtung einer Perfektionierung zeigen gegenwärtig mehr und mehr die Grenzen auf.

Durch rücksichtsloses Ausbeuten der natürlichen Ressourcen der Erde gefährdet der Mensch langfristig auch seine eigene Existenzgrundlage. Dadurch wird die Vernetzung erkennbar und die Herausforderung, den Auftrag Gottes nicht als Freibrief zu verstehen, sondern ihn als Bestimmung zur Bewahrung der Schöpfung anzunehmen. Dazu gilt es, die Grenzen des gegebenen Handlungsspielraums wahrzunehmen und einzuhalten. Der Glaube an ein unbegrenztes Wachstum und technischen Fortschritt ist als Irrglaube aufzudecken. In diesem Sinn fordert die Evangelische Kirche in Deutschland im Jahr 2015: »Das Prinzip der Nachhaltigkeit, das auf die Erhaltung zuträglicher Lebensbedingungen für jetzige wie zukünftige Generationen zielt, verlangt eine grundlegende Neuorientierung wirtschaftlichen Handelns ... Eine Wirtschaft, die dem Leben dient, kann sich unter diesem Prinzip nicht allein an kurzfristigen Renditeerwartungen orientieren.«[409] Im gleichen Jahr erscheint die Umwelt-Enzyklika von Papst Franziskus. Dort beklagt er den Schaden, den wir der Welt »aufgrund des unverantwortlichen Gebrauchs und des Missbrauchs der Güter zufügen, die Gott in sie hineingelegt hat. Wir sind in dem Gedanken aufgewachsen, dass wir ihre Eigentümer und Herrscher seien, berechtigt, sie auszuplündern.«[410] Das Schreiben verweist auf die enge Beziehung zwischen der Armut in der Welt und der Bedrohung der Erde und hebt hervor: »Die menschliche Umwelt und die natürliche Umwelt verschlechtern sich gemeinsam, und wir werden die Umweltzerstörung nicht sachgemäß angehen können, wenn wir nicht auf Ursachen achten, die mit dem Niedergang auf menschlicher und sozialer Ebene zusammenhängen. Tatsächlich schädigen der Verfall der Umwelt und der der Gesellschaft in besonderer Weise die Schwächsten des Planeten.«[411]

3 Der Mensch ist Mitarbeiter an der Schöpfung Gottes. Dorothee Sölle schlägt vor, dafür ein angemessenes Verständnis von Arbeit zu entwickeln, das sowohl die Bedürfnisse der Menschen als auch der Natur und Umwelt berücksichtigt. »Durch das, was uns am meisten zu Menschen macht, durch Arbeit und Liebe, werden wir zu Mit-Schöpfern der neuen Erde.«[412] Natur ist keine feindliche Bedrohung und auch kein Objekt der Ausbeutung und Unterwerfung. Sölle plädiert für ein Verständnis von Arbeit, das zur »Versöhnung zwischen Mensch und Natur« beiträgt. Der arbei-

---

408 Vgl. dazu Kapitel 2.2.4.

409 EKD, Brot 3.5, 2.

410 Laudato si, Absatz 2.

411 Laudato si, Absatz 48.

412 Sölle, Lieben, 154.

tende Mensch wird dann verstanden »als ein Haushalter Gottes, dem die Erde, die Tiere, die Mineralien und Bodenschätze, die Pflanzen und anderen Lebewesen anvertraut sind.«[413] Sie verweist auf die enge Beziehung zwischen einem gewaltsamen Umgang mit der Natur und der Ausbeutung armer und technologisch unterentwickelter Völker »Es kann keine Versöhnung mit der Natur geben ohne gleichzeitige Versöhnung mit den Armen.«[414]

Gott bedient sich des Menschen, um Leben zu schaffen. Das rechtfertigt technische Entwicklungen und die daraus hervorgehenden Wissenschaften. Es übersteigt zugleich naturwissenschaftliche Erkenntnisse und Aussagen. Es ist also nicht die Frage, ob Menschen die Schöpfung bis in die genetische Dimension hinein erforschen können oder dürfen. Zu fragen ist aber, wie diese Erkenntnisse gedeutet und wofür sie verwendet werden. Wenn der Mensch in ungeahntem Maß in die Schöpfung und die Natur, auch in die Natur des Menschen, eingreift, ist zu betonen: Gott setzt die Maße der Welt und der Menschen, um gedeihliches Leben zu ermöglichen und zu sichern. Diese Maße sind uns vorgegeben, wir verfügen nicht darüber. Im Geist Gottes, der als Geist der Liebe verstanden werden kann, dürfen Menschen nur das bauen, in Gang setzen und freilassen, was dem Schöpfungswillen Gottes entspricht. Der Auftrag zu fürsorgender Herrschaft wird also falsch verstanden, wenn er als Legitimation zur »Unterwerfung der Natur aus eigener Machtvollkommenheit und zum beliebigen Gebrauch«[415] dient.

4.2.7 Zusammenfassende Thesen

- Der Begriff *Imago Dei* wurde in der Geschichte weitgehend von dem bestimmt, was der Mensch an sich entdecken kann, für wesentlich hält und was logisch und plausibel erscheint. Die Beziehung zu Gott wird damit reduziert auf das, was der Mensch von sich versteht: die Reichweite des Denkvermögens, die Entscheidungsfreiheit, die Sprache, die dialogische Beziehung zu Gott und Mitmensch. Der biblische Text spricht aber vom Handeln Gottes, nicht vom Sein des Menschen. Gott schafft den Menschen so, dass er in eine Beziehung zu ihm treten kann, ihm entsprechen kann und soll. Das Bilderverbot schützt Menschen vor Festlegungen, bewahrt ihr Geheimnis, die Lebendigkeit und Unverfügbarkeit.
- Alle Menschen sind Personen. Als Ebenbild des personal gedachten Gottes *ist* jeder Mensch Person. Das gilt von Beginn des Lebens an und für den ganzen Menschen. Für andere Menschen ist die Person unverfügbar.

  Mensch und Gott sind personal aufeinander bezogen. Alle Versuche, das Personsein des Menschen an bestimmten Eigenschaften festzumachen, und damit von menschlichen Definitionen abhängig zu machen, können theologisch nicht begründet werden. Die Frage, was und wer der Mensch ist, lässt sich nicht ohne Ansehen der Person Jesu Christi klären.

---

413 Sölle, Lieben, 154.
414 Sölle, Lieben, 156. Vgl. die Nähe zu den Aussagen von Papst Franziskus.
415 Pannenberg, Anthropologie S.75.

- Mit den Möglichkeiten der Vernunft kann und soll der Mensch die Welt und sich selbst erforschen und verstehen. Als Ebenbild Gottes aber lässt er sich so nicht erfassen. Durch den Geist Gottes erhält der Mensch Lebendigkeit und Orientierung und eine Verbindung zu Gott. In diesem Geist Gottes kann der Mensch sich selbst und Gott erkennen. So wird ein kritischer Blick möglich gegenüber Menschenbildern, die hinter der Vielfalt dessen zurückbleiben, was den Menschen ausmacht. Theologische Anthropologie betont die von Gott gegebene Fülle des Lebens.
- Als Ebenbild Gottes kommt jedem Menschen, ebenso wie allem Lebendigen, Würde zu. Diese Würde ist unantastbar und an keine Bedingungen geknüpft. Sie kann nicht verloren gehen, auch nicht durch das Verhalten des Menschen. Damit ist menschlichen Bewertungen, Ausgrenzungen und Hierarchisierungen eine Grenze gesetzt.
- Als Ebenbild repräsentiert der Mensch Gott und seine Beziehung zur Schöpfung insgesamt. Damit kommen ihm die Aufgabe und die Verantwortung zu, die Schöpfung zu bewahren und treuhänderisch zu verwalten. Der Freiheit zur Nutzung der Umwelt ist so eine Grenze gesetzt. Technische und naturwissenschaftliche Forschung und Entwicklung müssen dem Leben und seiner Erhaltung dienen.

Literatur zum Weiterlesen

Weth: Menschenbild und Menschenwürde.
Marquardt: Gottes Bild.
Kruhöffer: Der Mensch – das Bild Gottes.
Sölle: Lieben und Arbeiten.

4.2.8 Religionspädagogische Anregungen

»Cybermobbing – Mobbing per Klick«

Lügen verbreiten, Hasskommentare schreiben, gemeine Fotos oder Videos teilen, Drohen, Spams senden, anrufen und gleich wieder auflegen – wenn solche Taten wiederholt vorkommen, spricht man von Cybermobbing. Einer Umfrage zufolge hat schon jedes dritte Kind mitbekommen, dass jemand über das Internet gemobbt wurde.

Die Schülerinnen und Schüler tauschen sich darüber aus und überlegen, wie man sich gegen Cybermobbing wehren kann. Sie stellen Regeln für fairen Umgang im Internet zusammen. Mehr Information und Anregungen zur Weiterarbeit unter http://www.kindersache.de/bereiche/deine-rechte/thema-des-monats/artikel/cybermobbing (27.2.2017)

Was ist ein Mensch wert?

Uwe Seeler war in den Sechzigerjahren einer der besten Stürmer der Welt, er war nie bei einem anderen Verein unter Vertrag als beim Hamburger SV und verdiente als

Profi umgerechnet rund 1300 Euro im Monat. Nach seiner Karriere kaufte er sich eine Tankstelle, die seinen Namen in Leuchtschrift trug.

Der Franzose Paul Pogba, 23, wechselte 2016 für 105 Millionen Euro von Juventus Turin zu Manchester United. Er wird im Monat rund 1,5 Millionen Euro verdienen. Über tausendmal so viel wie einst Uwe Seeler. (Quelle: spiegel online 1. September 2016).

Die Schülerinnen und Schüler diskutieren die Frage: Wieviel Geld darf ein Fußballer verdienen?

Sie erfahren: Das Wort »Menschenmaterial« wurde von der Sprachkritischen Aktion zum Unwort des 20. Jahrhunderts gewählt. Sie wenden dies auf das von Trainern und Funktionären häufig verwendete Wort »Spielermaterial« an. Sie überlegen, warum dies ein »Unwort« ist und sammeln andere Beispiele, in denen Menschen als »Material« angesehen werden. Sie gestalten damit eine Ausstellung. Quelle: http://www.unwortdesjahres.net/index.php?id=4 (27.2.21017)

Bewahrung der Schöpfung – Eine Welt/Ökologischer Fußabdruck

Der Ökologische Fußabdruck zählt alle Ressourcen, die ein Mensch für den Alltag benötigt, und zeigt auf, wie viel Fläche benötigt wird, um dafür die Energie und Rohstoffe zur Verfügung zu stellen. Anschließend wird dieser Flächenverbrauch auf alle Menschen hochgerechnet und mit den auf der Erde real verfügbaren Flächen verglichen. Somit stellt der Fußabdruck nicht nur quantitativ die Co2 Bilanz dar, sondern auch qualitativ den Flächenbedarf. Alle 2 Jahre veröffentlicht der WWF den Living Planet Report, welcher den Verbrauch der Erde nach Nationen aufzeigt. Das Ergebnis für Deutschland: Wenn alle Menschen so leben würden wie wir, bräuchten wir 2,6 Erden, denn der deutsche Fußabdruck liegt bei etwa 5 Hektar. Der gerechte Ökologische Fußabdruck liegt bei 1,7 Hektar.

Die Aktion ›Brot für die Welt« bietet unter dem Link http://www.fussabdruck.de/ (27.2.2017) jungen Menschen die Möglichkeit, ihren ökologischen Fußabdruck zu berechnen. Die Schülerinnen und Schüler überlegen miteinander, wie sie ihren »Fußabdruck« verkleinern können und wie sie andere dazu anstiften könnten, das Gleiche zu tun.

Wann ist der Mensch ein Mensch?

In seinem Buch »Schon Mensch oder noch nicht?« spricht Johannes Seidel in Bezug auf den Menschen von »humanbiologischem Keimmaterial« und will dies als »Oberbegriff für sämtliche vor-adulte ontogenetische Zustände«[416] anwenden, nämlich für »Embryonen, Föten, Neugeborene, Kinder und Adoleszente«.

Die Schülerinnen und Schüler überlegen: Was bedeutet diese Begrifflichkeit für das Verständnis vom Menschen?

Sie vergleichen ihre Gedanken mit dem Lied »Mensch« von Herbert Grönemeyer.[417]

---

416 Seidel, Mensch, 17.

417 Text unter www.letzte-version.de/songbuch/mensch/mensch (3.2.2017)

Die Welt als Garten Gottes

Die Schülerinnen und Schüler hören, dass Gott den Garten Eden für Menschen und Tiere pflanzt. Die Menschen sollen ihn bebauen und bewahren (Gen 2). Sie überlegen: Warum pflanzt Gott einen Garten? Sie gestalten miteinander und mit kreativen Methoden einen Schöpfungsgarten.

4.3 Menschen sind auf Beziehung aus

Jeder Mensch ist in seiner individuellen Eigenart und Besonderheit von Gott geschaffen und zu seinem Ebenbild bestimmt. Das bedeutet: alle Menschen sind gleich und verschieden zugleich.

Unter dieser Prämisse werden im Folgenden Themen aus Kapitel zwei, Abschnitt zwei diskutiert: Der Mensch ist auf Beziehungen zu anderen angewiesen. In welchem Verhältnis steht das Bezogensein auf Gott dazu? Wie können Beziehungen »herrschaftsfrei« gestaltet werden, welche Anregungen lassen sich dafür theologisch formulieren? Wie lassen sich Autonomie und Abhängigkeit verknüpfen?

Zur (theologischen) Klärung dieser Fragen werden zunächst die Stichworte Gleichheit und Differenz bedacht. In ihrer Verschiedenheit sind Menschen aneinander gewiesen und aufeinander angewiesen. Als ein Medium der Kommunikation und Verständigung kommt sodann die Sprache in den Blick. Das Miteinander der Verschiedenen ist weiterhin durch das Spannungsverhältnis von Autonomie und Abhängigkeit geprägt. Bei den Überlegungen zu dieser dynamischen Beziehung darf schließlich auch die Gefährdung von Beziehungen nicht unbeachtet bleiben.

Christliche Anthropologie ist relationale Anthropologie (Härle). Menschen sind auf Gott bezogen, weil und indem er sich zu ihnen in Beziehung setzt. Gott hat die Menschen so geschaffen, dass zwischen ihm und seinen Geschöpfen etwas geschehen kann. Diese Voraussetzung ist der Schlüssel für die Beziehung des Menschen zu sich selbst. Das wurde in den beiden ersten Abschnitten von Kapitel vier ausgeführt.

Im Folgenden geht es nun um die Beziehungen der Menschen untereinander: Gleichheit und Verschiedenheit ergänzen sich und bedingen sich gegenseitig. Das Zusammenleben kann als Gemeinsamkeit in der Vielfalt beschrieben werden. Unterschiede werden erkannt und anerkannt, Verbindendes ist zu suchen. Gelingende Kommunikation braucht die Bereitschaft, sich auf die »fremde« Sprache des Anderen einzulassen und sie zu hören. Verständigung kann nur in einer Atmosphäre der Gewaltfreiheit gelingen.[418]

418 Weitere Themen zur Gestaltung der Beziehung der Menschen untereinander bleiben hier unberücksichtigt. Das betrifft auch die Genderthematik. Sie wird bei Kuld, Gott ausführlich behandelt.

Autonomie und Beziehung gehören ebenso zusammen wie Freiheit und Abhängigkeit. Die Bindung des Menschen an Gott ermöglicht die Freiheit zur Zuwendung zum Nächsten.

4.3.1 Gleichheit und Differenz – Theologische Überlegungen

Jeder Mensch ist von Gott geschaffen und gewollt. Jeder Mensch ist ein Individuum, einzigartig und einmalig. Das bedeutet zugleich: Alle Menschen sind verschieden. In dieser Verschiedenheit gehören sie zusammen, sind aufeinander angewiesen. Die Bibel erzählt schon in den Geschichten von der Schöpfung, dass die Menschen zu zweit und in ihrer Unterschiedlichkeit aufeinander angewiesen sind.[419] Darum gehört zum Menschsein nicht nur die Frage, wie ein Mensch sich selbst in Beziehung zu Gott verstehen kann. Es ist immer auch zu klären, wie die Beziehung zu anderen Menschen beschrieben und gestaltet werden kann. In dieser Hinsicht lautet die Grundfrage: Wie kann die Unterschiedlichkeit der Menschen, die mit der individuellen Besonderheit jedes Einzelnen gegeben ist, bei der Gestaltung des Miteinanders gewahrt und dabei jeder Mensch als gleichwertig geachtet werden? Es geht also um das Verhältnis von Gleichheit und Differenz.

1 Ein erster wichtiger Hinweis für die Beschreibung dieses Verhältnisses ergibt sich aus der Beziehung des Menschen zu Gott. Sie ist nicht ohne die Erfahrung einer elementaren Differenz zu denken. Gott ist für den Menschen zugleich greifbar nahe und fremd. Das zeigt beispielhaft die Geschichte vom brennenden Dornbusch (Ex 3,1ff.): Gott macht sich Mose bekannt und hält ihn zugleich auf Distanz. Mose verhüllt sein Angesicht, weil er Gott nicht anschauen kann und will.[420] Gott lässt sich nicht begreifen und festlegen. Er bleibt immer auch der fremde Gott. Gerhard von Rad folgert: »Alle echte Gotteserkenntnis beginnt mit der Erkenntnis der Verborgenheit Gottes.«[421] Darum spricht christliche Theologie immer *zugleich* vom verborgenen und offenbaren Gott. Beides gehört zusammen. Das wird besonders deutlich an Jesus Christus. In Christus offenbart sich Gott den Menschen als Mensch und Gott. Gott verbirgt seine Gottheit im Menschsein und zeigt sich darin zugleich als der Gott, der den Menschen nahe ist. Karl Barth formuliert dies als Paradox: »Gerade im Glauben werden wir sagen müssen, dass unsere Erkenntnis Gottes allen Ernstes beginnt mit der Erkenntnis der Verborgenheit Gottes.«[422] Gerhard Sauter weist darauf hin, dass diese Verborgenheit Gottes nun aber nicht Abwesenheit bedeutet, sondern unverfügbare Anwesenheit. »Gott verbirgt sein Angesicht, wenn er sich von Menschen abwendet, ›verborgen‹ ist Gott selbst – und darum auch sein Werk, weil es nicht an sich

---

419 Vgl. Kapitel 3.4. Damit ist auch die Gender-Frage von Anfang an thematisiert, vgl. dazu Kuld, Gott. Zum Folgenden vgl. insgesamt Müller-Friese, Miteinander, 190ff.

420 Vgl. Kapitel 3.2. Am Berg Sinai kann Mose Gott erkennen, indem er dem Vorüberziehenden im Schutz einer Felsspalte nachschaut (vgl. Ex 33,12–23). Ähnliches wird auch von Elia erzählt, der Gott im Schutz einer Höhle begegnet (1Kön 19,11ff.).

421 Vgl. v.Rad, Theologie, 398–402, hier 402.

422 Barth, Kirchliche Dogmatik II,1, 205.

betrachtet und in andere Phänomene eingeordnet werden will. Es will wahrgenommen, aber nicht zur Anschauung gebracht werden.«[423] Das oben beschriebene Bilderverbot macht deutlich: Verborgenheit bedeutet auch Unverfügbarkeit und Geheimnis.

Im vorigen Kapitel wurde dargelegt, dass der Mensch zum Ebenbild Gottes bestimmt ist. Daraus konnten die Würde und die grundsätzliche Gleichwertigkeit aller Menschen abgeleitet werden. Nun lässt sich dies ergänzen: Als Gottes Ebenbild hat jeder Mensch auch Anteil an der Unbegreiflichkeit, Fremdheit und dem Geheimnis Gottes. Als Gottes Ebenbild sind Menschen füreinander unverfügbar und verborgen. Zugleich gehören sie zueinander und sind aufeinander bezogen. Unverfügbare Anwesenheit bedeutet: dem Anderen Freiheit lassen und Freiraum gewähren und dies zugleich auch für sich selbst in Anspruch nehmen. Wenn die Individualität des jeweils Anderen akzeptiert ist, wird Nähe möglich, ohne dass es zu gegenseitiger Vereinnahmung kommt. Das Verhältnis von Gleichheit und Differenz ist nicht statisch zu denken. Es lässt sich am besten als ein Prozess beschreiben, in dem Nähe und Distanz, Freiheit und Bindung, Vertrautheit und Fremdheit immer wieder neu gewichtet werden müssen. So können lebendige Beziehungen entstehen und wachsen, in der Menschen einander nicht festlegen, sondern offen und neugierig aufeinander zugehen.

2 Ein zweiter Aspekt wird von Ulf Liedke[424] ins Gespräch gebracht. Er verweist auf die Lehre von der Trinität, die er als Rahmentheorie des christlichen Glaubens ansieht. Das vielfältige Handeln Gottes als Vater, Sohn und Heiliger Geist lässt sich mit den Begriffen Schöpfung, Versöhnung und Vollendung beschreiben.[425] Liedke versteht die Trinität (Dreieinigkeit) deshalb als ein Modell für »Vielfalt in Einheit.«

Die Menschen sieht Liedke als Ebenbilder des trinitarischen Gottes an: »So wie Gott in der wechselseitigen Bezogenheit und Gemeinschaft dreier selbständiger Seinsweisen existiert, so ist die menschliche Bestimmung die eines Wechsel- und Austauschverhältnisses von Individualität und Gemeinschaft, ohne dass einer der beiden Aspekte auf den anderen zurückgeführt werden könnte. Identität und Differenz, Anerkennung und Gemeinschaft sind deshalb Aspekte des trinitarischen Beziehungsverhältnisses, die ihre Entsprechung im menschlichen Leben finden.«[426]

Ähnlich betont Wolfhard Schweiker, dass die Theologie seit den frühen Kirchenvätern versucht, »in der Dreifaltigkeit des einen Gottes das Problem von Differenz und Einheit, sowie Verschiedenheit und Gleichheit zu lösen.«[427] Gott zeigt sich zugleich als der Eine und als Einheit in Vielfalt. »Gottes Sein ist ein in Beziehung- und Einbezogensein trotz Differenzen.«[428]

---

423 Sauter, Leben, 149. Zum Bilderverbot vgl. Kapitel 4.2.1.

424 Liedke, Leben, 260ff. Er folgt darin Moltmann, Gott.

425 Vgl. dazu Härle, Dogmatik, 384ff.

426 Liedke, Leben, 439. Zu fragen ist, ob der Ebenbildgedanke ohne weiteres mit der Trinitätslehre verknüpft werden kann. Genesis 1,26 ist sicherlich nicht trinitarisch gemeint.

427 Schweiker, Prinzip, 335.

428 Schweiker, Prinzip, 336. Etwas später spricht er richtiger von Gemeinschaft *in* der Differenz (337).

3 Eine dritte Möglichkeit, das Miteinander der Verschiedenen theologisch zu begründen, findet sich beim Blick auf die frühen christlichen Gemeinden.[429] Paulus schreibt im Galaterbrief: »Ihr seid alle durch den Glauben Gottes Kinder in Christus Jesus. Denn ihr alle, die ihr auf Christus getauft seid, habt Christus angezogen. Hier ist nicht Jude noch Grieche, hier ist nicht Sklave noch Freier, hier ist nicht Mann noch Frau; denn ihr seid allesamt einer in Christus« (Gal 3,26–28). Menschen, die sich auf Christus als den Grund ihres Lebens berufen, so argumentiert Paulus, haben eine neue, andere Art von Wirklichkeit kennengelernt. Man kann sie als »eschatologische Existenz« bezeichnen. Eschatologisch leben bedeutet aber nicht, nur auf eine von Gott qualifizierte Zukunft zu warten. Es geht vielmehr darum, jetzt schon von dieser erwarteten, erhofften Zukunft her sein Leben in der Gegenwart zu gestalten. In Christus sind die Unterschiede nicht verschwunden, sie spielen aber keine heilsentscheidende Rolle mehr (V. 27)! Die Verbindung mit Christus schafft eine Gemeinschaft, die bestehende Differenzen in der Gemeinde umgreift (V. 28) und eint. Es geht Paulus also nicht darum, die Unterschiede zwischen Menschen zu beseitigen, sehr wohl aber darum, ihre trennende, separierende Wirkung aufzuheben. *Alle* sind in gleicher Weise hineingenommen in die umgreifende Einheit in Christus. Darum kann es keine Abwertung von Differenzen, keine Ausgrenzung, keine Benachteiligung von Schwachen und keine Hierarchisierungen geben – jedenfalls nicht im Namen Christi. Mit diesem Modell des Zusammenlebens hat die christliche Gemeinde eine deutliche Integrationskraft bewiesen. Von Anfang an konnte so eine kulturelle Vielfalt entstehen, die weder durch Spaltung noch durch Homogenisierung aufgehoben wurde. Die in Christus gegebene Gleichheit umgreift alle individuellen Unterschiede zwischen den Menschen, ohne sie aufzuheben. »Gott will sich in den zwischenmenschlichen Beziehungen einstiften und inkarnieren. Ein solches Beziehungsdenken kann für alle Ebenen menschlichen Zusammenlebens die Hoffnung auf den biblischen Gott als einer beziehungsstiftenden, soziale Bezüge bestimmenden und verändernden Macht einbringen.«[430]

4 Die Gleichheit, von der hier die Rede ist, ist nicht als Gleichartigkeit, sondern als Gleichwertigkeit zu denken. Die individuelle Einmaligkeit des Einzelnen, der Gottes Geschöpf und zu seinem Ebenbild berufen ist, gibt ihm seinen Wert und seine Würde. Gleichwertigkeit ist kein Gegensatz zu Verschiedenheit. Das ist ein Grundsatz für die Gestaltung von Beziehungen zu Anderen.

Unterschiedlichkeit darf darum nicht zur Bildung von Hierarchien führen oder Ausgrenzungen von Einzelnen oder Gruppen rechtfertigen. Das betrifft auch jede Art von dualistischen Spaltungen, Trennungen oder die Isolierung von Ungleichen.

Die aktuelle gesellschaftliche Situation erleben Menschen in vielen Bereichen zunehmend als diffus. Orientierung geht verloren, Menschen finden sich in ihrer Le-

---

429 Vgl. zum Folgenden Müller-Friese, Miteinander, 200ff.

430 Grümme, Menschen, 285. Christsein kann man nur in Gemeinschaft mit anderen, das gilt auch in Bezug auf die Konfessionsgrenzen, vgl. Pirner, Inklusion, 110. Die hier beschriebene Integrationskraft haben die christlichen Kirchen im Laufe der Jahrhunderte allerdings immer wieder aufgegeben und verloren. Sie muss auch heute immer wieder neu eingefordert werden.

benssituation nicht mehr zurecht. Damit verbunden wächst der Fundamentalismus im politischen, religiösen und gesellschaftlichen Bereich.[431] Einfache Lösungen werden attraktiv, je komplizierter die eigene Wirklichkeit erlebt wird. Wer sie anbietet, kann mit Zulauf rechnen. So kommt es vermehrt zu Polarisierungen und Ausgrenzung von Andersdenkenden, die zur Stärkung der eigenen Gruppenzugehörigkeit führen und täuschende Sicherheit anbieten. Das ist mit dem hier beschriebenen Ansatz nicht zu vereinbaren.

Eine andere Möglichkeit, die gegebene Vielfalt scheinbar zu bewältigen, ist Gleichgültigkeit. In einer pluralistisch geprägten Gesellschaft erfährt jeder Einzelne täglich, dass die eigene Identität nur eine Option unter anderen ist. Er lebt und arbeitet zusammen mit muslimischen Nachbarn, Mitschülern mit Migrationshintergrund, Kollegen unterschiedlichen Alters und Geschlechts, Menschen unterschiedlicher Bildung und beruflichen Werdegangs. Jeder von ihnen hat eine eigene Lebensgeschichte, religiöse Vorstellungen. Werte und Normen unterscheiden sich zum Teil deutlich voneinander.

Vielfältig und unterschiedlich sind auch die Weltanschauungen und Lebensdeutungen, die im alltäglichen Leben begegnen. Vom Einzelnen wird verlangt, sich anzunähern und abzugrenzen. Er muss sich verständigen und auseinandersetzen und eine eigene Position formulieren und zur Disposition stellen. Viele haben in diesem anstrengenden Prozess die Suche nach einer für alle geltenden gemeinsamen Wahrheit und einem das Individuelle übergreifenden Sinn aufgegeben.[432] Sie begegnen der Vielfalt mit einer angeblich toleranten Haltung gegenüber Heterogenität und Pluralität. Sogar Unvereinbarkeiten werden mehr oder weniger gleichgültig ertragen. Gilt diese Toleranz allerdings allem und jedem, entsteht ein Pluralismus der Beliebigkeit. Wird Toleranz grenzenlos, gibt es auch keine Möglichkeit mehr, sich gegen extremistische, intolerante und radikale Meinungen und Haltungen abzugrenzen und diese zurückzuweisen. Ein solcher Pluralismus der Beliebigkeit ist dann letztlich weder plural noch tolerant, weil er keine Vielheit und Vielfalt von Positionen anerkennt. Im Grunde gilt nur noch die eine Auffassung, dass Positionen unwichtig sind. Das hat auch Auswirkungen auf die Beziehung zwischen Menschen und den Umgang miteinander. Man »toleriert« jede Lebensweise, ignoriert dabei aber den konkreten Men-

---

431 Man denke an die zunehmende Gewaltbereitschaft z. B. bei Fußballspielen, bei parteipolitischen Veranstaltungen und Demonstrationen, oder auch besonders an terroristische Anschläge. Wie dadurch verursachte Verunsicherungen und Ängste politisch ausgenutzt werden, zeigt fast täglich ein Blick in die Zeitung oder andere Medien. Vgl. zur Identität auch Kuld, Gott.

432 Diese Sichtweise geht zurück auf Jean-Francois Lyotards These, dass die großen Erzählungen an ein Ende gekommen sind und das philosophische System der Moderne gescheitert ist (Lyotard, Wissen). Man spricht neuerdings von einer postfaktischen Gesellschaft, in der es nicht mehr um Fakten und Wahrheiten, sondern um Gefühle, Meinungen und »alternative Fakten« geht.

Gute Einblicke dazu geben die Artikel: http://www.cicero.de/salon/politik-und-wahrheit-willkommen-in-der-postfaktischen-welt; http://www.nzz.ch/ meinung/kommentare/googeln-statt-wissen-das-postfaktische-zeitalter-ld.111900 (7.2.2017).

schen mit seinen Bedürfnisse und Nöten. Der »Nächste« wird letztlich belanglos. Gleichgültigkeit verhindert die Begegnung, die Herausforderung durch die Verschiedenheit des Anderen. Damit wird auch verhindert, an der Fremdheit des Anderen wachsen zu können und sich selbst zu finden. Kritikloser Pluralismus ohne Maßstab, hat die Gleich-Gültigkeit *aller* Werte zur Folge und führt damit zur Gleichgültigkeit gegenüber allem und jedem. Ein lebensförderlicher Umgang, eine wertschätzende Begegnung, ein Miteinander der Verschiedenen ist ohne Maßstäbe, die Orientierung für das Zusammenleben bieten, nicht möglich.

5 Der Umgang mit Vielfalt und Differenz ist eine bedeutende Frage der Gegenwart. Die theologische Perspektive bietet in diesem Zusammenhang die nötige Orientierung an. Zunächst bewahrt der Gedanke der Fremdheit und Unverfügbarkeit des Einzelnen vor unberechtigten Übergriffen auf seine Individualität und sichert die für den persönlichen Freiraum nötige Distanz. Zugleich wird aber erkennbar, dass niemand für sich alleine leben kann. Jeder ist auf Gemeinschaft und Verbundenheit angewiesen. Die Gestaltung des Zusammenlebens kann gelingen, wenn sie getragen wird von einer Haltung der Anerkennung der Gleichwertigkeit aller, ungeachtet ihrer individuellen Besonderheiten. Damit ist ein kritischer Maßstab gegeben gegenüber einer »Vielzahl politischer, ethischer und kultureller Diskurse, in denen Menschsein gegenwärtig unter Absehung von den ›anderen‹ reflektiert und artikuliert wird.«[433] Das soll im folgenden Abschnitt exemplarisch an der aktuellen Debatte zur Inklusion verdeutlicht werden.

4.3.2 Gleichheit und Differenz in der Inklusionsdebatte

Das Stichwort »Inklusion« verweist auf die aktuelle Diskussion über das Verhältnis von Gleichheit und Differenz in Schule und Gesellschaft.[434] In der sozialwissenschaftlichen Theoriediskussion beschreibt das Konzept der Inklusion eine Gesellschaft, in der jeder Mensch gleichberechtigt und selbstbestimmt teilhaben kann – unabhängig von Geschlecht, Alter oder Herkunft, von Religionszugehörigkeit oder Bildung, von eventuellen Behinderungen oder sonstigen individuellen Merkmalen. Zugehörigkeit und Anerkennung sind elementare Voraussetzungen für gelingendes und als sinnvoll erlebtes Leben. Blickt man aus dieser Perspektive auf die gegenwärtige Gesellschaft, fallen vielfältige Tendenzen zur Separation und Exklusion ins Auge. Betroffen sind vor allem Randgruppen, z. B. Menschen in Armut, Menschen mit Migrationshintergrund oder mit Behinderungen. Im Diskurs über separierende und segregierende Strukturen bedeutet Inklusion: Marginalisierte Personen und Personengruppen werden nicht aus dem Blickwinkel der Mehrheit und der »Normalität« wahrgenommen

433 Reinmuth, Anthropologie, 257, unter Berufung auf den Epheserbrief, der weltweite Ökumene thematisiert.

434 Die inzwischen fast unüberschaubar gewordene Literatur kann hier nicht dargestellt werden. Die bisher umfassendste und aktuellste Darstellung findet sich bei Schweiker, Prinzip. Vgl. auch Liedke/Wagner, Inklusion. Das Sammelwerk enthält Aufsätze zu Inklusion in Kirche und Gesellschaft.

und bewertet. Vielmehr wird die Anerkennung von Vielfalt und Differenz als Grundlage sozialer Beziehungen betont.

Wichtige Impulse kommen in der aktuellen Debatte aus der (Sonder-)Pädagogik und der Inklusionspädagogik.[435] Sie bringt insbesondere die Perspektive von marginalisierten Risikogruppen in der Gesellschaft ein. Es ist ein Kriterium für gelingende oder verfehlte Inklusion, ob und wie ihre besondere Situation berücksichtigt wird. Es geht darum, dass sich alle als zugehörig ansehen und als Teil der Gemeinschaft erleben können.

1 Annedore Prengel prägte in diesem Zusammenhang den Begriff der *egalitären Differenz*.[436] Damit ist gemeint: Jeder Mensch hat ein Recht auf Gleichheit. Dieses Recht bezieht sich auf den Zugang zu Bildungsinstitutionen und auf die gleichberechtigte Teilhabe am gesellschaftlichen Leben. Daneben gilt auch das Recht auf Differenz. Jeder Mensch hat Anspruch darauf, in seiner individuellen Besonderheit respektvoll anerkannt zu werden und nach seinen individuellen Möglichkeiten lernen und leben zu können. Alle Menschen sind gleich »hinsichtlich ihrer körperlichen und emotionalen Grundbedürfnisse und hinsichtlich ihres Rechts auf Bildung und weiterer Rechte.«[437] Auf dieser Grundlage differenziert Prengel vier Aspekte von Heterogenität:

- Zunächst erscheint Verschiedenheit als *Vielfalt*: Menschen sind unterschiedlich hinsichtlich ihrer Religion, ihrer Begabungen und Fähigkeiten, in Bezug auf besondere Interessen, Einschränkungen und vieles mehr. Diese real existierende Verschiedenheit in allen Lebensbereichen ist eine Herausforderung, gemeinsames Lernen und Leben in gleichberechtigter Gemeinsamkeit zu ermöglichen.
- Mit *Vielschichtigkeit* beschreibt Prengel die Beobachtung, dass sich schon in der Persönlichkeit *eines* Menschen unterschiedliche Dimensionen gelegentlich überschneiden und durchdringen. So können ganz verschiedene Motive zu einem bestimmten Verhalten, wie Aggressivität oder auch Hilfsbereitschaft, führen.
- Des weiteren ist Heterogenität nicht starr, sondern prozesshaft zu denken. Das beschreibt Prengel unter dem Aspekt der *Veränderlichkeit*. Weil Menschen sich verändern, dürfen Aussagen und Urteile niemals festschreiben und fixieren, sondern sind als »vorläufig gültige Arbeitshypothesen« zu verstehen.
- Besonders wichtig ist es deshalb viertens, Heterogenität auch als *Unbestimmbarkeit* zu verstehen. Es ist unmöglich, einen Menschen endgültig und umfassend zu beschreiben oder zu diagnostizieren. Pädagogen brauchen »Offenheit für Unbestimmtes, Unvorhergesehenes, Unbekanntes und damit auch für Spontaneität, Eigenlogik und Kreativität sowie eine vehemente Kritik an etikettierenden Zuschreibungen.«[438]

---

435 Vgl. dazu umfassend Schweiker, Prinzip, 139ff.

436 Prengel, Differenz. In ihrem grundlegenden Werk, »Pädagogik der Vielfalt«, bezieht sie sich schon 1993 (2006) auf interkulturelle, feministische und integrationspädagogische Konzepte.

437 Prengel, Inklusion, 34. Sie bezieht sich in diesem Aufsatz auf Kinder. Ich referiere den Ansatz hier in einer allgemeinen Form.

438 Prengel, Inklusion, 36.

2 Ähnlich argumentiert auch Helmut Reiser. Er hebt insbesondere die Prozesshaftigkeit von Inklusion hervor. Autonomie und Interdependenz sind als Gegensätze aufeinander bezogen. Das führt zu einer dynamischen Grundbewegung von Annäherung und Abgrenzung, deren Ziel die Einigung ist. Dabei braucht es keine »einheitlichen Interpretationen, Ziele und Vorgehensweisen, sondern vielmehr die Bereitschaft, die Positionen der jeweils anderen gelten zu lassen, ohne diese oder die eigene Position als Abweichung zu verstehen. Einigung bedeutet den Verzicht auf die Verfolgung des Andersartigen und stattdessen die Entdeckung des gemeinsam Möglichen bei Akzeptanz des Unterschiedlichen.«[439] Solche Einigungsprozesse finden auf unterschiedlichen Ebenen statt. Sie beginnen beim Individuum im innerpsychischen Bereich, und erweitern sich über die interpersonelle, interaktionelle, situativ-ökologische, institutionelle, gesellschaftliche Ebene bis zum transzendierenden Bereich. Alle unterschiedlichen Ebenen stehen in dynamischer Wechselwirkung.

3 Der Diversity-Ansatz wird in Schulen, auf kommunaler Ebene, in der Wirtschaft und im Non- Profit-Sektor diskutiert.[440] Das Konzept steht für die Vielfältigkeit und Unterschiedlichkeit von Lebensstilen und -entwürfen, die eine Gesellschaft charakterisieren. Es geht explizit darum, menschliche Vielfalt als etwas Positives zu begreifen und ihr hohes Potenzial für gesellschaftliche und ökonomische Entwicklung zu erkennen. Der Ursprung dieses Ansatzes liegt in der US-amerikanischen Human Rights-Bewegung und deren Bemühen um Antidiskriminierung. Inzwischen ist der Ansatz aber auch als Konzept für die Personalentwicklung in Wirtschaftsunternehmen attraktiv geworden. Studien haben den ökonomischen Vorteil nachgewiesen, der in einer gezielten Förderung von Heterogenität in den Betrieben liegt. Diversity Management erweitert den Pool an Fachpersonal durch Personal, das diverse ethnische Hintergründe, kulturelle oder sexuelle Orientierungen aufweist. Diese Vielfalt unterstützt die Erschließung neuer Märkte ebenso wie die Entwicklung neuer Produkte. Außerdem steigen Zufriedenheit und Motivation des Personals, weil und wenn sich jede/jeder individuell stärker wahrgenommen und mit dem persönlichen Potential wertgeschätzt fühlt. Damit verändert sich unversehens die Begründung – wirtschaftliche und ökonomische Gründe sollen nun die Akzeptanz der Verschiedenheit sichern, sie ersetzen die ethischen und/oder religiösen Werte.

4 Die Begriffe »Aktivität und Teilhabe« werden von der Weltgesundheitsorganisation in der »International Classification of Functioning, Disability and Health« (ICF 2001)[441] verwendet, um die aktuelle Funktionsfähigkeit eines Menschen und/oder deren Beeinträchtigung beschreiben zu können. »Aktivität« meint die Durchführung einer Aufgabe oder einer Handlung (Aktion) durch eine Person. »Teilhabe« bedeutet das Einbezogensein in eine Lebenssituation. Mit diesen beiden Begriffen werden sowohl individuelle Faktoren einer Beeinträchtigung (z. B. körperliche oder psychische

---

439 Reiser in Klein u. a., Prozesse, 37f.

440 Vgl. dazu Schür, Inklusion. Der Artikel bezieht sich auf Kindertagesstätten, stellt aber die grundlegenden Sachverhalte übersichtlich dar.

441 WHO, Klassifikation, 2001. Eine deutsche Version der ICF ist zugänglich über das Deutsche Institut für Medizinische Dokumentation und Information, DIMDI (www.dimdi.de; 27.2.2017).

Schädigungen), als auch soziale Faktoren, die zu einer Behinderung beitragen (z. B. Einstellungen gegenüber Behinderungen oder bauliche Barrieren) in den Blick genommen.

Teilhabe ist Voraussetzung und zugleich ein Ziel von Inklusion. Es geht um das Miteinander unterschiedlichster Mehr- und Minderheiten, wozu auch Menschen mit Behinderungen gehören. Die Gesellschaft muss dafür Sorge tragen, dass der Zugang aller Bürger zu Institutionen und Dienstleistungen unter Berücksichtigung ihrer individuellen Möglichkeiten eröffnet wird.

5 Die Praxis des Miteinanders der Verschiedenen lässt sich auf unterschiedlichen Ebenen diskutieren und darstellen.[442] Inklusion gelingt im sozial-emotionalen Bereich, wenn die Einzelnen zu einer sozialen Gemeinschaft gehören, die ihnen ein unterstützendes Netzwerk aus Freunden und Helfern zur Verfügung stellt. Ein Mensch entwickelt Selbstvertrauen und Selbstbewusstsein, wenn er in seiner Besonderheit und Individualität geachtet wird. Dazu gehört, dass seine Bedürfnisse anerkannt werden und er sich aktiv am Zusammenleben beteiligen kann.

Auf der Ebene von Organisationen funktioniert Inklusion, wenn eine Willkommenskultur gelebt und Diskriminierungen jeder Art vermieden werden. Jeder Mensch muss ungehindert Zugang zu Organisationen und Einrichtungen der Gesellschaft haben und an gesellschaftlicher Kommunikation teilhaben.

Wenn Inklusion gelingen soll, braucht es insgesamt eine Gesellschaft, in der Vielfalt als »Normalität« verstanden und gelebt wird. Dazu gehört ein Klima der Wertschätzung der individuellen Person, der unterschiedlichen Fähigkeiten der Einzelnen und die Bereitschaft zu Solidarität und Interessenausgleich. Dies muss durch rechtliche und gesetzliche Regelungen gesichert werden, braucht aber auch und vor allem eine persönliche Haltung der Akzeptanz und Rücksicht.

6 Wolfhard Schweiker fasst das Prinzip Inklusion interdisziplinär in einigen Grundsätzen zusammen. Leitend ist die erste These: »Inklusion ist ein Prinzip mit einem pluralen Wertekonzept, dass die Relationalität der sozialen Einbezogenheit des Menschen auf der Grundlage der wechselseitigen Achtung der qualitativ bestimmten Menschenwürde und auf der Grundlage eines nicht ausgrenzenden Menschen- und Wirklichkeitsverständnisses beschreibt und zu sichern beansprucht.«[443] Die folgenden Thesen beschreiben in jeweils einem Begriffspaar die Grundlagen von Inklusion genauer:

- »Partizipation und Freiheit: Inklusion ist ein Menschenrecht auf volle, wirksame und kategorial beschreibbare Partizipation und ein, mit den Grundwerten eng verbundenes Menschenrechtsprinzip, das unter der Voraussetzung von Freiheit und übergeordneter Freiheitsrechte gewährt wird. ...
- Differenz und Pluralismus: Inklusion ... vermeidet Formen der Exklusion, die aufgrund unterschiedlichster Differenzen, Heterogenitäten oder Intersektionalitäten vollzogen werden und wahrt ... die Differenzen im Sinne eines harten Verständnis-

442 Ich beziehe mich im Folgenden auf Liedke/Wagner, Inklusion, 33ff.
443 Schweiker, Prinzip, 431.

ses von Pluralismus, das Einheit und Differenz gleichursprünglich zusammen zu denken vermag. ...

- Anerkennung und Gleichheit: Inklusion ist die gleichwertige Anerkennung von Differenzen gegenüber allen Menschen überall und zu allen Zeiten, bei gleichzeitiger ethischer Differenzierung von Grenzfragen der Anerkennung, auf der Grundlage eines normativen Verständnisses von Gleichheit, das philosophisch und anthropologisch vielfältig begründet wird. ...
- Veränderung und Gerechtigkeit: Inklusion ... zielt nicht nur auf die Anerkennung von Differenz, sondern auch auf ... Veränderung, die dazu dient, sowohl diskriminierende Exklusion ... zu vermindern als auch durch ausgleichende Gerechtigkeit ... kompensierend-unterstützende Maßnahmen zu gewährleisten.«[444]

Damit wird deutlich: Inklusion ist ein Wertebegriff, zu dessen Begründung und Durchsetzung theologische Anthropologie einen wichtigen Beitrag leisten kann. Dafür ist es erforderlich, inklusive Prozesse anzuregen, in denen Verschiedenheit berücksichtigt und Einigung möglich wird. Das soll in den nächsten beiden Abschnitten exemplarisch zu den Themen Kommunikation und Sprache, sowie Autonomie und Abhängigkeit ausgeführt werden.

4.3.3 Sprache und Verständigung

Menschen sind darauf angewiesen, ihre biologische Unzulänglichkeit kulturell auszugleichen und zu kompensieren, um überleben zu können. Diese biologische Orientierungslosigkeit begründet eine Unbestimmtheit in den Zielen und Zwecken und die Notwendigkeit nach sozialer Orientierung. Diese Unbestimmtheit ist ein Kennzeichen der Menschheit, damit auch jedes einzelnen Menschen. Das Kulturwesen Mensch (Gehlen) ist darauf angewiesen, sich in seiner Lebensumwelt zu orientieren, das Wahrgenommene zu deuten und einzuordnen. Dies geschieht durch die Bildung von Symbolen und die Entwicklung von Sprache.[445]

1 Sprache ist das »Medium eines Verständigungshandelns zwischen Angehörigen einer Gemeinschaft, die darin kommunikativ aufbereitete Gedanken, Emotionen Normen, Werte, Gegenstände und Orientierungen vermitteln, bewahren und für Zwecke im Rahmen von Kooperationen mutzen können.«[446] Es kennzeichnet den Menschen, dass er sprachfähig und mit Vernunft begabt ist. Beides gehört in der philosophischen und theologischen Tradition seit langem zusammen. Wolfhart Pannenberg bezeichnet die Sprache als das Medium des Geistes.[447] Mit der Sprache der Vernunft können Menschen ihre Welt erforschen, die Ergebnisse in Begriffe fassen und ordnen, sie benennen und so handhabbar machen. Schon die Schöpfungsgeschichte des Jahwisten

---

444 Auszug aus Schweiker, Prinzip, 431–438; im Original z. T. hervorgehoben.

445 Vgl. Kapitel 2.3.5.

446 Hoffmann, Sprache, 426, zu weiteren Beschreibungen vgl. Hoffmann, Sprachwissenschaft.

447 Pannenberg, Anthropologie, 328ff. Vgl.zum Folgenden oben Kapitel 2.5, und Härle, Dogmatik, 431.

erzählt davon, dass Gott dem Menschen die Tiere zuführt, damit er ihnen Namen gibt und sie ihm so zur Hilfe werden (Gen 2,19f.). Bis heute gehört es zum Aufgabenfeld der Naturwissenschaften Unbekanntes zu benennen, einzuordnen und zu kategorisieren und damit auch Unsicherheit und Unwissen zu vermindern.

2 Sprachfähigkeit darf nun aber nicht mit verbaler Artikulationsfähigkeit gleichgesetzt werden. Worte und Gesten gehören zusammen, Mimik und Gesten, Körperhaltung, Kopfbewegungen, Ausrufe und vieles mehr sind ebenso dazu geeignet, sich auszudrücken und auf andere zu reagieren. Es gibt keine Sprache ohne Körper.

Bernhard Waldenfels unterscheidet vier Aspekte der Beteiligung des Körpers am Sprechakt:

Zunächst ist es die Stimme, die spricht, oder die Hand, die Wörter schreibt. Sodann begleiten Gesten zeigend und deutend die Sprachhandlung. Dazu kommen Tonfall, Lautstärke, Rhythmus etc. als weitere Formen des Ausdrucks. Schließlich ist es die »Körpersprache«, die durch Blick, Körperhaltung, Gestik, Mimik, aber auch durch die Kleidung etc., einem Menschen hilft, sich verständlich zu machen.[448] Ebenso vielfältig können auch »Dialoge« geführt werden: Es gibt »beredte« Gespräche ohne Worte, die mit den Augen, Händen und dem ganzen Körper geführt werden. Intime Beziehungen kommen fast ohne »Worte« aus, aber nicht ohne Sprache. Die Gebärdensprache hingegen kommt weitgehend ohne Laute aus, aber nicht ohne Wörter. Sie werden durch Gesten und Mundbewegungen gestaltet. Das körpernahe Konzept der basalen Stimulation ermöglicht eine sensuale Kommunikation über die Nahsinne des somatischen, vestibulären und vibratorischen Wahrnehmungsbereichs.[449]

Menschen kommunizieren also nicht allein mit den Sprachorganen, sondern mit dem ganzen Leib. Rationalität und Gefühl, Sinnlichkeit und Wille sind untrennbar verbunden und können nicht gegeneinander ausgespielt werden.[450] Dieser Aspekt ist nicht nur bedeutsam für Menschen, die aus unterschiedlichen Gründen vorübergehend oder dauerhaft über keine Verbalsprache verfügen. Dieses weite Verständnis von »Sprache« liegt den folgenden Ausführungen zugrunde.

3 Sprache und *Symbolbildung* hängen eng zusammen. Sprache ist also mehr als nur die rationale Benennung und Ordnung der Wirklichkeit. Der Begriff »Symbol« lässt sich etymologisch auf das griechische Wort *symballein* zurückführen und bedeutet wörtlich das »Zusammengefügte.« Zusammengefügt ist in einem Symbol ein äußeres Zeichen und etwas, worauf es verweist. Es repräsentiert eine Wirklichkeit, die unmittelbar nicht zugänglich ist. So ist z. B. eine Nationalflagge nicht nur ein Hinweiszeichen auf ein bestimmtes Land, sie repräsentiert dies gleichzeitig und ist mehr oder weniger verbunden mit Respekt und unterschiedlich ausgeprägten patriotischen Gefühlen. Die Werbung benutzt beispielsweise das äußere Zeichen einer bestimmten Automarke als Symbol für gesellschaftlichen Status und Erfolg, um damit den Verkaufserfolg eines beworbenen Produkts zu erhöhen. Allerdings verlieren Symbole ihre Wirkung, wenn sie in einer Gesellschaft nicht (mehr) gekannt oder anerkannt werden.

---

448 Vgl. Waldenfels, Selbst, 230ff.

449 Vgl. Fröhlich, Stimulation, und Schweiker, Kommunikation.

450 Vgl. auch Liedke, Leben, 386ff.

Der Bedeutungsraum von Symbolen ist also geschichtlich und gesellschaftlich bedingt.

Symbole erschließen »tiefere Dimensionen der inneren Wirklichkeit.«[451] Sie verweisen auf Unsagbares und zeigen so, dass Leben nicht eindimensional und oberflächlich ist. Das gilt auch und besonders für *religiöse Symbole.* Sie repräsentieren die göttliche Wirklichkeit. Insofern transzendieren sie den Alltag und lassen das, was hinter allem Seienden liegt, die Dimension Gottes durchscheinen. Paul Tillich hat überzeugend dargelegt, dass Menschen von den Hoffnungen des Lebens nicht anders als »symbolisch« reden können. Religiöse Symbole »haben einen Gegenstand auszudrücken, der wesensmäßig jede Gegenständlichkeit transzendiert, der aber ebenso wenig durch einen geistigen Akt Gegenständlichkeit erhalten kann. Die religiösen Symbole sind weder gegenständlich noch geistig-sinnhaft fundiert, sie sind unfundiert, religiös gesprochen, sie sind Gegenstand des Glaubens. Sie haben kein anderes Recht als das der *Vertretung* des Unanschaubar-Transzendenten, das ihrer nicht bedarf, um zur Existenz zu kommen.«[452]

Für Paul Ricoeur sind religiöse Symbole *die* Sprache des Sakralen und haben als solche immer einen Doppelsinn, einen Bezug zum Menschen und zugleich einen Sinn- und Bedeutungsüberschuss. Sie »sprechen« von Gott, den Ricoeur das »Absolut-Andere« nennt. Dieses Andere ist durch menschliche Bemühungen nicht zu erkennen. Nur weil Gott sich im Symbol an den Menschen richtet, wird er fassbar, ohne dass er darin aufgeht, verstanden oder definiert werden kann. Im Symbol ist Gott den Menschen nahe und bleibt zugleich unverfügbar. Diesen Bedeutungsüberschuss meint Ricoeur, wenn er sagt: »Das Symbol gibt zu denken.«[453] Im religiösen Symbol kann der Mensch das eigene Leben in seiner Beziehung zu Gott sehen und begreifen. Erlebbar und leiblich nachvollziehbar wird dies z. B. in der Feier des Abendmahls. Aber auch das gemeinsame Bekenntnis des Glaubens wird erst in seiner tiefen Bedeutung erfasst, wenn man es als »Symbol« versteht.

4 »Und Gott sprach: es werde Licht und es ward Licht« (Gen 1,3). Schon am Anfang der Bibel ist zu lesen: *Gottes Wort* begründet die Welt. Das ist keine empirisch nachprüfbare Aussage, keine logische Schlussfolgerung – es ist die Sprache des Mythos. Im Wort ist die Sache selbst gegenwärtig, im Wort Gottes ist die Welt enthalten, durch sein Wort wird sie Wirklichkeit.

»Am Anfang war das Wort, und das Wort war bei Gott und Gott war das Wort ... und das Wort ward Fleisch und wohnte unter uns« (Joh 1,1.14). So beginnt der Evangelist Johannes sein Evangelium von Jesus Christus. Das erinnert an die Schöpfung, geht aber über die mythische Formulierung des Genesistextes hinaus. In dem konkreten Menschen Jesus erscheint Christus als das Wort Gottes, der *Logos.* In seinem Tun und Reden, im Leben und Sterben und Auferstehen ist er das Wort Gottes an die Menschen. So wird dieses »Wort« fassbar und (an)greifbar – und zwar im leiblichen Sinn. Der göttliche Logos versprachlicht sich nicht nur, er »verleiblicht« sich.

---

451 Vgl. dazu Biehl, Symbole.

452 Tillich, Symbol, 197f.

453 Ricoeur, Interpretation, S. 51.

Für die christliche Theologie hat das »Wort Gottes« eine entscheidende, grundlegende Bedeutung. Die Bibel wird als »Wort des lebendigen Gottes«[454] verstanden, in dem Gott sich den Menschen zugänglich macht. Gott spricht die Menschen auf vielfältige Weise an, und die Bibel ist voll von Geschichten, die das weitergeben und davon erzählen. Durch menschliche Sprache mit all ihren Möglichkeiten und Grenzen will Gott zu Wort kommen, gehört werden. Menschenwort und Gotteswort sind dabei aber nicht identisch, sie sind und bleiben grundlegend unterschieden. Darum ist es kein Widerspruch, wenn biblische Überlieferungen kritisch reflektiert und auf ihre historischen Zusammenhänge befragt werden.[455] Die Autorität des biblischen Wortes liegt in seiner Botschaft, nicht im Wortlaut. Das meint Paulus und auf ihn Bezug nehmend Martin Luther mit der Unterscheidung zwischen Buchstaben und Geist (vgl. 2Kor 3,3–9).

Die Antworten des Menschen auf Gottes Anrede haben vielfältige Sprachformen. Gegenüber Gott ist es das Gebet in Lob und Klage, Dank und Bitte, wie die Psalmen eindrücklich zeigen. Der Vollzug von Ritualen und die Feier können ebenso religiöse Ausdrucksformen sein wie Musik, Tanz, Bewegung und/oder bildnerische Darstellungen. Manches wird sich auch nicht in gesprochene Worte fassen lassen, sogar das Verstummen gehört zuweilen dazu.

Die Herausforderung und das Dilemma theologischen Redens über Gott, hat schon der Kirchenvater Augustin treffend beschrieben: »Kläre mich auf, o Herr, und lass mich erkennen, ob wir dich zuerst anrufen oder dich preisen; ob wir dich eher erfassen als anrufen sollen? Doch wer ruft dich an, solange du ihm unbekannt bist? Könnte dich, der dich nicht erkennt, statt dessen ein anderes Wesen anrufen? Oder wirst du zuvor angerufen, auf dass du erkannt werdest? Wie sollen sie aber anrufen, an den sie nicht glauben?«[456] Theologische Sprache, das wird hier klar erkennbar, hat einen Gegenstand, der ihre Ausdrucksfähigkeit grundsätzlich übersteigt. Dennoch behauptet sie, »die über das Ganze der Welt und des Menschen entscheidende Wahrheit zur Sprache«[457] bringen zu können. Allerdings bleibt diese Wahrheit auch in der theologischen Sprache unverfügbar. Sie hat zwar eine »religiöse Tiefendimension« ist aber keine »unmittelbare, inspirierte Einheit mit der göttlichen Wahrheit. ... Das christliche Reden (sc. bleibt) von dem göttlichen Wort unterschieden, das sein Inhalt ist, aber seine Wahrheit nicht unmittelbar durch das Reden der Christen, sondern durch die Zukunft seines Reiches und durch dessen vorlaufende Zeichen bekundet.«[458]

5 Das Wort Gottes, wie es in Jesus Christus leibhaft geworden ist, richtet sich an alle Menschen und an jeden einzelnen. Darum ist es die Aufgabe von Theologie und Kirche, im Namen Gottes zu sprechen, und dafür je nach Situation tröstende, erinnernde, anklagende und befreiende »Symbole« zu finden. In jedem Fall aber ist die

---

454 Mit diesen Worten endet in der katholischen Messe die Lesung des Evangeliums.
455 Vgl. Kapitel 3; Janowski, Konfliktgespräche, 1ff. und auch Müller, Gott, 222ff.
456 Augustin, Bekenntnisse, 1,1.
457 Pannenberg, Anthropologie, 383.
458 Pannenberg, Anthropologie, 384.

Sprachform so zu wählen, dass die Adressaten verstehen können und verstanden werden. »Wer mit den Leuten seiner Umgebung kommunizieren und von ihnen lernen will, muss zunächst deren Sprache lernen und deren kulturellen Grundmuster verstehen. In einer differenzierten Gesellschaft wie der unsrigen ist es dabei nicht mehr selbstverständlich, dass Sprache, Kultur, Ästhetik, Wertorientierung und Alltagspraxis ähnlich sind.«[459]

Die Sinus-Studien erforschen seit vielen Jahren die sozialen Milieus in der heutigen Gesellschaft. Sie untersuchen Werte, Lebensziele, Lebensstile, Einstellungen und den sozialen Hintergrund von Mitgliedern der Gesellschaft und fassen die Ergebnisse in 10 verschiedenen Clustern zusammen. Diese Milieus bilden so die soziokulturelle Vielfalt ab, sie setzen sich zusammen aus Menschen, die je eigene kulturelle Muster ausbilden. Diese Muster helfen ihnen, sich einerseits zugehörig zu fühlen und sich von den anderen abzugrenzen. »Mit den Sinus-Milieus versteht man, was die Menschen bewegt und wie sie bewegt werden können. Denn die Sinus-Milieus nehmen die Menschen ganzheitlich wahr, im Bezugssystem all dessen, was für ihr Leben Bedeutung hat.«[460]

Die Kenntnis der sozialen Milieus kann helfen, Zugangsmöglichkeiten zur Kommunikation mit Menschen zu eröffnen. Die Ergebnisse einer Sinus-Milieu-Kirchenstudie 2013[461] zeigen, dass die (katholische) Kirche in vielen Milieus nur noch eine geringe Rolle spielt. Die der Kirche zugehörigen Menschen fühlen sich nicht mehr »angesprochen«. Zugleich zeigt die Studie, dass das Verständnis von Religion und Kirche in den einzelnen Milieus sehr spezifisch und unterschiedlich ist. Es gibt in einer pluralisierten Gesellschaft keine eindeutigen, allgemeingültigen Vorstellungen von Lebenssinn und Spiritualität. Umso wichtiger ist es, unterschiedliche Ausdrucks- und Sprachformen zur Verfügung zu haben. Das Sinus-Institut formuliert im Blick auf Unternehmen: »Um Menschen zu erreichen, muss man ihre Befindlichkeiten und Orientierungen, ihre Werte, Lebensziele, Lebensstile und Einstellungen genau kennen und verstehen.«[462] Das gilt sicher nicht nur für Wirtschaftsunternehmen.

Es ist also erforderlich, vielfältige Sprach- und Ausdrucksformen für das »Wort Gottes« zu finden. Das haben Kirche und Theologie schon seit ihren Anfängen immer wieder versucht und eingefordert. In Kapitel drei konnte dargelegt werden, wie das in den biblischen Schriften versucht wird. Martin Luther hat eindrücklich gefordert, die Kirche müsse »dem Volk aufs Maul schauen« und darum die Bibel in die deutsche Sprache übersetzt. Die Basisgemeinden in Lateinamerika und Asien versuchen, den

---

459 Mit diesen Worten wird in das Portal »Milieus und Kirche« eingeführt http://www.milieus-kirche.de (8.2.2017). Zu »Milieu« vgl. ausführlich Kuld, Gott.

460 So die Selbstdarstellung des Sinus-Instituts. http://www.sinus-institut.de/sinus-loesungen/si nus-milieus-deutschland (8.2.1017). Das Sinus-Institut betreibt Markt- und Sozialforschung, Zielgruppe der Untersuchung sind also vornehmlich Unternehmen und Wirtschaftsbetriebe.

461 Die Studie wurde von der katholischen Kirche in Auftrag gegeben, die Befragung richtete sich ausdrücklich und ausschließlich an katholische Kirchenmitglieder.

462 http://www.sinus-institut.de/fileadmin/user_data/sinus-institut/Downloadcenter/Informationen_zu_den_Sinus-Milieus.pdf.

christlichen Glauben im konkreten Leben der Menschen ihrer Gesellschaft zu verankern. Sie stehen beispielhaft für eine Verbindung von Bibellektüre und -interpretation, geistlichem Leben und gesellschaftspolitischem Engagement.[463]

Im Blick auf das weite Verständnis von Sprache, das oben beschrieben wurde, ist noch einmal zu betonen, dass insbesondere die Sprache der Symbole und die leiborientierte Kommunikation geeignet sind, das Wort Gottes umfassend und ganzheitlich zu kommunizieren. So kann sich religiöse Sprache von der Reduktion auf gesprochene oder geschriebene Wörter befreien.

Leiblich-basale Kommunikationsformen können und sollen verbale Kommunikationsformen ergänzen und vertiefen. Sie sind als gleichwertig und gleichberechtigt einzuschätzen und richten sich nicht etwa nur an Menschen mit körperlichen und geistigen Einschränkungen. Sie eröffnen allen Menschen Zugänge zu den Inhalten der Bibel, die nicht in erster Linie von rationalem Verstehen, sondern durch ganzheitliche Wahrnehmungsmöglichkeiten geprägt sind. »Theologisch gesprochen können sie im Sinne einer Übersetzungsleistung in den Dienst des gesprochenen und geschriebenen Wortes des Evangeliums gestellt werden. Zu bedenken ist hierbei, dass das Wort ... nicht vorgegeben ist, sondern sich im Kommunikationsprozess des Evangeliums konkretisiert. Die Übersetzungsleistung in leiblich-basale Kommunikationsformen vollzieht sich in einem offenen und unverfügbaren Prozess einer möglichen Vertiefung der Kommunikation des Evangeliums.«[464]

6 Alle Menschen sind von Beginn ihres Lebens an und voraussetzungslos darauf angewiesen, sich auszudrücken. Dadurch können sie sich selbst und den Anderen wahrnehmen und ihr Handeln wechselseitig interpretieren. In diesem Sinne sind alle Menschen sprachfähig. Das Sprechen aber muss jeder Mensch lernen. Was und wie er lernt hängt von der Umgebung ab: davon, was andere zu ihm sagen, ob sie ihm zuhören und ob sie eine gemeinsame Sprachebene finden. Kommunikation ereignet sich also in einem gemeinsamen. Peter Rödler betont besonders die Rolle des Hörers im Kommunikationsprozess. Es ist seine Aufgabe und Verantwortung, sich auf die Äußerungen des Anderen einzulassen und zu versuchen, diese zu verstehen. Ein Mensch »gewinnt ... einen Ort im Sprachraum nur dann, wenn er gehört wird. Sprache entsteht sozusagen nicht am Mund des Sprechers, sondern am Ohr des Hörers, wobei dessen Qualität nicht allein darin besteht, kleine und unkonventionelle Signale überhaupt wahrzunehmen, sondern vor allem auch in der Bereitschaft, der fremden Perspektive des anderen die Gelegenheit zu geben im eigenen Denken eine Spur zu hinterlassen, das eigene Ich am Du des Anderen werden zu lassen.«[465] Dialog und Verständigung können gelingen, wenn Unterschiede wahrgenommen und anerkannt werden, und die Freiheit und Autonomie der Partner gewährleistet ist. Indem sie sich gegenseitig wahrnehmen, kommen sie »zur Sprache.«

Sprache stirbt, wenn die Verständigung zum Wissen über den Anderen umfunktioniert wird, wenn also die Vorstellungen die die Gesprächspartner voneinander entwi-

---

463 Vgl. dazu z. B. Schoenborn, Kirche.

464 Schweiker, Kommunikation, o.S.

465 Rödler, Theorie, 92.

ckeln, als Faktum gelten und den Anderen darauf festlegen. Das gilt besonders für den »Dialog in asymmetrischen Beziehungen.«[466] Mit dieser Formulierung bezeichnet Peter Radtke Gesprächsbeziehungen, in denen die Beteiligten nicht auf Augenhöhe kommunizieren. Sie sind nicht gleichberechtigt, weil Abhängigkeiten bestehen oder weil die je eigene Sprache der Sprache des Anderen überlegen zu sein scheint. In Bezug auf Menschen mit schweren Kommunikationsstörungen fragt er selbstkritisch: »Heißt der Umstand, dass es uns schwer fällt, mit dem Gegenüber auf unseren üblichen Kommunikationswegen in Kontakt zu treten, dass dessen Instrumentarien fehlerhaft wären? Vielleicht geht nur uns das nötige Sensorium ab, um seine Impulse richtig zu deuten.«[467]

4.3.4 Autonomie und Abhängigkeit

Beziehungen zwischen Menschen sind geprägt von dem Bestreben des Einzelnen nach Autonomie und zugleich von dem Angewiesensein auf das Miteinander. Kommunikation braucht Räume und Möglichkeiten der Begegnung und des Austauschs. Sie wird nur gelingen in einer Atmosphäre des Vertrauens und der Offenheit, in der die Autonomie und die Freiheit der Gesprächspartner gewährleistet ist. Darum geht es in diesem abschließenden Abschnitt.

1 Jeder Mensch möchte über sich selbst bestimmen und entscheiden können, wie er leben will und kann, unabhängig von den Meinungen anderer, von Bedingungen und Konventionen, die von außen gesetzt werden. Das Wohlbefinden eines Menschen hängt davon ab, inwieweit er dieses Bedürfnis befriedigen kann. Autonomie ist darum ein hoher Wert: Gesellschaftsformen werden daran gemessen, ob und inwieweit ihre Mitglieder ihre persönlichen Lebensentwürfe autonom gestalten können. »Positiv wird Autonomie bestimmt als ein Vermögen von Personen, über ihre unmittelbaren Präferenzen zu reflektieren und diese gegebenenfalls zu verändern, vor allem, wenn diese Präferenzen nicht mit grundlegenden Prinzipien und Werten übereinstimmen, die aufzugeben eine Person eigentlich keinen Grund sieht. ... Personale Autonomie bedeutet also, dass eine Person ihre unmittelbaren Wünsche und Begehren kritisch reflektiert.«[468] Damit verbunden ist das Recht, Entscheidungen frei fällen zu können, ohne dass andere sich unbefugt und übergriffig in diesen Prozess einmischen.[469] Wenn die Selbstbestimmung eines Menschen eingeschränkt wird, gilt dies als Verlust von Freiheit.

Zu beachten ist aber: Es gibt keine Autonomie ohne Abhängigkeit. Menschen leben zusammen mit anderen Menschen in einer wie auch immer gearteten Gemeinschaft. Es ist erforderlich, sich gegenseitig zu respektieren und Kompromisse mit den Wünschen und Lebensentwürfen anderer zu schließen. Im Zweifelsfall kann es geboten sein, sich gegen die Vorstellungen und Ansprüche anderer Men-

---

466 Radtke, Dialog. Vgl. auch die Ausführungen zum Bilderverbot Kapitel 4.2.1 und 4.3.1.

467 Radtke, Dialog, 12f.

468 Pauer-Studer, Autonom leben, 184.

469 Zu der damit verbundenen Willensfreiheit vgl. Kapitel 4.4.3.

schen abzugrenzen. Es gibt aber auch Situationen, in denen ein Mensch, gerade um sich wohlzufühlen, freiwillig auf einen Teil der Selbstbestimmung verzichtet und sich von anderen Menschen fremdbestimmen lässt. Autonom ist man also immer nur in Gemeinschaft mit anderen, darum muss genau ausgelotet werden, wie Autonomie des Einzelnen mit seinen Solidarverpflichtungen in einer Gesellschaft zusammen gedacht werden kann. Zu einer autonomen Person gehört – so lässt sich jetzt schon genauer sagen – »die Fähigkeit, die Form des Lebens, das man führen will, selbst zu bestimmen, sofern dies mit der gleichen Freiheit von anderen verträglich ist.«[470]

Autonomie im bisher beschriebenen Sinn ist eine idealtypische normative Kategorie. Für Wilfried Härle ist Autonomie »ein *zuviel* versprechender Begriff. Nimmt man ihn uneingeschränkt und wörtlich, so ist er auf *keine* irdische Instanz anwendbar.«[471] Man könne ihn deshalb nur abgeschwächt (relative Unabhängigkeit) oder beschränkt (auf bestimmte Bereiche) gebrauchen.[472] Dennoch kann auf den Begriff und vor allem auf das damit Gemeinte nicht einfach verzichtet werden. Der emanzipatorische Anspruch der Forderung nach Autonomie ginge sonst verloren. Umfragen zeigen zudem, dass Zweifel an der menschlichen Autonomie das soziale Miteinander schwächen: »Je stärker jemand die Autonomie des Menschen bezweifelt, desto seltener fordert er Vergeltung für ein Vergehen – niemand müsse für eine Tat büßen, für die er nichts könne.«[473] Es muss ein also Verständnis von Autonomie gewonnen werden, das Abhängigkeit nicht ausschließt.

2 Damit ein Mensch ein weitgehend selbstbestimmtes Leben führen kann, müssen bestimmte Bedingungen gegeben sein. Autonomie und Freiheit gehören eng zusammen, das erklärt sich von selbst. Das Recht des Einzelnen auf autonome Lebensgestaltung muss politisch und sozial abgesichert sein. Um ein hinreichend gutes Leben führen zu können, braucht ein Mensch realistische Möglichkeiten, das eigene Leben zu planen und zu gestalten. Dazu gehören nicht zuletzt auch angemessene finanzielle Ressourcen – Armut schränkt die Selbstbestimmung ein.[474]

Gilt die Forderung nach Gleichheit der Chancen und Ressourcen für alle, dann ist damit automatisch auch Spielraum für Differenz gegeben. Die Verschiedenheit der Individuen macht deutlich, dass Gleichheit nicht bedeuten kann, dass jeder die gleiche Unterstützung erhält. Sie muss vielmehr auf die jeweiligen, individuellen Bedürfnisse ausgerichtet sein. Eine selbstbestimmte Lebensführung ist auch nicht immer gleichzusetzen mit Selbstständigkeit. Menschen sind in den ersten Lebensjahren, durch körperliche oder geistige Einschränkungen, oder am Ende des Lebens auf Hilfe und

---

470 Pauer-Studer, Autonom leben, 194.

471 Härle, Autonomie, 229.

472 Ammicht-Quinn, Menschenwürde, 20. Regina Ammicht-Quinn weist darauf hin, dass in einem auf Autonomie fokussierten Menschenbild »bestimmte Bereiche menschlichen Lebens und bestimmte Menschen ... nicht vorkommen: Menschen am Anfang und Ende des Lebens, Menschen, die nicht ohne Hilfe, aber auch nicht ohne Zuneigung und ohne Zuwendung auskommen. Wir alle also.«

473 Shariff/Vohs, Welt, 86.

474 Vgl. dazu die Stichworte Aktivität und Teilhabe (Kapitel 4.3.2).

Unterstützung angewiesen. Auch Menschen mit begrenzten Möglichkeiten, ihre Freiheit zu leben, ist eine größtmögliche Autonomie zu gewährleisten.[475]

Eike Bohlken und Hans-Martin Brüll entwickeln in diesem Zusammenhang das Modell von »Autonomie in Beziehung.«[476] Ein Verständnis, das Autonomie an bestimmte Eigenschaften eines Menschen, wie etwa seine Vernunft bindet, ist unzureichend. Es kann nicht für alle Menschen gelten. Die Autoren heben demgegenüber die soziale Beziehungsfähigkeit des Menschen hervor. »Autonomie ist immer auch an soziale Beziehungen geknüpft. Dabei geht es um die leibliche Grundlage, aufgrund derer wir auf ein anderes Wesen als Mensch reagieren. Eine Person hat nicht nur einen räumlich und zeitlich lokalisierbaren Körper, sondern einen mit einem Antlitz versehenen Leib. Es ist die in diesem Leib und insbesondere im Gesicht verkörperte ›Menschlichkeit‹, die uns anspricht und uns ein Wesen als geeigneten Adressaten für eine Kommunikationsaufnahme erscheinen lässt.«[477] Autonom ist ein Mensch also nicht, wenn und weil er vernunftorientiert seine Wünsche und Präferenzen abwägen und begründen kann, sondern weil er fundamental auf Beziehung zu anderen ausgerichtet ist und auch mit leiblichen Ausdrucksformen seine Wünsche äußern kann. »Ziel des sozial autonomen Beziehungsgeschehens ist es, in der Begegnung Selbst sein zu dürfen bei der Chance anders zu werden.«[478] Spricht man von »Autonomie in Beziehung«, dann ist das eine qualitative Erweiterung eines individualistischen, kognitivistischen und solitär verstandenen Autonomiebegriffs. Mit dieser erweiterten Definition kann von Autonomie sowohl in symmetrischen als auch in asymmetrischen Beziehungen gesprochen werden. Zugleich wird erkennbar: Autonomie in Beziehung ist nicht ohne Abhängigkeit zu denken, die beiden Begriffe bedingen sich und begrenzen sich gegenseitig.

Abhängigkeit kann so als ein positiver Begriff zurückgewonnen werden, der Wesentliches über den Menschen aussagt. Abhängigkeit hat zwar allgemein die Konnotation von Unfreiheit, Fremdbestimmung, Zwang, Bevormundung etc. und ist in diesem Sinn ein Gegenbegriff zu Unabhängigkeit und Freiheit des Individuums oder von Gruppen. In der Verbindung mit sozialer Autonomie aber wird deutlich: Es ist nicht so sehr die Abhängigkeit, vor der man sich fürchten muss, sondern »vielmehr unser Leugnen von Abhängigkeit; dass Abhängigkeit eigentlich eine reiche und unentbehrliche Quelle menschlicher Beziehung ist.«[479]

---

475 Pauer-Studer, Autonom leben, 207, spricht in Bezug auf komatöse oder geistig schwerstbehinderte Menschen, mit denen Kommunikation nicht (mehr) möglich ist, von »Stellvertreter-Autonomie.«

476 Bohlken/Brüll, Autonomie.

477 Bohlken/Brüll, Autonomie, 20. Sie beziehen sich dabei auf den jüdischen Philosophen E. Lévinas.

478 Bohlken/Brüll, Autonomie, 22. Damit kann Härle widersprochen werden; dieses Verständnis von Autonomie ist nicht »utopisch« (vgl. Anm. 53).

479 Kittay, Suche, o.S. Die Philosophin Eva Kittay schreibt diesen Satz in einem Essay, in dem sie sich mit der Frage auseinandersetzt, was die Geburt ihrer schwerbehinderten Tochter für philosophisches Nachdenken bedeutet. Vgl. zum Ganzen auch Nussbaum, Grenzen, 138ff.

3 Die Beziehung von Autonomie und Abhängigkeit kann aus theologischer Perspektive noch weiter begründet und präzisiert werden. Ich greife dafür auch auf Aussagen zurück, die in den vorigen Abschnitten erarbeitet wurden.

Jeder Mensch verdankt sein Leben dem schöpferischen Willen Gottes. Von ihm ist er zum Ebenbild und zur Gemeinschaft bestimmt. Der besondere Wert und die Würde des einzelnen Menschen, die ihm von Gott zuerkannt werden, beinhalten das Recht auf Selbstbestimmung und Eigenverantwortung für jeden.

Der Mensch ist ein Beziehungswesen. Die Gleichheit aller »in Christus« übergreift die individuellen Unterschiede zwischen den Menschen. Diese müssen also nicht aufgehoben oder nivelliert werden, vielmehr gelten sie als konstitutiv für die Gemeinschaft. Es gehört also zum Menschsein, mit anderen zusammenzugehören, auf sie und ihre Hilfe angewiesen und zugleich für sie verantwortlich zu sein. Ein »angewiesener« Mensch aber ist sich nicht selbst genug, er kann nicht ohne den anderen leben.

Die Freiheit des Menschen ist verdankte Freiheit. Dieser Gedanke bringt Autonomie und Heteronomie in ein gutes Verhältnis. Er bewahrt vor Selbstüberforderung und gleichzeitig vor Fremdbestimmung. Gott gewährt dem Menschen Freiheit und sichert sie zugleich.

Autonomie bedeutet also nicht Unabhängigkeit um jeden Preis. Die Freiheit des Einen hat am Anderen eine unüberwindbare und uneinholbare Grenze. Sie begrenzt die Freiheit des Subjekts und befreit sie damit aus Schrankenlosigkeit, die zerstörerisch sein muss. »Der Gegenpol von Zwang ist nicht Freiheit, sondern Verbundenheit.«[480]

Es gehört zum Wesen des Menschen, dass er begrenzt, zeitlich und vergänglich ist. Im Blick auf Herkunft und Ziel seines Lebens ist er angewiesen auf Gott, auf ihn ist sein Leben bewusst oder unbewusst ausgerichtet. Auch der Mensch, der sich von Gott abwendet, bleibt als Geschöpf auf ihn bezogen. Die Abhängigkeit von Gott sichert die Autonomie des Menschen. Das Neue Testament versteht die Zuwendung Jesu zu den Menschen als ein Kennzeichen des Reiches Gottes. Herrschaft Gottes ist durch Hinwendung und Liebe gekennzeichnet. Das hat Konsequenzen für die Gestaltung der Beziehung zwischen Menschen.

Martin Luther vertritt in seiner Schrift »Von der Freiheit eines Christenmenschen« aus dem Jahr 1520[481] zwei Thesen, die sich scheinbar widersprechen, aber für Luther nur zusammen Geltung haben: »Ein Christenmensch ist ein freier Herr über alle Dinge und niemand untertan. – Ein Christenmensch ist ein dienstbarer Knecht aller Dinge und jedermann untertan.« Die erste These bezieht sich auf die von Gott gewährte Freiheit von dem Zwang, sich sein Heil durch Leistung irgendeiner Art verdienen zu müssen, und von der Idee, dass der Mensch vor Gott aus eigener Kraft bestehen könne. Freiheit ist nach christlichem Verständnis nichts, was der Mensch als eigene Möglichkeit vorfindet.

Durch die liebende Zuwendung Gottes zum Menschen wird ein ehrlicher Blick auf sich selbst und das Menschsein möglich, der Blick auf Erfolg *und* Scheitern, auf

480 Buber, Reden, 795.

481 Luther, Freiheit, WA 7, 20–38.

Gelingen *und* die Verstrickung in Schuld sowie die Möglichkeiten *und* Grenzen der eigenen Existenz. Diese Ehrlichkeit ist eine grundlegende Voraussetzung dafür, dass Veränderungen, Schritte in eine humane Welt gewagt werden können. Der Mensch muss sein Leben nicht an Verdienst und Gewinn orientieren, sondern kann es »als freier Herr« gegenüber »allen Dingen« aus der liebenden Zuwendung Gottes gestalten.

Aus der geschenkten Freiheit resultiert dann die Freiheit und die Ermächtigung, für den Mitmenschen als »dienstbarer Knecht« da zu sein. Ein Mensch, dem die Sorge um den eigenen Lebenssinn abgenommen wurde, kann die konkreten Sorgen und alltäglichen Nöte der anderen wahrnehmen. Er kann die Liebe, die er erfahren hat, weitergeben. Diese Haltung ist Ausdruck des Dankes an den Gott, von dem er sich zuvorkommend mit Lebensmöglichkeiten beschenkt und noch in seinem Scheitern gnädig angenommen weiß. Er kann sich in allem den größeren Möglichkeiten Gottes überlassen.

4 Beziehung in Autonomie und Abhängigkeit kann nun abschließend konkretisiert werden mit den Stichworten Mitleid, Hilfe und Solidarität.

Mitleid ist im Sinne von Anteilnahme zu verstehen. Es bedeutet, am Geschick und Leben des Anderen teilzunehmen, sich auf den konkreten Anderen einzulassen und ihn gleichzeitig am eigenen Leben teilhaben zu lassen. Mitleid ist also wechselseitig zu denken, jeder Mensch ist darauf angewiesen. Diese Haltung braucht Offenheit und Vertrauen und eine grundlegende Akzeptanz der Würde und Gleichwertigkeit des Gegenübers.

Mitleid ist allerdings nicht zu verwechseln mit Bemitleidung. Es geht nicht um Sentimentalität oder eine distanzierte Gefühlsregung gegenüber anderen, die letztlich dem eigenen Wohlbefinden dient. Bemitleidung bietet eine Art von Hilfe, die »die Wertigkeit und Überlegenheit des oder der Bemitleidenden bestätigt und festigt damit Herrschaft über Menschen in Not.«[482] So verstanden kann Mitleid im Extremfall sogar »tödlich« sein, wie Klaus Dörner in am Beispiel von Menschen in psychiatrischen Kliniken in erschreckender Weise dargelegt hat.[483] Dörner fordert eine Ethik der Solidarität und der Verantwortung für den Mitmenschen. Sie gründet sich auf ein Menschenbild, das ohne Bedingungen die Würde und Einzigartigkeit aller Menschen akzeptiert, unabhängig von ihrer Nützlichkeit. In der Beziehung zum Anderen ist Lebenssinn zu finden, denn »in jedem Menschen ist der Möglichkeit nach die ganze Menschheit enthalten.«[484] Auch wenn diese Forderung beinahe utopisch klingt, stimmt sie doch mit dem christlichen Menschenbild überein.

Die Verbindung von Autonomie und Abhängigkeit macht auch *Helfen* zu einer gemeinsamen und wechselseitigen Aufgabe. Solidarische Hilfeleistung ist eine Herausforderung, miteinander Not zu wenden und Leid zu mindern. In jeder helfenden

482 Kleres, Narrative, 272. Er unterscheidet unter Berufung auf Hannah Ahrendt zwischen Mitleid, Bemitleidung und Solidarität (267).

483 Dörner, Mitleid. In den Mittelpunkt seiner Sozialgeschichte der Psychiatrie stellt Dörner die Begegnung von Primo Levi mit dem SS-Arzt Pannewitz. Der »Blick« des Arztes taxierte die Menschen nach verwertbaren bzw. auszurottenden Faktoren.

484 Dörner, Mitleid, 94, unter Bezug auf den jüdischen Philosophen Lévinas.

Beziehung ist nun immer auch eine strukturelle Asymmetrie enthalten. Der Hilfesuchende gibt Autonomie ab und der Helfer gewinnt Macht. So kann es geschehen, dass Unselbständigkeit verfestigt wird und Unmündigkeit entsteht. Darum ist es wichtig, dass der Hilfeempfänger nicht als passives Objekt der Hilfeleistung angesehen wird. Vielmehr sind die besonderen Möglichkeiten und Erfahrungen aller Beteiligten zu berücksichtigen und der richtige Weg angemessener Hilfe in gemeinsamer Verantwortung zu suchen. Das geht nicht ohne Austausch und Kommunikation. Helfen heißt Antworten, Antworten aber setzt Hören voraus. So wird Hilfe zur Assistenz, zur Unterstützung, deren Ausmaß und Form von autonomen, aufeinander angewiesenen Partnern bestimmt wird.

Beziehungen zwischen Menschen lassen sich nicht auf den zwischenmenschlichen Umgang von Einzelnen oder Gruppen beschränken. Sie finden in einem gesellschaftlichen Kontext statt, der das Miteinander ermöglicht oder behindert, die Lebensbedingungen sichert und zugleich auch begrenzt.[485] Das ist mit dem Begriff *Solidarität* angedeutet. Solidarität hat es mit Gerechtigkeit zu tun, die gegenüber gesellschaftlich dominierenden Kräften eingefordert wird. Sie richtet sich auf Veränderung leidverursachender Verhältnisse und bekämpft strukturelle Bedingungen, die dazu führen.

Schon im Jahr 1997 veröffentlichten der Rat der Evangelischen Kirche in Deutschland und die katholische Deutsche Bischofskonferenz eine Kundgebung »für eine Zukunft in Solidarität und Gerechtigkeit.« Darin wird Solidarität mit der Angewiesenheit der Menschen aufeinander begründet: »Solidarität meint zunächst die Tatsache menschlicher Verbundenheit und mitmenschlicher Schicksalsgemeinschaft. Wenn Menschen aufgrund von Gemeinsamkeiten, Ähnlichkeiten oder wechselseitigen Abhängigkeiten entdecken, dass sie trotz vielfältiger Unterschiede dennoch ein ›wir‹ bilden, kann aus dieser Tatsache ein Impuls zu solidarischem Handeln entstehen.«[486]

Weil niemand allein leben kann, sind Menschen auf ein solidarisches Miteinander angewiesen. Solidarität bedeutet auch, dass Menschen sich gemeinsam für ihre Interessen einsetzen. Wenn Einzelne zu wenig Macht und Möglichkeiten haben, sich für ihre Bedürfnisse und Rechte einzusetzen, kann solidarisches Handeln zur Veränderungen in Politik und Gesellschaft führen.

Solidarität meint weiter »den Akt der Stellvertretung zugunsten der Schwächeren, also den Einsatz für die, die sich nicht selbst helfen können. Solidarität wird dabei nicht als Ergänzung zur Gerechtigkeit verstanden, sondern geradezu als Kehrseite der Gerechtigkeit selbst.«[487]

Die Basisgemeinden Lateinamerikas[488] sind immer noch ein Modell solidarischer Beziehung mit Vorbildfunktion. Solidarität wird im Sinne einer Option für die Armen, als politisch-diakonischer Dienst an der Gesellschaft interpretiert und gelebt. Durch das Teilen von Lebenserfahrungen, materieller und ideeller Güter, psychischer

---

485 Vgl. Kapitel 2.3.

486 Kirchenamt der EKD, Sekretariat der Deutschen Bischofskonferenz, https://www.ekd.de/EKD-Texte/ 44676.html, Zitat: Abschnitt 116. Vgl. dazu Kuld/Schmid, Lernen.

487 Kuld/Schmid, Lernen, 76.

488 Vgl. http://weltkirche.katholisch.de/Themen/Basisgemeinden (13.2.2017)

und körperlicher Gesundheit, aber auch von Leid und Belastung helfen sich die Mitglieder gegenseitig.

5 Menschliche Beziehungsverhältnisse sind immer auch gefährdet. Es gibt auch Erfahrungen gescheiterter, abgebrochener, gestörter oder verletzter Beziehungen. Jeder kann von Unterdrückungen, Stigmatisierungen und Ausschluss, Verweigerung von Teilhabe im eigenen Leben oder im unmittelbaren Lebensumfeld erzählen. Unvorstellbare Gewalt und Grausamkeit, die Menschen einander antun – zwischen Einzelnen, Gruppen und Völkern, sind aktuelle Erfahrungen und auch in der Geschichte immer wieder erkennbar. Menschen werden aneinander schuldig, sie bleiben einander vieles schuldig. Alle Erklärungsversuche, die diese Möglichkeit des Menschen verteidigen oder schön reden wollen, erweisen sich als Ausflucht. Es gibt keine Entschuldigung, wenn der »Mensch des Menschen Wolf« (Hobbes)[489] wird. Dies darf nicht beschönigt, muss aber auch nicht geleugnet zu werden. Verantwortung ist zu übernehmen.

Christliche Theologie hat für diese Erfahrung des Menschen mit sich selbst keine Erklärung, aber ein Deutungsangebot. Der Mensch, der sich von Gott abwendet, er selbst sein will, geht letztlich verloren und kann sein Leben nicht retten. Dafür gibt es keine Entschuldigung, aber Erlösung und darin Befreiung. Gott »antwortet mit Liebe auf die Dehumanisierung, die Menschen sich und anderen zumuten. Er geht dahin, wo der Mensch tatsächlich ist, nicht dahin, wo er zu sein wünscht; er geht ins inhumane, verlorene Menschsein. Die humanisierende Kraft dieses Weges ist größer als alle ethischen Forderungen, größer als die moralische Leistungskraft des Menschen.«[490]

Damit ist schon der Übergang zum nächsten Abschnitt formuliert – das theologische Nachdenken über den Menschen mündet in die Frage nach Sünde und Rechtfertigung.

4.3.5 Zusammenfassende Thesen

- Gleichheit und Differenz prägen die Beziehung der Menschen untereinander und zu Gott, sie sind kein Gegensatz. Als Ebenbild Gottes hat jeder Mensch Anteil an der Unverfügbarkeit und Fremdheit Gottes. So wird die unverfügbare Einzigartigkeit des Einzelnen gewährleistet. Zugleich ist Verbundenheit möglich, die Unterschiede übergreift, ohne sie zu leugnen.
- Inklusion ist ein Wertebegriff. Er steht für das Ziel, im Zusammenleben der Menschen Gemeinsamkeit in der Vielfalt zu ermöglichen. Differenzen und Unterschiede werden als Ressource angesehen und anerkannt. Zugleich ist es wichtig, immer wieder neu nach Gemeinsamkeiten zu suchen, die Verschiedenheit übergreifen.
- Aus inklusiver Perspektive kommen auch Machtstrukturen und Abhängigkeiten in den Blick, die in der Gesellschaft zu Diskriminierungen und Ausschlussme-

489 Vgl. Kapitel 2.3.1.

490 Reinmuth, Anthropologie, 318.

chanismen von Einzelnen oder Gruppen führen können. Darum ist es notwendig, immer wieder neu nach Einstellungen und Haltungen und dem zugrunde liegenden Menschenbild zu fragen. Dazu können die theologischen Überlegungen beitragen.

- Sprache gehört zum Menschen. Sie darf nicht auf verbale Sprachformen reduziert werden, auch nicht auf kognitive Zugänge. Gerade religiöse Sprache braucht ganzheitliche und leibliche Kommunikation. Jesus Christus als das leibhaftige Wort Gottes macht deutlich: Gottes Anrede richtet sich an den ganzen Menschen.
- Menschen sind auf Kommunikation und Verständigung angewiesen. Beides braucht eine Atmosphäre der Gewaltfreiheit und die Bereitschaft, sich auf die ›fremde‹ Sprache des Anderen einzulassen.
- Das Streben nach Autonomie gehört zum Menschsein. Autonomie sichert die Freiheit und die Selbstbestimmung des Einzelnen. Zugleich kann kein Mensch allein leben. Das Konzept von »Autonomie in Beziehung« ermöglicht es, Freiheit und Abhängigkeit zusammenzudenken.
- Die Bindung des Menschen an Gott ermöglicht die Freiheit zur Zuwendung zum Nächsten. Die Gestaltung der Beziehungen untereinander kann durch Mitleid als Anteilnahme, gegenseitige Hilfe als Assistenz und Solidarität näher bestimmt werden.
- Beziehungen sind gefährdet, sie können scheitern, die Beziehungen zu anderen, zu sich selbst und zu Gott. Die von Gott gewährte Freiheit aber ermöglicht neue Anfänge.

Literatur zum Weiterlesen

Schweiker: Prinzip, besonders 304ff.
Pauer-Studer: Autonom leben.
Härle: Selbstbestimmung.
Müller-Friese: Miteinander, 189–214.

4.3.6 Religionspädagogische Anregungen

Virtuelle Freundschaften

Die virtuelle Kommunikation ersetzt zunehmend die direkte Begegnung. Freunde gewinnt man häufiger bei Facebook und Co. als in der konkreten, leibhaftigen Begegnung, die Anzahl der meist anonymen Freunde wird zum Prestigeobjekt.

Die Schülerinnen und Schüler tauschen sich über ihre Internet-Beziehungen aus. Sie diskutieren kontrovers: Sind die vielen Freunde bei Twitter oder Facebook »Freunde« oder nicht? Was ist Freundschaft? Kann es anonyme Beziehungen geben?

Verantwortung ohne Selbstbestimmung?

»Je stärker jemand die Autonomie des Menschen bezweifelt, desto seltener fordert er Vergeltung für ein Vergehen – niemand müsse für eine Tat büßen, für die er nichts könne.«[491] Die Schülerinnen und Schüler sprechen über diesen Satz.

Reden ohne Worte

Einigen Schülerinnen und Schüler wird eine kleine Geschichte erzählt (z. B. das Gleichnis vom Senfkorn, ...). Sie bekommen den Auftrag, den anderen diese Geschichte »ohne Worte« weiterzuerzählen, z. B. mit Gesten und Mimik, mit Musikinstrumenten und Tönen, als Pantomime ....

Alle Schülerinnen und Schüler drücken ihre Gefühle anschließend mit Farben und Klängen aus.

Von allen Seiten umgibst du mich und hältst deine Hand über mir (Ps 139,5)

Die Schülerinnen und Schüler malen ein Bild zu diesem Text und gestalten eine Ausstellung. Sie interpretieren gegenseitig die Bilder und geben ihnen einen Titel. Zu ausgewählten Bildern schreiben sie eine Geschichte.

Dazu gehören?

Einige Schülerinnen und Schüler erhalten einen farbigen Punkt, den sie sich auf die Hand kleben. Sie verlassen den Raum. Die anderen bilden einen geschlossenen Kreis.

Die Schülerinnen und Schüler mit Punkten kommen wieder in den Raum, werden aber nicht in den Kreis aufgenommen.

Was tun sie? Wollen sie in den Kreis oder bilden sie eine eigene Gruppe?

Wie fühlen sich die Ausgeschlossenen? Wie geht es denen, die den Kreis bilden?

---

491 Shariff/Vohs, Welt, 86.

Die Schülerinnen und Schüler überlegen: wann und warum schließen wir in der Schule/Klasse/in der Gesellschaft Menschen aus? Lässt sich das ändern?

Wer zieht an meinen »Strippen«?

Die Schülerinnen und Schüler erhalten ein Bild mit einer menschlichen Figur und Wollfäden. Sie kleben einige Fäden an die Figur und schreiben dazu: Wer oder was bestimmt über mein Handeln (Hände), meinen Weg (Füße), mein Denken (Kopf), meine Ernährung (Bauch), usw.

Abb. 4: Wer zieht an meinen Strippen?[492]

Evangelium für die einfachen Leute?

Die Bauern von Solentiname, einem mittelamerikanischen Dorf, lesen in ihren Gottesdiensten Evangelientexte und sprechen darüber. Alejandro, einer der Bauern, sagt: »Die Gleichnisse Jesu sind für die einfachen Leute vollkommen einleuchtend, aber den Hochmütigen sagen sie überhaupt nichts ... Weil die Botschaft Jesu so einfach ist, verstehen sie nur die einfachen Leute.«[493]

492 Abb: A. Müller-Friese.
493 Vgl. dazu Cardenal, Evangelium, 192.

Die Schülerinnen und Schüler nehmen dazu Stellung. Sie lesen ein Gleichnis (z. B. das Gleichnis vom verlorenen Schaf) und überlegen: Handelt die Geschichte auch von uns?

Selbstbestimmung ist nicht gleich Selbstbestimmung.

Es kann unterschieden werden, zwischen der Selbstbestimmung, die nur einen selbst betrifft (z. B. Ein Mensch lebt alleine. Er entscheidet sich, ein bestimmtes Bild an eine bestimmte Stelle in seiner Wohnung aufzuhängen.) und der Selbstbestimmung, von der auch andere Menschen betroffen sind (z. B. Ein Mensch entscheidet sich, Musik mit Kopfhörern zu hören. Sein Freund, der neben ihm sitzt, möchte gerne mit ihm reden.).

Die Schülerinnen und Schüler suchen und diskutieren Zweifelsfälle, z. B.: Rauchverbot in öffentlichen Räumen – wessen Autonomie wird beschränkt und mit welcher Begründung?

4.4 Der Mensch kann sich verfehlen – Sünde und Rechtfertigung

Was ist eigentlich Sünde? Ein altmodisches Wort, ein moralischer Begriff aus der Kirchensprache oder ein elementarer Aspekt menschlichen Lebens? Diese Fragen sind der Ausgangspunkt des folgenden Kapitels.

In theologischer Perspektive erscheint Sünde als eine Macht. Sie führt dazu, dass der Mensch sich selbst verfehlt und dabei die Liebe, die Bestimmung seines Lebens und die Beziehung zu Gott verliert. Aus dieser Verstrickung kann der Mensch sich nicht aus eigener Kraft lösen. Erst das befreiende Handeln Gottes in Jesus Christus ermöglicht es, die Bedeutung der Sünde zu erkennen.

Damit stellt sich auch die Frage nach dem freien Willen – wie frei ist der Mensch wirklich? Dieses Thema aus Kapitel zwei wird jetzt noch einmal aufgenommen. Die Auseinandersetzung zwischen Martin Luther und Erasmus über den freien Willen wird mit der aktuellen These der Neurobiologie, es gäbe keine Willensfreiheit, konfrontiert.

Freiheit des Menschen ist geschenkte Freiheit – diese Erkenntnis wird abschließend entfaltet mit dem theologischen Begriff der Rechtfertigung. Damit wird erläutert, wie die Beziehung zu Gott das Verständnis des Menschen prägt und bestimmt.

Wie in der Einleitung zu Kapitel 4 dargelegt, schließt sich damit der Kreis der Überlegungen zu einer theologischen Anthropologie.

In den vorhergehenden Abschnitten hat sich immer wieder gezeigt: Menschliches Leben ist ambivalent. Aus theologischer Perspektive ist das Dasein des Menschen immer zugleich bestimmt durch die Beziehung zu Gott und den Versuch des Menschen, ohne Gott zu leben. Es lässt sich nicht hinreichend über den Menschen sprechen, ohne auch von Scheitern, Verfehlung und Schuld zu reden. »Das Spezifikum des christlichen (Gottes-) und Menschenverständnisses kommt jedoch erst darin zum Ausdruck, dass Gott in Jesus Christus seine auch angesichts der Sünde nicht aufgehobene Gemeinschaftstreue erweist.«[494] In dieser Perspektive wird erkennbar, dass und wie die Macht der Sünde menschliches Leben beherrscht.

4.4.1 Was ist Sünde?

Auf der Plattform »gutefrage.net« tauchte im Juni 2011 die Frage auf: »Was ist Sünde? Also ich meine nicht Sünde im Sinne von ›einen Schokoriegel zu viel essen,‹ sondern im religiösen Sinne. Auch nicht, was als Sünde definiert wird, sondern welches Verhalten jetzt eine Sünde ist.«[495] Die Antworten sind vielfältig:

- »Grundsätzlich ist alles, was *gegen Gott* ist, Sünde. Jede Verfehlung seiner moralischen Ansprüche, jede Sucht, alles, was uns von Jehova abbringt, alles ist Sünde.«
- »Ein Beispiel ist die weltweite *Unterdrückung der Frau* – das ist Unrecht und somit Sünde.«
- »Eine Sünde kann man alles jenes bezeichnen (sic!), in deren Handlungen *negative Energieformen* einhergehen. Man kann sogar gegen sich selbst ›sündig‹ sein.«
- »Sünde ist eine *Erfindung der Religionen*, um Menschen zu unterdrücken. Es wird ein Bedrohungsszenario entwickelt, dass (sic!) dem Menschen ein bestimmtes Wohlverhalten aufzwingen soll.«
- »Luther hat es so definiert: ›Sünde ist jeder *Ungehorsam gegen Gottes Heiliges Gebot.*‹ So steht es in seinem Katechismus, den Konfirmanden früher auswendig lernen sollten. Ist doch gut gesagt, oder?«
- »Wenn man so wie ich im 6&7 Buch Mosis liest.«
- »Wenn Du gegen eines der 10 Gebote verstößt, *falls Du Christ bist* ....«
- ...

Im Schutz der Anonymität des Internets fragen Menschen, teilweise sehr persönlich, nach Sünde(n): Habe ich eine Sünde begangen? Ist das, was ich getan oder gedacht habe, eine Sünde? Kann diese Sünde vergeben werden?

Der Auszug aus den Antworten zeigt eine große Vielfalt an Deutungsmöglichkeiten: Sünde erscheint als Abkehr von Gott, als Erfindung der Kirche, als Übertretung von Geboten oder als schlechte Tat. Darin spiegelt sich die Breite dessen, was Menschen heute über Sünde denken. Im Folgenden sollen zunächst die Bedeutung und

494 Härle, Artikel Mensch, 1067. Vgl. zum Folgenden Härle, Dogmatik, 456ff.

495 »gutefrage.net« ist eine Frage-Antwort-Plattform, auf der Menschen anonym Fragen aller Art stellen und Antworten bekommen. Der Chat ist abrufbar unter http://www.gutefrage.net/frage/was-ist-suende (9.2.2017) Die Antworten sind wörtlich, aber ausschnittweise zitiert. Auf einer islamischen Webseite wird z. B. gefragt: ›Darf man über seine Sünden sprechen, wenn man diese bereut und dadurch einen Ratschlag zum Wegkommen von dieser Sünde erhofft?‹ (islamweb.net/grn/index.php, 10.2.2017).

die Verwendung des Wortes geklärt werden. Die theologischen Überlegungen konzentrieren sich dann auf die anthropologische Dimension und fragen nach dem Menschen als Sünder.

1 Der Ursprung des deutschen Wortes »Sünde« ist nicht genau zu klären.[496] Man kann aber annehmen, dass es auf ein germanisches Substantiv zurückgeht, das von ›sund‹, einem Partizip von Sein abzuleiten ist. Sünde und Sein, Sünde und Menschsein – das gehört zusammen. Sünde ist ein Ausdruck für eine Grundbefindlichkeit des Menschen. Möglicherweise spiegelt sich in dieser sprachlichen Verbindung die Erfahrung, dass Sündigen in einem umfassenden Sinn mit Menschsein verknüpft ist. Vielleicht gibt es im Menschen eine tief sitzende, selbst das Religiöse übersteigende Ahnung, dass der Mensch der Welt, den anderen Menschen und sich selbst etwas schuldig bleiben muss. Andere Forscher halten das Wort Sünde für ein Lehnwort aus dem Lateinischen, ›sons‹ bedeutet schuldig.

Wie der Blick ins Internet zeigt, ist das Wort Sünde in der Gegenwart durchaus noch bekannt. Im alltagssprachlichen Gebrauch wird es meist in verharmlosender, ironischer Weise verwendet: »Kleine Sünden bestraft die Waage sofort« titelt das Forum www.abnehmen-aktuell.de und trifft damit eine der hauptsächlichsten Konnotationen: Fehlverhalten bei Essen und Diäten! »Kann denn Dummheit Sünde sein« fragte die Zeitschrift »Psychologie heute« im November 2015, und DJ Ötzi besingt in einem Song »Sieben Sünden«, die er mit seiner Angebeteten begehen möchte und nimmt darin die immer noch verbreitete Verbindung von Sünde und Sexualität auf. »Verkehrssünder« erhalten Punkte in Flensburg und das Wort »Umweltsünder« weist darauf hin, dass jemand es mit der Mülltrennung nicht so genau nimmt. Auch persönliches Fehlverhalten wird teilweise mit Sünde verknüpft.

Auffallend ist allerdings, dass das Wort Sünde z. B. für Bombenangriffe auf Zivilisten im Krieg, Terroranschläge, wirtschaftlichen Eigennutz oder in Bezug auf die Verantwortung für die zunehmende Erderwärmung nicht verwendet wird. Für herrschsüchtige und brutale Gewalt, für das Böse in vielen Schattierungen und für strukturelle Fehlentwicklungen taugt das Wort offenbar nicht (mehr). Während der Teufel oder das Böse teilweise durchaus ernsthaft als Mächte verstanden werden, trifft das auf Sünde nicht zu.

2 Die Bedeutung des Wortes Sünde bezieht sich, neben der umgangssprachlich verharmlosenden Form, in erster Linie auf die »Übertretung eines göttlichen Gebots.«[497] In der Geschichte der christlichen Kirchen wurde den Gläubigen mit der Androhung von Strafen Gottes für ihre Sünden viel existentielle Angst gemacht. Das Bild Albrecht Dürers vom »Jüngsten Gericht« zeigt dies eindrücklich: Christus, der Richter der Welt, schickt am Ende der Zeiten die Gläubigen ins ewige Paradies, die Verdammten aber in den Rachen der Hölle (Vgl. Abb. 5, S. 164).

496 Vgl. http://www.wissen.de/wortherkunft/suende (10.2.2017). Zum biblischen Sprachgebrauch vgl. Kapitel 3.8.

497 www.duden.de/rechtschreibung/Suende (11.2.2017).

Abb. 5: Albrecht Dürer, Das jüngste Gericht[498]

Bis heute lehrt die katholische Kirche, »dass es eine Hölle gibt und dass sie ewig dauert. Die Seelen derer, die im Stand der Todsünde sterben, kommen sogleich nach dem Tod in die Unterwelt, wo sie die Qualen der Hölle erleiden, ›das ewige Feuer‹ ... Die schlimmste Pein der Hölle besteht in der ewigen Trennung von Gott, in dem allein der Mensch das Leben und das Glück finden kann, für die er erschaffen worden ist und nach denen er sich sehnt.«[499]

Aber auch in den Bekenntnisschriften der protestantischen Kirchen findet sich diese Lehre. Der (reformierte) Heidelberger Katechismus aus dem Jahr 1563 antwortet auf die »Frage 52: Was tröstet dich die Wiederkunft Christi, zu richten die Lebendigen und die Toten? – Dass ich in aller Trübsal und Verfolgung mit aufgerichtetem Haupt eben des Richters, der sich zuvor dem Gerichte Gottes für mich dargestellt und alle Vermaledeiung von mir hinweggenommen hat, aus dem Himmel gewärtig bin, dass er alle seine und meine Feinde in die ewige Verdammnis werfe, mich aber samt allen Auserwählten zu sich in die himmlische Freude und Herrlichkeit nehme.«[500]

Artikel 17 der (lutherischen) Confessio Augustana (1530) handelt »Von der Wiederkunft Christi zum Gericht: Auch wird gelehrt, dass unser Herr Jesus Christus am

498 Bild: Dürer: *Das Jüngste Gericht*, Holzschnitt (ca. 1510), https://commons.wikimedia.org/wiki/File:Albrecht_D%C3%BCrer_The_Last_Judgment_circa_1510.jpg (17.2.2017)

499 Katechismus der katholischen Kirche Erster Teil Art. 12, IV Die Hölle Abschnitt 1035; http://www.vatican.va/archive/DEU0035/_P2U.HTM (11.2.2017).

500 http://www.reformatio.de/wordpress/wp-content/uploads/2010/08/Heidelberger_Katechismus.pdf (11.2.2017).

Jüngsten Tag kommen wird, um zu richten und alle Toten aufzuerwecken, den Gläubigen und Auserwählten ewiges Leben und ewige Freude zu geben, die gottlosen Menschen aber und die Teufel in die Hölle und zur ewigen Strafe verdammen wird. Deshalb werden die verworfen, die lehren, dass die Teufel und die verdammten Menschen nicht ewige Pein und Qual haben werden.«[501]

Mit diesen Lehren wollten die Kirchen die Gläubigen daran erinnern, dass sie sich für ihr Tun und Lassen vor Gott verantworten müssen. Nicht immer war und ist aber zu erkennen, ob und die Kirchen damit Menschen wirklich geholfen haben, ihre Angst zu bewältigen. Die Drohung mit der Hölle kann auch Furcht stiften. Der Gerichtsgedanke wurde oft missbraucht, um Menschen Angst zu machen und Abhängigkeiten zu erzeugen. Darum ist es nicht verwunderlich, dass gerade die Vorstellung eines »der Sünde verfallenen Menschen« Anlass zu massiver Kritik am Christentum gegeben hat. Manch einer hat sich von diesem Glauben abgewandt, nicht erst in der heutigen Zeit.

Diese Wirkungsgeschichte darf nicht aus den Augen verloren werden. Umso wichtiger ist es, genauer zu fragen, was denn theologisch unter Sünde zu verstehen ist, welche existentiellen Erfahrungen mit diesem Wort angesprochen werden.

3 In der Bibel[502] wird Sünde primär als Verfehlen des Lebens verstanden, das Gott den Menschen zugedacht hat. Sie ist nicht in erster Linie mutwilliges Aufbegehren gegen Gottes Willen. So beschreibt das Alte Testament Sünde als Verletzung eines Gemeinschaftsverhältnisses. Der Mensch, der sich von Gott abwendet, der sich selbst genügen will, geht letztlich verloren, er kann sein Leben nicht retten.

Im Neuen Testament spricht vor allem Paulus von der Macht der Sünde. Sie nimmt den Menschen in Besitz, er liefert sich ihr aus und wird so zu ihrem Sklaven. Aus der Verfallenheit an die Sünde kann er sich nicht selbst befreien, er ist auf Rettung von außen angewiesen. Erst in der Begegnung mit der Botschaft von Gottes Heil stiftendem Handeln in Jesus Christus »erfährt der Mensch die Spannung zwischen seiner Geschöpflichkeit und der Macht der Sünde.«[503] Menschen, die zu Christus gehören, können in die ursprüngliche Beziehung zu Gott zurückkehren. Sie gehören nicht mehr unter den Herrschaftsbereich der Sünde. Sie sind gerechtfertigt, im Reinen mit Gott. Das Leben vor Gott, zu dem der Mensch geschaffen ist, kann er annehmen, aber auch verweigern. Er hat die prinzipielle Möglichkeit, sich für oder gegen Gott zu entscheiden. »Seine wahre Freiheit bewahrt er allerdings nur in der Gemeinschaft mit Gott, während er in der Ablehnung Gottes einer vermeintlichen Freiheit verfällt, die zutiefst Abhängigkeit und Unfreiheit ist (vgl. Röm 6,12–14).«[504]

Sünde ist also, biblisch gesehen, ein theologischer, und allenfalls in zweiter Linie ein moralischer Begriff.

4 In der *dogmatischen Tradition* wurde Sünde unterschiedlich beschrieben und definiert. »Als amor sui (Selbstliebe), superbia (Hochmut) und concupiscentia (Be-

---

501 https://www.ekd.de/glauben/grundlagen/augsburger_bekenntnis.html (11.2.2017).

502 Vgl. Kapitel 3.8.

503 Hahn, Theologie 2, 334.

504 Hahn, Theologie 2, 314, vgl. Gen 3; Röm 1,21.25; Joh 1,5.9.

gierde) bezeichnet Augustinus die Sünde.«[505] Häufig sind diese Begriffe in moralischem Sinn (miss)verstanden worden, Hochmut wurde zu Stolz und verlor dabei die Bedeutung, dass Menschen sein wollen »wie Gott« (vgl. Gen 3,5). Noch folgenreicher war die Verkürzung der Begierde auf die sexuelle Dimension. Dies hat »insbesondere Frauen schwer belastet und diffamiert, insofern sie immer wieder als in besonderer Weise sündig diskriminiert wurde.«[506] Der Begriff ist aber weiter zu fassen und meint jedes unersättliche Streben nach Macht, Reichtum, Wissen etc. Als Folge dieses zerstörerischen »Hungers« werden andere Menschen und die Welt zu Objekten der Begierde.[507]

Im Mittelalter verbreitete sich ein rechtlich orientiertes Sündenverständnis. Sünde ist Widerstand gegen die Gerechtigkeit Gottes. Der Mensch verweigert Gott den Gehorsam und verletzt so dessen Ehre. Als Strafe dafür wird der Verlust der »Urstandsgerechtigkeit« angesehen,[508] die die Menschen vor dem Sündenfall besaßen. Thomas von Aquin betont, dass die Menschen durch das Herausfallen aus der göttlichen Heilsordnung die Urgerechtigkeit verloren haben. Christus übernimmt die Strafe und gewährt dem Menschen Gnade. Diese wirkt auf den freien Willen des Menschen, der sich nun wieder zu Gott wenden kann: »Das Aufstehen von der Sünde ist ein freier Willensakt und deshalb wird geboten: ›Stehe auf und erleuchten wird dich Christus.‹ Nicht also das ganze Auferstehen von der Sünde geht der Erleuchtung seitens der Gnade vorher, sondern weil der Mensch kraft des von Gott in Tätigkeit gesetzten freien Willens von der Sünde aufzustehen versucht, erhält er das rechtfertigende Gnadenlicht.«[509]

In der Volksfrömmigkeit des späten Mittelalters verstärkte sich das Sündenbewußtsein. Hungersnöte, Seuchen und andere Übel wurden als Strafe Gottes interpretiert. Zugleich nahm, von der Kirche gefördert, die Vorstellung vom Ablass zu.[510] Sündenstrafen, so glaubte man, konnten durch Gebete, Almosen und Messfeiern aufgehoben werden. Sogar für Verstorbene konnte Vergebung erworben werden. Durch Buße und Ablasskäufe versuchten die Menschen, Gott gnädig zu stimmen.

Für Martin Luther besteht die Ursünde im Herausfallen aus dem Grundvertrauen auf Gott. Darauf folgen Schrecken und Furcht. Dieser Riss in der Gottesbeziehung zieht sich durch alle Dimensionen des Lebens hindurch. In seiner Disputation über den Menschen betont Luther »dass der ganze Mensch und jeder, gleichgültig ob er König, Herr, Diener, weise, gerecht ist und durch welche Güter dieses Lebens er auch

505 Schneider-Flume, Grundkurs, 241, dort auch Belege. Augustin schreibt: »Darin bestand ja meine Sünde, dass ich nicht in ihm selbst, sondern in seinen Geschöpfen mich und was es sonst an Freude, Größe und Wahrheit gibt, suchte« (Confessiones 1,20).

506 Schneider-Flume, Grundkurs, 242. Sucht man im Internet nach Bildern zum Stichwort »Sünde«, zeigt sich, wie verbreitet diese Konnotation bis heute ist.

507 Buber, Ich, hat das als Ich-Es Beziehung beschrieben, vgl. Kapitel 2.2.3.

508 Holze, Sünde, 1883. Vgl. auch Kapitel 4.4.2 Erbsünde.

509 Thomas, Summa, Prima Pars Secundae Partis Quaestio 109, Articulus 7.

510 Die Praxis des Ablasses beruht auf der Vorstellung, dass die Kirche die Verdienste Christi und der Heiligen als Kirchenschatz verwaltet und den Gläubigen anrechnen kann; vgl. Dieter, Ablass. Vgl. auch den oben abgebildeten Holzschnitt von Albrecht Dürer (Abb. 5).

immer herausragen kann, trotzdem der Sünde und des Todes schuldig sei und bleibe, vom Teufel unterdrückt.«[511] Durch die Sünde wird die menschliche Natur so in sich selbst verkrümmt, dass der Mensch meint »sich in sich selbst und aus sich selbst begründen zu können und damit Beziehungen zerstört und Verhältnisse abbricht.«[512] Die Sünde verkehrt den Willen des Menschen zu Selbstsucht und Willkür. So ist das ganze Leben des Menschen verkehrt ausgerichtet, die einzelnen sündigen Handlungen sind eine Folge aus dieser verkehrten Lebenshaltung.

5 In der gegenwärtigen Theologie betont Gerhard Sauter besonders die existentielle Dimension der Sünde. Unter Bezug auf Martin Luther schreibt er: »Dass ich Sünder bin heißt: ich habe mich in mir selber verschlossen wie in einer Spirale, die immer enger wird und aus der ich mich schließlich nicht mehr hinausfinde, geschweige denn, dass ich mich selber herauswinden könnte.«[513] Dies kann der Mensch aber erst wahrnehmen, weil und wenn er durch Gott aus dieser Selbstverkrümmung befreit wird und dieser das Verhältnis neu aufrichtet. »Erst im Glauben, d. h. im rechten Verhältnis zu Gottes Handeln, kann wahrgenommen werden, wer wir selber *sind*, nicht nur, was wir getan und unterlassen haben.«[514]

Wilfried Härle beschreibt das Wesen der Sünde als »Verfehlung der Lebensbestimmung, als Verlorenheit, Scheitern oder Misslingen des Lebens.«[515] Die ungebrochene Gemeinschaft mit Gott, die zum Heil und Leben des Menschen dient, fehlt dem Menschen. Er wird stattdessen von Selbstsucht und Gier getrieben wird. *Das* ist die Sünde des Menschen. Sie macht zugleich sein Elend aus. Entscheidend ist: Es handelt sich um einen so tief greifenden Schaden, dass der Mensch ihn nicht aus eigenen Kräften heilen *kann*. Weil die Bestimmung des Menschen als Ebenbild Gottes eine Bestimmung zur Liebe ist, ist »Sünde ihrem Wesen nach stets Verfehlung der Liebe.«[516]

Karl Rahner versteht »den Menschen als das Wesen, dessen schuldige Freiheitstat nicht seine ›Privatangelegenheit‹ ist, die er selbst aus eigener Vollmacht und Kraft wieder bereinigen könnte, sondern die ... nur von Gottes Tat wirklich überwunden werden kann.«[517] Voraussetzung der Sünde ist für ihn die Freiheit des Menschen als »Freiheit des Ja oder Nein zu Gott.«[518] Der Mensch kann sich gegen Gott entscheiden. Dieses Nein aber hat eine andere Qualität als das Ja zu Gott, es ist »immer das gleichzeitig Missglückte, Missratene, Steckenbleibende, sich selbst gleichsam Verneinende und Aufhebende.«[519] Insofern bedroht die Entscheidung des Menschen gegen Gott immer zugleich auch den Menschen selbst.

---

511 Luther, Disputatio, 667, These 25. Das egalitäre Element ist hier besonders deutlich; gegenüber Gott sind Unterschiede, soziale Stellung und Hierachien bedeutungslos, vgl. Kapitel 4.3.1.

512 Schneider-Flume, Grundkurs, 242.

513 Sauter, Leben, 128f.

514 Sauter, Leben, 129.

515 Härle, Dogmatik, 465.

516 Härle, Dogmatik, 466.

517 Rahner, Grundkurs, 97.

518 Rahner, Grundkurs, 106.

519 Rahner, Grundkurs 109.

Wolfgang Schoberth versteht Sünde als eine grundlegende Ausrichtung des Lebens, nicht als Verletzung von Moralvorstellungen. Die Aussage, der Mensch sei ein Sünder, lässt sich zwar nicht unmittelbar aus der Erfahrung ableiten, jedoch »erschließt der theologische Satz allererst Erfahrungen: Mit ihm wird es möglich, solche Phänomene als Sünde zu benennen, in denen der Widerstand gegen Gottes lebensfreundlichen Willen erkennbar wird.« So kann man die Vielgestaltigkeit des Bösen wahrnehmen. Wer von Sünde spricht, »zeichnet ein realistisches Bild des menschlichen Lebens«, und nimmt »die Abhängigkeiten, in denen jedes Leben sich vorfindet«[520] ernst. Wer sich als Sünder erkennt, ist befreit von Selbsttäuschung und kann sich zu Gott hin öffnen. Darum ist es wichtig zu lernen, ein Sünder zu sein und dadurch Freiheit zu gewinnen.

6 Die lateinamerikanische Befreiungstheologie[521] bringt einen weiteren, wichtigen Gedanken in die gegenwärtige Diskussion ein. In Erinnerung an den Gott der Befreiung (Exodus) spricht sie von struktureller Sünde. Die Befreiungstheologen hinterfragen die politischen und wirtschaftlichen Strukturen, die zur Armut der Bevölkerung in ihren Ländern führen. So kommen überindividuell wirkende Mechanismen und ungerechte gesellschaftliche Funktionszusammenhänge in den Blick. Sie werden als Ausbeutung, Unterdrückung, Herrschaft erlebt. Die christliche Erlösungsbotschaft bezieht sich primär nicht auf die Vergebung individueller Sünden, sondern auf die Befreiung der Armen und Unterdrückten. Es geht weniger um die Sünde des einzelnen Individuums, als um die »sündigen Verhältnisse«, um strukturell verankerte Sünden,[522] die zu Armut, Leid und Entfremdung der Menschen, aber auch zur Zerstörung der Natur führen.

Der Einsatz für gerechte Strukturen in einer Gesellschaft wird mit der politischen Kritik der Propheten des Alten Testaments und der Zuwendung Jesu zu den Armen und Randgruppen seiner Zeit begründet. In Deutschland haben Jürgen Moltmann und Johann Baptist Metz in ihren Arbeiten diesen strukturellen Aspekt der Sünde besonders betont und die Gerechtigkeit Gottes auf das institutionalisierte Unrecht bezogen.[523]

6 Wenn heute theologisch von Sünde gesprochen wird, ist sowohl die existentielle als auch die gesellschaftspolitische Dimension dieses Begriffs zu bedenken. Dies geschieht im Kontext von Verharmlosungen und moralischer Engführung. Es geschieht auch in einer Zeit, in der das Selbstverständnis des Menschen auf Freiheit und Mündigkeit des Individuums ausgerichtet ist. Der autonome Mensch der Gegenwart beansprucht die Deutungshoheit für sein Leben und will sie keiner anderen Instanz überlassen. »Von ›Sünde‹ spricht keiner mehr. ... Die Sünde hat kein metaphysisches

---

520 Schoberth, Einführung, 128.

521 Vgl. die Plattform »Theologie der Befreiung in Deutschland, Österreich und der Schweiz« (https://sites.google.com/site/befreiungstheologie/Home, 12.2.2017). In Asien und Afrika gibt es ähnliche Bewegungen. Vgl. auch Kapitel 3.2 und 4.1.3.

522 Reinisch, Theologie. Im Jahr 2014 bezeichnete Ernesto Cardenal in einem Interview den Papst als einen, der Befreiungstheologie praktiziert.
Vgl. http://weltkirche.katholisch.de/Themen/Befreiungstheologie.

523 Moltmann, Gott, 306ff; Metz, Theologie, 11–28.

Gewicht mehr. Sie wird nicht mehr ernst genommen. Man könnte sagen: Die Sünde hat ein Imageproblem. Ein unheimlicher Unschuldswahn hat sich über unsere überraschungsfreie Computergesellschaft gelegt.«[524] Dass der Mensch prinzipiell und von vornherein unweigerlich der Sünde unterworfen sei, ist eine Vorstellung, die der modernen Grundüberzeugung von der Freiheit und Mündigkeit des Menschen unvereinbar gegenüber steht. Natürlich kann ein Mensch Fehler machen und sich vergehen. Aber auch die Fehler sind Fehler des mündigen Menschen und nicht Wirkungen einer überindividuellen Sündenmacht. Man kann in dieser Haltung den Versuch der Verdrängung von Abhängigkeiten vermuten. »Auf unbewusste Weise könnte in den Tendenzen der Ethisierung, Ästhetisierung und Ironisierung des Redens von der ›Sünde‹ und vom ›Teufel‹ ein Versuch der Verdrängung der zerstörerischen, dämonischen Kräfte stattfinden die – individuell und gesellschaftlich – im Menschen hausen, deren Anblick aber nur schwer zu ertragen ist.«[525]

Gleichzeitig gilt damals wie heute: Viele Mächte erheben Anspruch auf die menschliche Existenz, das Streben nach Freiheit misslingt häufig. Menschen sind abhängig von politischen, wirtschaftlichen und persönlichen Entscheidungen anderer, sie scheitern immer wieder an ihren eigenen Ansprüchen und verfehlen ihre Lebensmöglichkeiten. Auch wenn diese Erfahrung heute nicht mit Sünde in Verbindung gebracht wird, kennt jeder Mensch Situationen, in denen er die Kontrolle über sich verliert. Entfremdung, mit sich selbst nicht im Reinen zu sein, ist eine nachvollziehbare Erfahrung. Das Bedürfnis nach Sicherheit und Absicherung steigt mit dem Bewusstsein, für sein Leben selbst verantwortlich zu sein und dem Erfolgszwang unter dem der eigene Lebensentwurf steht.

Auch die Verstrickung jedes einzelnen Menschen in strukturelle Schuld in der globalen Welt ist unausweichlich und unübersehbar. Weltweit werden immense Summen in die Rüstung gesteckt und gleichzeitig verhungern Menschen. Die Emissionen von Industrie und Verkehr tragen wesentlich zum Treibhauseffekt bei. Wirtschaftliche Gewinninteressen beuten Menschen in der dritten Welt aus. Wer ist konkret dafür verantwortlich, wie kann man diesem »Teufelskreis« entrinnen? Andere Mächte als Gott bestimmen das Leben der Menschen. Gegenüber der sozialen und kulturellen Gestalt der Sünde sind die Einzelnen machtlos und untergeordnet. »Die Schlange mit ihren Todsünden denkt gar nicht daran, sich aus dem Staub zu machen. Ganz im Gegenteil. Sie hat es sich gemütlich gemacht in unserem Alltag und richtet größere Schäden an, als wir es uns vorstellen konnten – wenn nicht für unser individuelles Seelenheil, so doch für die Gesellschaft.«[526]

Paulus und ihm folgend Martin Luther gehen davon aus, dass der Mensch den Grund für diese Verstrickungen nicht von allein erkennen kann. Er kann sich auch nicht aus eigener Kraft davon lösen oder befreien. Es bedarf einer Verwandlung des

---

524 Matussek, Teufel, o.S. Diese lesenwerte, bissige Gesellschaftsanalyse aus dem Jahr 2010 weist überzeugend auf, wie und wo die traditionellen sieben Todsünden (Superbia, Hochmut; Avaritia, Geiz; Luxuria, Wollust; Ira, Jähzorn; Gula, Völlerei; Invidia, Neid und Acedia, Faulheit) heute aktuell zu entdecken sind.

525 Härle, Dogmatik, 463. Vgl. Kapitel 4.3.

526 Matussek, Teufel, o.S.

Menschen, die im Glauben stattfindet. So gesehen kann die Gewissheit des Paulus: »Keine Macht der Welt, nichts und niemand im Himmel und auf der Erde kann uns trennen von der Liebe Gottes, die in Jesus Christus ist« (Röm 8,39) befreiende Wirkung haben. Den Mächten der Unmenschlichkeit und Zerstörung steht die Macht der Liebe gegenüber, der Menschen sich anvertrauen können.

Es gibt also kein Leben ohne Abhängigkeit. Die Frage ist nicht, ob der Mensch von Mächten abhängt, die größer sind als er selbst, sondern von welchen Mächten er bestimmt wird und sich bestimmen lässt. »Der Mensch ist immer ein ›Gehorchling‹, einer, der einer überindividuellen Macht unterworfen ist, die das Leben des Menschen qualifiziert und sein Tun bestimmt.«[527] Die Autoren der neutestamentlichen Schriften sind sich aber sicher: Die Abhängigkeit von Gott bringt und ermöglicht Freiheit. So gesehen ist menschliches Leben in christlicher Perspektive ein Leben aus Vertrauen. Die Frage, die sich für jeden stellt, lautet: Wem will ich in meinem Leben vertrauen, worauf kann und will ich mich verlassen?

4.4.2 Kann man Sünde erben?

Die Theorie von der Erbsünde wurde in der frühen Kirche vor allem von Augustin entwickelt und ist in der von ihm dargelegten Form bis heute ein Element kirchlicher Lehre. Mit dieser Theorie hat die Theologie zu klären versucht, wie die Sünde in die Welt kam und warum kein Mensch der Macht der Sünde entgehen kann. Wie lässt sich der Gedanke an die gute Schöpfung Gottes und die Gottebenbildlichkeit des Menschen mit der Erfahrung verbinden, dass Menschen schuldig werden und die Welt in Unordnung ist? In der frühen Theologie ging dabei um die Frage nach dem Ursprung der Sünde, heute wird mit dem Gedanken stärker die Frage der Unausweichlichkeit der Sünde benannt.[528]

1 Der Kirchenvater Augustin beschäftigte sich mit der Frage, wie die Sünde in die Welt kam, im Laufe seines Lebens immer wieder und entwickelte dabei die Lehre von der Erbsünde. Er bezieht sich neben anderen Texten vor allem auf Paulus. In Röm 5,12–21 bezeichnet Paulus Adam als den Menschen, »in dem alle gesündigt haben.« Dies ist eine Deutung, die sich aus der Überzeugung ergibt, dass Christus für alle Menschen gestorben ist, sie also Sünder und erlösungsbedürftig sind. Augustin versteht diese Formulierung, anders als der griechische Urtext, nicht als Begründung (*weil* in Adam alle gesündigt haben), sondern als die Art der Übertragung und Weitergabe der Sünde Adams (*wie* in Adam alle gesündigt haben). Er setzt die Ursprungssünde mit Hochmut und sexueller Begierde gleich: Sünde wird in der Generationenfolge durch den Zeugungsakt vererbt. So wird »der Geschlechtsakt ausgerechnet durch die dabei empfundene Lust sündig und zum Mittel der Weitergabe von Sünde.«[529] Die negative Einstellung zur Sexualität und zum menschlichen Körper, die im Christentum lange Zeit verbreitet war, wird aus dieser Lehre abgeleitet.

---

527 Wolter, Geist, 39, in Bezug auf Röm 6,12–20.

528 Vgl. Kapitel 4.2.1. Zum Folgenden Dirscherl, Beziehungen, 80ff., und Härle, Dogmatik, 475.

529 Härle, Dogmatik, 476. Zur damit verbundenen Körperfeindlichkeit vgl. Kapitel 4.1.2.

2 Der Begriff Erbsünde wird von der gegenwärtigen Theologie weitgehend zurückgewiesen. Ferdinand Hahn schlägt den Begriff Ur-Sünde vor. Er will so die oben beschriebene Deutung vermeiden, es ginge um »ein in die menschliche Natur durch Erbanlage eingepflanztes Phänomen. Es handelt sich vielmehr um die fundamentale Sünde, die von Anfang an die Geschichte der Menschheit bestimmt, die jeden einzelnen betrifft und die bei allem sündigen Handeln wirksam wird. Alle Einzelsünden und Verfehlungen des Menschen wurzeln in der Lösung der Bindung an Gott.«[530]

Damit wird erkennbar, warum man nicht einfach auf den Gedanken ganz verzichten kann. Es gibt keinen sündlosen Ur-Zustand, sondern Menschen finden sich immer schon vor in Situationen gestörter Beziehungen, verfehlten Lebens, verlorenen Glaubens oder verfehlter Liebe. Die reformatorische Theologie bezeichnet diese Ur-Sünde einerseits als *peccatum originale* (Ursprungssünde), als Sünde, die die ganze Menschheit betrifft. Sie ist schon da, bevor ein Einzelner sie begeht. Es geht um »ein Erfahren und Erleben von (individueller und struktureller) Sünde, das einen Menschen bis ins Innerste beeinflusst und prägt.«[531] Andererseits ist sie aber auch *peccatum personale* (persönliche Sünde) und bezieht sich auf den Einzelnen. Die Macht der Sünde bestimmt den Menschen in seinem Personzentrum, also in Gefühl, Vernunft und Willen. Darum kommen die bösen Gedanken aus dem Herzen des Menschen, deswegen ist auch »die Neigung zu Lieblosigkeit, Hass, Verachtung und Gleichgültigkeit Sünde, selbst wenn sie nicht zur Tat werden; und *deswegen* kann der Mensch sich weder selber helfen noch nützt ihm ein Gesetz etwas, das an seinen den Willen appelliert.«[532] Von hier aus wird auch die Rede vom geknechteten Willen verständlich: Der Mensch unter der Herrschaft der Sünde lebt in einem radikalen Widerspruch, der darin besteht, dass seine Willenskraft besetzt ist. Darum ist er unfähig, das zu tun, was seiner Bestimmung zum Ebenbild Gottes und seiner Sehnsucht nach erfülltem Leben entspricht.

Die römisch-katholische Kirche hält an dem Gedanken der Weitergabe der Sünde durch die Zeugung fest, den das Konzil von Trient (1545–1563) in Auseinandersetzung mit der Reformation zur Lehraussage der Kirche erklärt hat: »Sie ist eine Sünde, die durch Fortpflanzung an die ganze Menschheit weitergegeben wird, nämlich durch die Weitergabe einer menschlichen Natur, die der ursprünglichen Heiligkeit und Gerechtigkeit ermangelt. Deswegen ist die Erbsünde ›Sünde‹ in einem übertragenen Sinn: Sie ist eine Sünde, die man ›miterhalten‹, nicht aber begangen hat, ein Zustand, keine Tat.«[533] Jeder Mensch ist von Geburt an in den sündigen Zusammenhang verstrickt, auch wenn er dem nicht willentlich zustimmt. Insofern ist »die Ursprungssünde ... keine aktuale persönliche Sünde.«[534] Das Zweite Vatikanische Konzil dagegen vermeidet in seiner Verlautbarung »gaudium et spes« (Freude und Hoffnung) die Verwendung des Begriffs Erbsünde.[535]

---

530 Hahn, Theologie 2, 320.

531 Härle, Dogmatik, 477, dort auch Belege.

532 Härle, Dogmatik, 478.

533 Ecclesia Catholica: Katechismus der Katholischen Kirche, Absatz 7 der Sündenfall (1997), Nr. 404 (zitiert nach http://www.vatican.va/archive/DEU0035/_P1J.HTM#9Y,16.11.2016).

534 Dirscherl, Beziehungen, 84.

535 http://www.kathnews.de/gaudium-et-spes-artikel-13-die-suende (14.2.2017).

3 Die Rede von der Ur-Sünde zeigt ein realistisches Menschenbild. Der Mensch ist vom Anfang seines Lebens bis zum Ende begrenzt, fehlbar, gebunden und verstrickt in schuldhafte, Leid verursachende Zusammenhänge. Das ist nicht überwiegend oder in erster Linie eine willentlich herbeigeführte Entscheidung. Vielmehr hat der Mensch in weiten Teilen keine Wahl. Die Erfahrung des Paulus »das Gute, das ich will, tue ich nicht und das Böse, das ich nicht will, tue ich« (Röm 7,19f.) beschreibt diesen Sachverhalt treffend. Christliche Theologie kann diese Situation benennen und erklärt sie als Entfremdung und Distanz zu Gott. Sünde ist also keine mythologische Redeweise, sondern »benennt präzise und erfahrungsnah die von Menschen hervorgebrachten und am Leben erhaltenen Abhängigkeiten.«[536]

Theologische Anthropologie kann und muss immer dann Widerspruch anmelden, wenn diese Dimension des Menschen übersehen und geleugnet wird. Gleichermaßen ist es zu kritisieren, wenn Menschen auf Fehlerhaftigkeit und Sündhaftigkeit festgelegt werden. Beides ist in den vorigen Kapiteln immer wieder deutlich geworden. Es ist aber auf dem Recht eines jeden Menschen auf Unvollkommenheit[537] zu bestehen.

Schoberth nennt das Wissen und die Akzeptanz des Sünderseins des Menschen »heilsam«. Es erlaubt nämlich, sich selbst in seinen Grenzen und Abhängigkeiten wahrzunehmen, ohne daran zu verzweifeln oder in Depression zu verfallen. Gottes Urteil über den Menschen gilt, nicht das eigene Tun und Lassen einen Menschen, nicht das Scheitern am Ideal der Selbstvervollkommnung. »Gottes Urteil über das Leben zu akzeptieren heißt, seine Gnade und seinen Freispruch anzunehmen ... die Einsicht in das Sündersein des Menschen ist darum eine *befreiende* Erkenntnis, die es einerseits erlaubt, sich selbst in den eigenen Grenzen und Abhängigkeiten wahrzunehmen, und damit andererseits erst neue Wege des Lebens eröffnet. Indem Menschen die Gnade Gottes gelten lassen, werden sie in die Lage versetzt, die Schuld, die sie auf sich laden zu ertragen, und die eigenen Ansprüche wie die gesellschaftlichen Konventionen kritisch auf ihre Geltung zu überprüfen.«[538]

Mit diesen Sätzen ist schon der Übergang zum Absatz 4.4.4 geschaffen. Die Kehrseite der Rede von der Sünde des Menschen ist die Erfahrung der Rechtfertigung. Beide Aspekte sind wie die beiden Seiten einer Münze. Vorher ist aber noch die Frage nach dem freien Willen zu thematisieren, die immer wieder schon angeklungen ist.

4.4.3 Wie frei ist der Mensch?

Wer von Sünde spricht, handelt zugleich von Freiheit und Abhängigkeit. Aber wie passt die Macht der Sünde mit der Freiheit und der Autonomie des von Gott zu seinem Ebenbild bestimmten und geschaffenen Menschen zusammen? Darum geht es in diesem Abschnitt. Aktuelle Bedeutung bekommt das Thema in der Frage nach dem freien Willen des Menschen. Es soll exemplarisch zunächst an dem Disput zwi-

536 Schoberth, Einführung, 126.
537 Vgl. dazu Zirfas, Vervollkommung.
538 Schoberth, Einführung 127.

schen Martin Luther und Erasmus und dann an der neurobiologischen Infragestellung des freien Willens erörtert werden.

1 Im Jahr 1525 schreibt Martin Luther »Dem ehrwürdigen Herrn Erasmus von Rotterdam« einen langen Brief mit dem Titel »De servo arbitrio.«[539] Darin antwortet er dem gelehrten Humanisten auf dessen Kritik an Luthers früheren Äußerungen zum freien Willen des Menschen. Die beiden Theologen haben sich nie persönlich getroffen, aber trefflich gestritten. Es lohnt sich, ihrer Auseinandersetzung ein wenig zu folgen.

Luther hatte vielfach, insbesondere in seiner Schrift »Von der Freiheit eines Christenmenschen« (1520) betont, dass das Heil des Menschen allein von der Gnade und Zuwendung Gottes abhängt.[540] Von sich aus kann der Mensch dazu nichts beitragen.

Erasmus hält diese Auffassung für eine unangemessene Radikalisierung der geltenden katholischen Lehre. Zudem sei Luthers theologische Begründung nicht ausreichend. In seiner Streitschrift »De libero arbitrio« (1524) legt Erasmus seine Position dar: Der Mensch hat die Möglichkeit und die Aufgabe, an der Gnade Gottes mitzuwirken. Die entscheidende Frage ist, wie das Verhältnis von göttlicher Gnade und menschlichem Wahlvermögen (als liberum arbitrium, freies Wahlvermögen) zu verstehen ist.[541] Erasmus schreibt: »Weiter fassen wir an dieser Stelle das freie Wahlvermögen als eine Kraft des menschlichen Wollens auf, durch die sich der Mensch dem zuwenden könnte, was zum ewigen Heil führt, oder sich davon abkehren könnte.«[542] Zwar ist es richtig: Ohne die besondere Gnade, durch die »Gott aufgrund seines Erbarmens den Sünder ohne eigenes Verdienst zur Besserung anstachelt, kann der Mensch nichts Gutes wollen, ohne dauernde Hilfe dieser Gnade kann der Mensch nichts beginnen, fortschreiten oder vollenden.«[543] Aber: Das Wahlvermögen ist nicht beseitigt, der Mensch kann das Gute wollen. Darum hat Gott dem Menschen Gebote gegeben und ihm die Wahl zwischen Gut und Böse, Leben und Tod gelassen. Wir brauchen also die Rede vom freien Wahlvermögen, »damit es etwas gibt, was den Gottlosen mit Recht angerechnet wird, die sich freiwillig der Gnade Gottes versagt haben, damit der Vorwurf der Grausamkeit und Ungerechtigkeit von Gott abgewendet werde, damit von uns die Verzweiflung abgewendet werde, und die Sorglosigkeit abgewendet werde, damit wir zum Bemühen angespornt werden.«[544]

Luther widerspricht Erasmus in seiner oben genannten Schrift mit starken Worten. Er bestreitet nicht, dass der Mensch die Möglichkeit zu freien Entscheidungen hat. Innerhalb des von Gott geschaffenen und zur Verfügung gestellten Lebensraums handelt der Mensch nach eigenem Willen (voluntas) und kann darüber verfügen. In

539 Luther, De servo arbitrio. Im folgenden beziehe ich mich auf Härle, Menschsein.

540 Vgl. Kapitel 4.3.4.

541 Im lateinischen Text werden zwei Begriffe verwendet: arbitrium und voluntas, beide bedeuten Wille. Zur besseren Unterscheidung übersetzt Härle arbitrium aber nicht, wie üblich, mit Willen, sondern mit Wahlvermögen; voluntas dagegen mit Wille. Das erscheint hilfreich, um die Bedeutungsvarianten zu erkennen.

542 Erasmus, Diatribe, 37.

543 Erasmus, Diatribe, 57, unter bezug auf Thomas von Aquin und Augustin.

544 Erasmus, Diatribe, 191.

alltäglichen Dingen kann der Mensch also durchaus frei entscheiden und muss diese Entscheidungen auch begründen und verantworten. Luther schreibt: »Wir wissen, dass der Mensch als Herr über das unter ihm Liegende gesetzt ist; dem gegenüber hat er ein Recht und ein freies Wahlvermögen (liberum arbitrium), und es gehorcht folglich und tut, was er will und sich vorstellt. Wir fragen vielmehr danach, ob er gegen *Gott* ein freies Willensvermögen habe, so dass er gehorcht und tut, was der Mensch will – oder vielmehr, ob Gott ein freies Willensvermögen gegen den Menschen habe, so dass dieser will und tut, was Gott will, und nur das vermag, was dieser will und tut.«[545] Das ist eindeutig. In Bezug auf den Sinn seines Lebens, das Ziel und auf sein Heil gibt es für Luther keinen freien Willen, der Mensch ist in jedem Fall fremdbestimmt. Entscheidend ist aber die Qualität dieser Fremdbestimmung. Darum vergleicht Luther den menschlichen Willen mit einem Reittier, das entweder von Gott oder dem Satan geritten werde. Der Wille hat nicht die Entscheidungsfreiheit, zu einem Reiter zu laufen oder ihn zu suchen, sondern die Reiter selbst streiten darum, ihn festzuhalten und zu besitzen.[546]

2 »Neurowissenschaftlicher haben in den letzten Jahren weitgehend entschlüsselt, welche Gehirnareale zum Bewusstsein beitragen. ... Unsere verschiedenen Bewusstseinszustände stellen ... nur das Endprodukt äußerst komplexer, aber unbewusst ablaufender Verarbeitungsvorgänge dar. Dies gilt letztlich auch für das Gefühl, in unseren Absichten und Handlungen frei zu sein – der subjektive Eindruck von Willensfreiheit.«[547] Diese These des bekannten Neurobiologen Gerhard Roth geht zurück auf ein Experiment von Benjamin Libet.[548] Er hat nachgewiesen, dass Gehirnaktivitäten zu einer intendierten Handlung stattfinden, *bevor* die handelnde Person sich ihrer Entscheidung bewusst ist und die Handlung ausgeführt wird. Im Gehirn lässt sich also ein nicht bewusst wahrgenommenes Bereitschaftspotential für eine Handlung (im Experiment das Bewegen eines Fingers) messen, das der bewussten Entscheidung zeitlich messbar vorausgeht.

Damit eine Entscheidung »frei« genannt werden kann, müssen aber drei Bedingungen erfüllt sein: ich muss eine Wahl zwischen verschiedenen Möglichkeiten haben; welche Wahl getroffen wird muss von mir abhängen; die Wahl darf keinem Zwang unterliegen. Die Frage, die sich aus dem Libet-Experiment ergibt lautet demnach: Wie kann eine Entscheidung von mir abhängen, die auf Vorgängen im Gehirn beruht, die stattfinden, bevor ich die Absicht zur Handlung überhaupt ausbilde? Roth und andere Neurowissenschaftler folgern daraus: Nicht das Ich, sondern das Gehirn trifft die Entscheidung: Willensfreiheit gibt es nicht.

---

545 Luther, De servo, 645. (Hervorhebung MF)

546 »So ist der menschliche Wille in die Mitte gestellt wie ein Zugtier. Wenn Gott darauf sitzt, will und geht es, wohin Gott will ... Wenn Satan darauf sitzt, will und geht es, wohin Satan will. Und es liegt nicht an seinem Willensvermögen, zu einem von beiden Reitern zu laufen und ihn zu suchen. Vielmehr streiten die Reiter selbst darum, es in Besitz zu nehmen und in Besitz zu halten.« (Luther, De servo, 291)

547 Roth, Gleichtakt, 26.

548 Zur genauen Versuchsbeschreibung vgl. Beckermann, Biologie, 111f. Libets Experiment wurde bald in Zweifel gezogen, später aber von anderen Wissenschaftlern in einer differenzierteren Studie bestätigt.

Die Ergebnisse, vor allem die Schlussfolgerungen und ihre Deutung wurden in der Folge vielfach kritisch diskutiert. Zunächst werden die Experimente selbst hinterfragt:[549] Handelt es sich in den Laborsituationen wirklich um echte Entscheidungen? Die getroffenen Entscheidungen (für die Fingerbewegung) haben für die Versuchspersonen keine persönliche Relevanz. Sie müssen dafür auch keine Gründe benennen oder Argumente abwägen. Zudem wurde eine gewisse Ungenauigkeit der Messung festgestellt, das »Bereitschaftspotential« war auch ohne einen folgenden bewussten Handlungsimpuls vorhanden. Schließlich ließ sich von den gemessenen Hirnaktivität ausgehend das folgende Handeln nicht genau voraussagen. Mehr als Wahrscheinlichkeitsangaben sind (noch) nicht möglich.

Für die Beurteilung der Ergebnisse ist es darüber hinaus besonders wichtig, zwischen den Ergebnissen der Forschungen und ihrer Interpretation zu trennen. Im Blick auf die Interpretation ist der folgende Einwand nicht von der Hand zu weisen. Grundlage für die Forschungen *und* die Interpretation sind allein Methoden der Naturwissenschaft. »Alle Phänomene, auch die höheren kognitiven Funktionen, sollen dieser Erklärungsstrategie unterworfen werden. Dabei wird übersehen, dass die Methoden der Naturwissenschaft von uns selbst entworfen sind. Durch dieses Verfahren entsteht zwangsläufig eine Zirkularität. Wir – oder unser Gehirn – als die Erklärenden setzen unsere eigenen kognitiven Werkzeuge ein, um uns selbst zu begreifen. .... Das zu Erklärende ist selbst Voraussetzung des Erklärens.«[550]

Hinzu kommt noch ein letzter Aspekt: Es ist zu unterscheiden zwischen der Ich- und Es- Perspektive. Menschen brauchen ihr Gehirn, um Entscheidungen zu treffen und abzuwägen, doch Neurone allein treffen die Entscheidungen nicht.[551] Die Feststellung, dass mentale Prozesse eine neuronale und damit materielle Grundlage haben, stellt die Prozesse als solche nicht in Frage. »Dies gilt schon allein deshalb, weil Zweifel an der Existenz der mentalen Zustände unter den Prämissen der Identitätstheorie gleichzeitig Zweifel an der Existenz der entsprechenden neuronalen Vorgänge sind, schließlich haben wir es hier jeweils mit ein und demselben Prozess zu tun.«[552]

Die Folgen der Reduzierung des Menschen auf seine neuronalen Prozesse im Gehirn wirken sich auf das Selbstbild aus. Menschen werden nicht mehr als Personen wahrgenommen, die Gründe und Motive für Entscheidungen suchen und vertreten, sondern mehr »als Agenten unserer Gene, Hormone und Neuronen, als Wesen, die in verschiedenster Weise von ihrem Körper gesteuert werden. Die ›Neurosprache‹ durchdringt allmählich unser Selbstbild. Unsere Probleme, Konflikte und Leiden sind dann nicht mehr existentielle Aufgaben, mit denen wir konfrontiert sind, sondern Resultat von fehlgesteuerten neuronalen Netzwerken und Transmitterdifferenzen.«[553]

3 Die Infragestellung des freien Willens durch Martin Luther und die Neurobiologie haben auf den ersten Blick verblüffende Ähnlichkeiten. Beiden ist die Frage nach

549 Vgl. zum Folgenden Magrabi, Wiederentdeckung, 81.
550 Rager, Grundzüge, 111f.
551 Vgl. Kapitel 2.2.4.
552 Pauen, Freiheit, 176.
553 Fuchs, Gehirn, 56.

dem Willen und der Verantwortung des Menschen wichtig. Beide beanspruchen eine Wende im Verständnis des Menschen, stellen bisherige Selbstverständlichkeiten in Frage. Die Skepsis gegenüber dem freien Willen kann durchaus als eine »vierte Kränkung« der Menschheit verstanden werden.[554] Zu fragen ist aber, worin diese Kränkung besteht und wie sie begründet wird.

Bei näherem Hinsehen zeigen sich beträchtliche Unterschiede, die wegweisend sind für das Verhältnis von Theologie und Neurobiologie insgesamt. Die Neurobiologie arbeitet methodisch mit exakt wiederholbaren Experimenten in Laborsituationen, aus denen sie ihre messbaren, nachprüfbaren Ergebnisse gewinnt. Die gewonnenen Erkenntnisse suggerieren Sicherheit und Verlässlichkeit. Damit wird auf materialer Ebene erklärt, was Menschen als ihren Willen erleben und ausdrücken. Wenn diese Verknüpfung von Willen und Gehirnfunktion als einziger Erklärungsgrund für menschliches Handeln angesehen wird, kann man tatsächlich nicht von »freiem« Willen sprechen. Allerdings lässt man sich damit auch auf die Prämisse ein, dass die Wahrheit über den Menschen auf diese experimentelle Weise zu finden ist. Damit wird aber der Mensch auf die materiale Dimension reduziert.

Die Theologie beansprucht einen anderen Zugang. Sie bezieht sich auf ein Wissen, das sich dem naturwissenschaftlich-deskriptiven Zugang entzieht. Sie handelt von Ursprung und Ziel des menschlichen Lebens. »Dieser Ausblick auf die Bestimmung, auf die Verfassung und auf den Ursprung des Menschen ist der Neurobiologie als Forschungsgegenstand verwehrt, was nicht ausschließt, dass sie um diesen weiten Horizont – aus Erfahrung – wissen und von daher ihre begrenzten Forschungsperspektive einordnen könnte.«[555]

Wenn Martin Luther vom unfreien Willen spricht, kommt es ihm darauf an, bewusst zu machen, dass der Mensch in Bezug auf sein Heil von sich selbst nichts, von Gott dagegen alles zu erwarten hat. Freiheit wird dem Menschen von Gott zugesprochen und geschenkt. Christus hat uns zur Freiheit befreit (Paulus), diese Überzeugung garantiert die Freiheit gegenüber Forschungsergebnissen, die Menschen über sich selbst herausfinden, auch gegenüber Festlegungen durch neurobiologische Ergebnisse. Theologie behauptet: Wir können uns nicht selber sagen, wer wir sind und was wir sind – wir müssen es uns gesagt sein lassen. Orientierung für das Leben ist nicht aus sich selbst abzuleiten. Die Ausrichtung am Willen Gottes ist das, was für den Menschen gut ist. Das ist einerseits eine Beschränkung, andererseits aber auch ein Kriterium für den Umgang mit verschiedenen Ansprüchen auf die Definition des Menschen. Wo und wie immer Wissenschaft, Politik oder Weltanschauungen Anspruch auf den ganzen Menschen erheben, ist Widerspruch und Widerstand angesagt. Der Mensch ist dem Menschen entzogen, die Unverfügbarkeit der Person wird von seiner Bestimmung zum Ebenbild Gottes her behauptet und gesichert.

Die geschenkte Freiheit, die von Gott gewährt wird, ist auch eine Befreiung des Menschen von sich selbst. Der Mensch ist frei von der Notwendigkeit, sich selbst sichern zu müssen, frei, sich dem Nächsten zuzuwenden und frei, zu wollen, was

554 So Roth, Geist (vgl. Kapitel 2.2.4), und Härle, Wille, 297.
555 Härle, Wille, 295.

Gott will.[556] Es ist »kein Akt der Freiheit, dem Willen Gottes nicht entsprechen zu wollen, sondern eine Verfehlung der menschlichen Freiheit, weil das, was dem menschlichen Leben an Gutem zukommt, nur aus der Hand dessen stammen kann, der das Leben geschaffen hat und erhält. Gerade dass dieser gute Wille verfehlt wird, ist aber wiederum die Wirklichkeit des Lebens, die theologisch als Sünde zu beschreiben ist.«[557]

4.4.4 Rechtfertigung

Wer über Sünde nachdenkt, spricht zugleich von der Rechtfertigung. Eines ist nicht ohne das andere zu denken. Was in den vorigen Abschnitten über den Menschen unter der Sünde gesagt wurde, lässt sich erst aus der Perspektive des gerechtfertigten Menschen erkennen und aussagen. »In der Rechtfertigungslehre kommt zur Sprache, wer Gott ist und wer der Mensch ist – vor diesem Gott.«[558]

Rechtfertigung wird heute fast nur noch reflexiv verstanden: ein Mensch muss sich rechtfertigen, wenn er von anderen beschuldigt wird. Er muss sich gegen eine Vorwurf verteidigen, Rechenschaft ablegen, sein Verhalten oder seine Meinung begründen.

Die theologische Bedeutung des Wortes ist weitgehend verloren gegangen. Einen Bezug zum Leben hat es kaum mehr. Für viele – auch für viele überzeugte Christen – ist der Gedanke an ein Gericht Gottes, vor dem sich der Mensch zu verantworten hat, nicht mehr nachzuvollziehen und fremd geworden. »Wie kriege ich einen gnädigen Gott?« – die existentielle Not und Verzweiflung die Martin Luther bei dieser Frage fühlte und auf die er mit der Rechtfertigung eine befreiende Antwort fand, lässt sich heute weitgehend nur noch zuschauend und verwundert zur Kenntnis nehmen. Es gilt darum, die Fremdheit des Begriffs und das Unverständnis zu berücksichtigen und zu formulieren, warum dieser Gedanke grundlegend für eine theologische Anthropologie ist. Im Folgenden soll geklärt werden, was damit gemeint ist. Warum ist Rechtfertigung ein elementares Glaubensthema? Wie kann ihre Bedeutung heute ausgedrückt und wahrgenommen werden? Einer kurzen Erinnerung an den biblischen Ursprung und die Überlieferungsgeschichte folgt der Blick auf die reformatorische (Wieder-) Entdeckung. Überlegungen zur Bedeutung des Begriffs für das Verhältnis von Gott und Mensch, das in einer theologische Anthropologie zur Sprache kommen muss, schließen diesen Abschnitt ab.

1 Die Bibel[559] bezieht das Wort »Rechtfertigung« auf das Verhältnis zwischen Gott und den Menschen. Gerecht ist, wer im richtigen Verhältnis zu Gott steht. Gottes Gemeinschaftstreue ist Grundlage und Ermöglichung menschlichen Lebens in Gerechtigkeit. »Sie schafft ein lebensdienliches und lebensbejahendes Miteinander der Menschen, in dem gerade die Schwachen geschützt sind und den Raum gewährt

556 Vgl. dazu Sauter, Leben, 170ff.
557 Schobert, Einführung, 116.
558 Sauter, Rechtfertigung IV, 315.
559 Vgl. Kapitel 3.8.

bekommen, den sie zur Entfaltung ihres Lebens brauchen.«[560] Jesus lässt die Menschen »recht« sein und schenkt ihnen Anteil an der Gemeinschaft mit Gott, indem er sich mit ihnen an einen Tisch setzt und ihnen neue Anfänge zutraut und ermöglicht. Vor allem Paulus betont, dass Gott in Jesus Christus seine »Gerechtigkeit« und Treue erweist. Sie besteht nicht darin, dass er die Menschen verurteilt, die sich von ihm abgewandt haben, sondern darin, dass er sich ihnen zuwendet, Ja zu ihnen sagt und sie in seine Gemeinschaft aufnimmt (wie es auch am Reden und Tun Jesu zu erkennen war). Diese liebevolle Zuwendung Gottes zum Menschen nennt Paulus Gnade. Erkennbar wird sie in Tod und Auferstehung Jesu.

Für eine an den Begriffen des Paulus orientierte Theologie hat der Kirchenvater Augustin den Grundstock gelegt. Gegenüber allen Versuchen seiner Zeit, die sittlichen Leistungen des Menschen in den Vordergrund zu stellen, betont er: Bei der Rechtfertigung des Sünders kommt alles auf die Gnade Gottes an, selbst die Zustimmung des Menschen und das Bleiben im Glauben ist Gott zuzuschreiben. Damit rücken die Begriffe Sünde und Gnade ins Zentrum christlicher Heilslehre.

Im Hochmittelalter wird die Rechtfertigung der Gottlosen zu einem wichtigen Teilthema der scholastischen Theologie: Menschen erlangen das Heil allein durch die freie Gnade Gottes. Diese Gnade durchdringt den Menschen so vollständig, dass er befähigt wird, sich von der Sünde abzuwenden und Gutes zu tun, als Frucht der Gnade. Maßgeblich für dieses Verständnis ist die (komplizierte) Sünden- und Gnadenlehre Thomas von Aquins.

2 Martin Luther wuchs in einer Zeit auf, in der man von der Mitwirkung des Menschen an seiner Rechtfertigung ausging. Wenn der Mensch tut, was in seinen Kräften steht, wird Gott ihm seine Gnade schenken. In der Volksfrömmigkeit erhielten die guten Werke gleichsam Heilsbedeutung. Auf der anderen Seite war die Angst vor dem strafenden, zornigen Gott groß. Auch Martin Luther versuchte, dem »gerechten« Gott zu entsprechen. Er wollte sich ihm ganz zur Verfügung stellen, im Glauben vollkommen werden – und spürte zugleich, dass ihm das nicht gelingt. Erst im Zusammenhang mit der Bibelauslegung, insbesondere der Beschäftigung mit dem Römerbrief[561], entdeckte er verloren gegangene Dimensionen der Gerechtigkeit Gottes neu. Rechtfertigung versteht er jetzt als die Mitteilung der Gerechtigkeit Gottes an den Menschen. Gottes Gerechtigkeit kommt als »fremde Gerechtigkeit«[562] von außerhalb auf den Menschen zu. Gott erklärt ihn für gerecht, indem er ihm Christi Gerechtigkeit zurechnet und nicht die menschliche anrechnet. Er neigt sich in Christus dem Sünder zu und umfängt ihn mit seiner Gerechtigkeit, und zwar so, dass der Mensch Gott recht geben kann. Die *iustitia dei passiva*, »mit der der barmherzige Gott uns durch den Glauben rechtfertigt,« lässt den Menschen passiv an Gottes Gerechtigkeit teilhaben. Wenn der Gottlose Gott Recht gibt, sein Urteil anerkennt und sich retten lässt, gelangt sie zu ihrem Ziel. Für den Menschen geht dieser Vorgang mit

560 Klaiber, Gerecht vor Gott, 54.

561 Auch dies ist wieder ein Übersetzungsfrage. Das griechische *dikaioun* wurde in der lateinischen Übersetzung der Bibel der Vulgata mit *iustificare* übersetzt und bekam dadurch eine rein juristische Bedeutung. Luther liest den Urtext und entdeckt dabei die weitere Bedeutung des Begriffs Gerechtigkeit.

562 Luther, Römerbriefvorlesung, 158, 9–14.

einer veränderten Selbstwahrnehmung einher: Er erkennt sich vor Gott stehend als *simul iustus et peccator* – als Gerechter und Sünder zugleich.[563]

Abb. 6: Sebastian Dayg, Altarbild in St. Marien und Jakobus, Heilbronn[564]

Dieses vorreformatorische Altarbild aus dem Jahr 1511 zeigt die Rechtfertigung im Bild: Gott Vater wird als der strenge, zornige Richter dargestellt, in seiner einen Hand das erhobene Schwert zum Gericht, in der anderen die Weltkugel, die ihm fast aus der Hand fällt. Ihm gegenüber steht Christus, mit bloßer Hand hält er die Klinge des Schwertes fest, verhindert den vernichtenden Schlag, mit der anderen Hand weist er auf die Wunde in seiner

563 Luther, Vorrede, 186,7. In dieser Vorrede zur Herausgabe seiner lateinischen Schriften bezeichnet er ein Jahr vor seinem Tod (1545) seine Entdeckung rückblickend als »Pforte zum Paradies.«

564 Vorreformatorisches Heilsbronner Rechtfertigungsbild von Sebastian Dayg (1511), Heilsbronn, Münster St. Marien und Jakobus Marienaltar (https://commons.wikimedia.org/wiki/File:Heilsbronn_M%C3%BCnster_ Marienaltar_Rechtfertigungsbild.jpg, 16.1.2017). Das Bild zeigt, dass Luthers Verständnis der Rechtfertigung auch schon vor seiner Neuentdeckung vorhanden war.

Seite. Dem starken, mächtigen Gott steht der schwache, verwundbare Gott gegenüber – der Heilige Geist in Gestalt der Taube hat sich auf dem Schwert niedergelassen, er verbindet die Gegensätze. Das Bild drückt aus: Der allmächtige Gott macht sich verwundbar wie ein Mensch um die Menschen zu retten – das ist sein Gericht.

3 In Auseinandersetzung mit der zeitgenössischen kirchlichen Gnadenlehre legt Melanchthon 1530 in der Confessio Augustana – nicht unbedingt in kirchentrennender Absicht, doch letztlich mit dieser Wirkung – eine systematisch ausgefeilte Fassung der Gedanken Luthers vor: »Weiter wird gelehrt, dass wir Vergebung der Sünde und Gerechtigkeit vor Gott nicht durch unser Verdienst, Werk und Genugtuung erlangen können, sondern dass wir Vergebung der Sünde bekommen und vor Gott gerecht werden aus Gnade um Christi willen durch den Glauben, nämlich wenn wir glauben, dass Christus für uns gelitten hat und dass uns um seinetwillen die Sünde vergeben, Gerechtigkeit und ewiges Leben geschenkt wird. Denn diesen Glauben will Gott als Gerechtigkeit, die vor ihm gilt, ansehen und zurechnen, wie der Hl. Paulus zu den Römern im 3. und 4. Kapitel sagt.«[565]

1547 definiert das Konzil von Trient dann genau diesen Ansatz als kirchentrennend: »Wer behauptet, dass der sündige Mensch durch den Glauben allein gerechtfertigt werde ..., der sei ausgeschlossen.«[566] 30 Jahre der Diskussion, des Ringens und der persönlichen Auseinandersetzung liegen zwischen Luthers Römerbriefvorlesung und diesem Text. Die römisch-katholische Kirche hat bei diesem Konzil in Auseinandersetzung mit den reformatorischen Anfragen ihre eigene Position formuliert. Sie nimmt einerseits wichtige Anliegen der Reformation auf: Die Spitze des Evangeliums liegt darin, dass Gott sich dem Menschen zuwendet, aus eigener Kraft kann dieser sich nicht auf den Empfang der Gnade vorbereiten. Rechtfertigung erneuert den inneren Menschen, der damit bereit ist, die Gnade anzunehmen, die sich in seinem Glauben, seiner Hoffnung und Liebe als wirklich erweist. Rechtfertigung wird aber als Prozess verstanden, innerhalb dessen die Menschen moralisch wachsen und der empfangenen Gnade zuarbeiten können – durch Glaube und gute Werke. Das Konzil betont also stärker den Aspekt der Mitverantwortung des Menschen und die Notwendigkeit guter Werke. Gute Werke sind gleichzeitig Gaben Gottes und Verdienst des Menschen, mit denen er das ewige Leben erlangt.

Dieser kirchliche Lehrstreit währte 400 Jahre, bis am 31. Oktober 1999, eine gemeinsame Erklärung zwischen lutherischem Weltbund und der römisch-katholischen Kirche zur Rechtfertigung unterzeichnet wurde.[567] Sie benennt den Konsens, ohne auf die bleibenden unterschiedlichen Sichtweisen zu verzichten. In den Punkten 14–18 der Erklärung heißt es unter anderem: »Es ist unser gemeinsamer Glaube, dass die Rechtfertigung das Werk des dreieinigen Gottes ist ... Rechtfertigung (sc. bedeutet), dass Christus selbst unsere Gerechtigkeit ist, derer wir nach dem Willen des

565 CA, Artikel 4. Artikel 6 (Vom neuen Gehorsam) lautet: »Auch wird gelehrt, dass dieser Glaube gute Früchte und gute Werke hervorbringen soll und dass man gute Werke tun muss, und zwar alle, die Gott geboten hat, um Gottes willen. Doch darf man nicht auf solche Werke vertrauen, um dadurch Gnade vor Gott zu verdienen. Denn wir empfangen Vergebung der Sünde und Gerechtigkeit durch den Glauben an Christus ...« Vgl. Dierk, Gott, 79ff.

566 Dekret über die Rechtfertigung 1547, Canon 9, 12 und 32.

567 Erklärung. Die methodistische Kirche trat dieser Erklärung 2006 bei.

Vaters durch den Heiligen Geist teilhaftig werden. Gemeinsam bekennen wir: Allein aus Gnade im Glauben an die Heilstat Christi, nicht aufgrund unseres Verdienstes, werden wir von Gott angenommen (14) ... Gemeinsam sind wir der Überzeugung, dass die Botschaft von der Rechtfertigung uns in besonderer Weise auf die Mitte des neutestamentlichen Zeugnisses von Gottes Heilshandeln in Christus verweist: Sie sagt uns, dass wir Sünder unser neues Leben allein der vergebenden und neu schaffenden Barmherzigkeit Gottes verdanken, die wir uns nur schenken lassen und im Glauben empfangen, aber nie – in welcher Form auch immer – verdienen können (17). Darum ist die Lehre von der Rechtfertigung ... ein unverzichtbares Kriterium, das die gesamte Lehre und Praxis der Kirche unablässig auf Christus hin orientieren will« (18).[568]

Damit ist der Streit weitgehend beigelegt, ein kirchentrennendes Element beseitigt und ein Schritt hin zur Ökumene getan. Was bedeutet aber der Gedanke der Rechtfertigung für eine theologische Anthropologie, die sich auch mit Fragen der heutigen Menschen beschäftigt? Wie kann davon so geredet werden, dass Menschen heute verstehen, was gemeint ist und vielleicht sogar etwas von der »Pforte des Paradieses« (Luther) erahnen können?

4 Die Rede von der Rechtfertigung ist »skandalös«: Dass wir ohne jede moralische Anstrengung, ohne jede eigene Mitwirkung, allein durch unser Vertrauen auf Gottes Gnade von Gott akzeptiert werden und dadurch ein für allemal akzeptabel geworden sind, das ist bis heute kaum zu glauben. In einer Leistungsgesellschaft wie unserer, klingt das für viele töricht oder gar skandalös.[569]

Gerhard Sauter nennt die Rechtfertigung das »Eselsohr«, das an den »Ursprung des Kircheseins und der christlichen Existenz ebenso erinnert wie an das bestimmte Wort, das der Kirche anvertraut ist.«[570] Insofern ist sie weniger ein Topos, ein Lehrstück als eine Dialogregel für grundlegende Aussagen der Theologie und zugleich deren Grenze. Sie ist verbindliche Aussage über Gottes richtendes und rettendes Handeln, und darum »ist sie nicht zu denken ohne die Antwort auf die Frage, wer Gott ist, was er getan und verheißen hat, wer Jesus Christus ist, als wen wir ihn verkündigen und erwarten.«

Nun sind aber weder die Frage des Paulus noch die Frage Luthers die brennenden Fragen heutiger Menschen. Ihre Kontextgebundenheit ist oben bereits deutlich geworden. Die Rede von der Rechtfertigung des Sünders war attraktiv und verstehbar. Sie hat Menschen heilsame Lebensmöglichkeiten aufgezeigt. Darum ist es notwendig, nicht nur biblische Texte, sondern auch die Aussagen der dogmatischen Tradition zu aktualisieren. Sie müssen so formuliert werden, dass Menschen sich mit ihren jeweils aktuellen Fragen und Suchbewegungen darin entdecken können. Wie können Menschen heute aus der Perspektive der »Rechtfertigung« ihr Leben und sich selbst verstehen? Dazu sollen im Folgenden vier Hinweise gegeben werden:

Zuerst geht es in der Rede von der Rechtfertigung um das *Gottesverständnis*. Die Gottesfrage stellt sich gegenwärtig mehr und mehr in einer nachchristlichen Situation.

---

568 Erklärung, Punkt 14–18.

569 Das hatte schon Paulus so erlebt. 1Kor 1,18 nennt er das Wort vom Kreuz für die Juden seiner Zeit ein Ärgernis und für die Nichtjuden eine Torheit und verwendet dafür das Wort *skandalon*.

570 Sauter, Rechtfertigung, 40. Das folgende Zitat 45.

Zugleich bleibt aber die Suche nach Sinn, nach Halt und Orientierung im Leben bestehen. In einer unüberschaubar gewordenen Welt brauchen Menschen Wegweisung. Sie suchen nach einer Instanz, der sie sich anvertrauen können und die sie vom Zwang befreit, für ihr Leben allein die Verantwortung zu tragen.[571]

Der Gedanke von der Rechtfertigung des Gottlosen zeigt einen Gott, der den Menschen entgegenkommt, Trennendes aufhebt und Leben ermöglicht. Er ist keine höchstrichterliche Instanz, die alles, was ein Mensch tut oder lässt, an einer vorgegebenen Norm misst. Er ist auch keine Leerformel, deren Inhalt jede/r selber eintragen muss. Er ist ein Gott der Liebe, der sich dem einzelnen Individuum zuwendet und ihm seine unverwechselbare Würde und Identität verleiht.

In diesem Zusammenhang stellt sich zweitens die Frage nach der *Wahrheit des eigenen Lebens.* Wie erweist sich die Bedeutung und der Wert unseres Lebens? Tritt an einem wie immer gedachten »Jüngsten Tag« die Wahrheit zutage? Wird dann ein perfekter Richter alle Stärken und Schwächen aufdecken, messen und bewerten? Oder misst sich der Wert meines Lebens daran, ob ich aus gegebenem Startkapital etwas mache?

Rechtfertigung bedeutet: Es gibt eine Wahrheit des Lebens, die nicht von dem abhängt, was ein Mensch daraus gemacht hat, sondern von dem, was Gott darin sieht. Diesen liebevollen Blick kann der Mensch für sich nur gelten lassen. Alle Aktivitäten, die über den Glauben hinaus Wahrheit und Wert eines Menschen sichern wollen, verhindern tatsächlich die Aktivität Gottes und damit das, was dem Leben seine Wahrheit gibt. In einer Lebenshaltung der passiven, dankbaren Annahme wird der Mensch frei für die aktive Gestaltung des geschenkten Lebens. Im Verständnis von Gerechtigkeit als Gabe liegt die befreiende Erfahrung: Wir müssen nicht für unser Rechtsein einstehen, wir können es nicht selbst herstellen und sichern. Gerechtigkeit wird zum Zielbegriff, zu einer Vision, auf die hin Handeln möglich wird. Sie ermöglicht so Freiheit zum gerechten Handeln.

Menschen können nicht existieren ohne *Bestätigung* durch andere. »Wir sind als Menschen auf Rechtfertigung angelegt« – diese These Gerhard Gloeges[572] können alle bestätigen, die sich wachen Auges in ihrer Umwelt umschauen. Von dem Bedürfnis und der Suche nach Bestätigung profitieren viele Anbieter, seriöse und weniger seriöse. Bei allem Wandel im Selbstverständnis und der Weltanschauung seit dem 16. Jahrhundert bleibt also das Grundbedürfnis nach Annahme der eigenen Person als menschliche Konstante bestehen. Die Werbung hat sich das schon lange zunutze gemacht. In vielen Anzeigen wird die Sehnsucht nach Annahme zum Ausgangspunkt der Botschaft und an ein Produkt als Verheißungsträger gebunden. »Die Tricks der Marketingstrategen und Verkäufer treffen heute mehr denn je auf eine verunsicherte Gesellschaft, die nach Halt und Bestätigung sucht ... Kaufen bietet ... etwas, das sich wohl jeder wünscht: Anerkennung. Je geringer das Selbstwertgefühl und je stärker die Verunsicherung, desto größer die Verheißung wertvoller Produkte.«[573]

---

571 Vgl. Kapitel 2.3.2.

572 Gloege, Gnade, 31f.

573 http://www.zeit.de/zeit-wissen/2012/03/Werbung-Manipulation-Kaufrausch/komplettansicht (28.2.2017) In diesem Artikel finden sich viele Beispiele.

Es mag sein, dass der richtende Gott nicht mehr die Instanz ist, nach der moderne Menschen ihr Leben ausrichten. Aber es ist ein Trugschluss zu glauben, es gäbe keine urteilenden Instanzen mehr. Im Blick auf die Individualisierung der Lebenshorizonte und die Pluralisierung der Lebenslagen unserer Gesellschaft ist vielleicht die Vokabel fremd, die Sache aber durchaus aktuell. Auf allen Lebensgebieten – Wissenschaft, Kunst, Wirtschaft und Politik, Technik und Sport – werden Menschen nach ihren Leistungen beurteilt, und zwar gnadenlos! Die rechtfertigenden Instanzen haben sich verschoben. An die Stelle des gnädigen Gottes und der frommen Werke ist die Leistung getreten. »Wer sich selbst zur Leistungssteigerung anspornt, tut dies, weil andere ihm zuschauen. ... als Kriterienkatalog (sc. gelten) ... Alltagsbeobachtungen: der gerade Yoga-Rücken (ich achte auf die Gesundheit), die Anwesenheit auf After-Work-Partys und Betriebsfesten (ich bin beliebt), das fachkundige Nachfragen während der Meetings (ich zeige Interesse für den Arbeitsvorgang), der akkurate Scheitel (ich achte auf mein Äußeres), Eloquenz (ich bin gebildet ...), Hilfsbereitschaft (... und auch noch moralisch korrekt). Aber wie das alles unter einen Hut kriegen?«[574]

Der Gedanke, dass Gott den Menschen akzeptiert und rechtfertigt, erlaubt es dagegen, sich selbst ebenfalls so zu akzeptieren, wie man ist. Bärbel Wartenberg-Potter übersetzt Rechtfertigung mit der Wendung: »der Gerechtigkeit Gottes begegnen« und schreibt dazu: »das heißt Empowerment, heißt Kraft kriegen, eine Kraft, die nicht durch Selbstrechtfertigungszweifel geschwächt wird. Der Mensch wird von Gott hier und heute zum gerechten, zum ›richtigen‹ Leben mit anderen befähigt, er wird in der Begegnung mit Gott zu einem richtigen Menschen, und das heißt: identisch, glücklich, stark zum Guten und zur Wahrheit. Es verhält sich zueinander wie Einatmen und Ausatmen. Die Liebe Gottes einatmen wie geschenkter Atem und sie bewusst wieder zurückatmen in das Leben.«[575]

Der Gedanke der Gerechtigkeit Gottes hält – und das ist der vierte Aspekt – die Erfahrung fest, dass es im Leben bestimmte *Werte* gibt, die nicht ungestraft missachtet werden können. Werte sind mehr als bloße menschliche Vereinbarungen, die im Grunde wandelbar sind. Sie sind auch nicht durch Meinungsträger oder Volksabstimmungen zu setzen. Diesen Gedanken hält der Aspekt der richterlichen Gerechtigkeit Gottes fest: Verstöße gegen elementare Lebenswerte haben Konsequenzen. Dieser Gedanke führt über die individuelle Perspektive hinaus und weist auf die soziale und politische Bedeutung. »Angesichts einer Gesellschaft, in der immer mehr Menschen von der Möglichkeit, ihr Leben in Würde zu leben, ausgeschlossen sind, stellt sich die Herausforderung der Inklusivität, die in der Rechtfertigungsbotschaft begründet liegt, ganz besonders.«[576] Es reicht nicht aus, Rechtfertigung allein auf die Dimension des Einzelnen zu beschränken. Elsa Tamez interpretiert die Texte des Paulus aus der Sicht der Befreiungstheologie und der Situation der Menschen in der »Dritten Welt«. Sie fragt, was Rechtfertigung für einen Kontinent bedeutet, »auf dem ein großer Teil der Bevölkerung dazu verdammt ist, unverdientermaßen zugrunde zu gehen, eben gerade

574 Distelhorst, Begriff, 36.
575 Wartenberg-Potter, Gerechtigkeit, 368.
576 Klaiber, Gerecht vor Gott, 218.

aus Mangel an Verdiensten.«[577] Sie hält es für erforderlich, den Akzent auf die Gerechtigkeit und die Gnade Gottes zu legen, »mit der er die Ausgeschlossenen zu ihrer Würde als Söhne und Töchter Gottes erhebt. Weit eher als von einer ›Versöhnung mit dem Sünder‹ spricht die Rechtfertigung von der Solidarität Gottes mit den Ausgeschlossenen.«

4.4.5 Zusammenfassende Thesen

- Sünde ist kein moralischer, sondern ein theologischer Begriff. Sünde wird primär als Verfehlen des Lebens verstanden, das Gott den Menschen zugedacht hat, und nicht in erster Linie als mutwilliges Aufbegehren gegen Gottes Willen. Sie lässt sie sich nicht aus Erfahrungen ableiten, deutet aber Erfahrungen des Scheiterns und der Verfehlung, die Menschen mit sich selbst machen.
- Die Rede von der Sünde ermöglicht einen realistischen Blick auf den Menschen und befreit zugleich von dem Zwang zur Perfektionierung und Selbstoptimierung. Es gilt also zu lernen, Sünder zu sein, um Freiheit zu gewinnen.
- Theologie hält daran fest, dass der Mensch ein freies Wesen ist. Der Freiheit geht aber ein Handeln Gottes voraus, das den Menschen von sich selbst und allen anderen Ansprüchen auf die Deutung des Lebens befreit. So kann der Mensch seine Bestimmung zum Ebenbild Gottes erkennen, Sinn und Ziel des eigenen Lebens finden und einstimmen in Gottes Willen.
- Gerechtigkeit Gottes ist ein Ausdruck der Gnade Gottes. Die Möglichkeit, an dieser Gerechtigkeit Anteil zu bekommen, ist der Glaube.
- Rechtfertigung handelt von der Beziehung zwischen Gott und Mensch, sie ist geprägt von Gemeinschaft, Partnerschaft und Liebe. Diese Beziehung ist lebendig, darum ist sie auch gefährdet, kann gestört und bedroht werden. Die gestörte Beziehung wird aufrechterhalten durch die Verlässlichkeit und Treue eines Partners. Weil Gott die Beziehung zum Menschen freiwillig dauerhaft wiederherstellt und erhält, kann der Mensch, der sich auf diese Beziehung einlässt, in und für Freiheit und Gerechtigkeit leben.

Literatur zum Weiterlesen

Klaiber: Biblische Grundlagen der Rechtfertigungslehre.
Grümme: Menschen bilden? 323ff.
Schobert: Einführung in die theologische Anthropologie, 121ff.
Müller: Schlüssel zur Bibel, 144ff: Dort auch Hinweise für Religionsunterricht.

---

577 Tamez, Rechtfertigung, 334, dort auch das folgende Zitat. Vgl. auch Grümme, Parteilichkeit, 108: »Gottes Gerechtigkeit ist ... eine parteiliche Gerechtigkeit, die sich für die Ausgegrenzten, Armen und Schwachen verschwendet. Auf menschlicher Seite korrespondiert dem ein Tun der Gerechtigkeit. ... Glaube artikuliert sich im Handeln der Gerechtigkeit.« Vgl. auch Kapitel 4.3.

Themenheft Sünde Glaube und Lernen, Heft 2/2005
Gerecht leben in einer Welt voller Unrecht? Ein Selbstversuch http://www.baerbel-wartenberg-potter.de/Archiv/

4.4.6 Religionspädagogische Anregungen

Übersetzungen

»Adam, der erste Mensch, war auch der Erste, der die Sache mit Gott verbockt hat. Und die Menschen nach ihm waren nicht besser. Deswegen müssen alle Leute irgendwann mal sterben. Jeder hat nämlich in seinem Leben schon mal Mist gebaut« (Römer 5,12, Volxbibel).

Die Schülerinnen und Schüler vergleichen die Übertragung der Volxbibel mit der Übersetzung der Lutherbibel oder der Einheitsübersetzung. Sie überlegen: Entspricht diese Übertragung dem theologischen Gehalt von Sünde?

Wo ist die Liebe?

Die Musikgruppe »Black Eyed Peas« beschwert sich in ihrem Lied »Where is the love« darüber, dass die Sünde in der Welt überhandgenommen habe. Sie wünschen sich eine bessere Welt, die nicht von dem »Drama« beherrscht wird:

«What's wrong with the world, mama? People living like aint got no mamas. I think the whole worlds addicted to the drama. Only attracted to the things that bring you trauma.«[578]

Die Schülerinnen und Schüler hören das Lied (oder lesen den Text). Sie gestalten ein Plakat mit zwei Seiten: Auf die eine Seite kleben sie Bilder aus Zeitungen, die zu dem Lied passen. Auf die andere Seite malen sie eine Welt, in der die Liebe wirkt. Sie überlegen, was geschehen muss, damit sich die Welt ändert.

Kinder erklären »Sünde«

Die Schülerinnen und Schüler betrachten den Videoclip: Kinder erklären Sünde/Glaubensdings/Gott sei Dank.[579] Sie führen ein theologisches Gespräch dazu und versuchen anschließend, Mitschüler-innen zu erklären, was Sünde ist.

Sünde, was ist das eigentlich?

Die Schülerinnen und Schüler erhalten die Statements zur Sünde vom Beginn dieses Kapitels (Kapitel 4.4.1) und nehmen dazu Stellung. Sie sammeln Stichworte zu der

578 Der vollständige Text des Liedes unter https://www.youtube.com/watch?v=WpYeekQkAdc (28.2.2017).

579 https://youtube/VrcaWF7089k (15.2.2017).

Frage: In welche Situationen und mit welcher Bedeutung begegnet ihnen das Wort »Sünde«?

Entscheidungsfreiheit?

»Welcher Teufel hat dich geritten?« fragen wir manchmal, wenn wir Entscheidungen getroffen haben, die sich im Nachhinein als falsch erwiesen haben. Die Schülerinnen und Schüler suchen Beispiele zu dieser Redewendung. Sie vergleichen die Redewendung mit Luthers Bild vom Reittier (Kapitel 4.4.3).

Die Infragestellung des freien Willens durch Neurobiologie hat Auswirkungen auf Verantwortung. Wie verantwortlich kann ich für mein Handeln gemacht werden, wenn die Neuronen entscheiden?

Freiheit als Wunschtraum

Die Werbung bedient sich der Freiheit als Leitbegriff und verspricht Unabhängigkeit statt Pflicht, Identität statt Rolle. Die Schülerinnen und Schüler lernen Beispiele kennen, z. B.

- Ford: die neue Freiheit 2014 (https://www.youtube.com/watch?v=redwWO53T-k)
- Ich will Freiheit. T-Mobile Werbung /2015 (https://youtube/WStIPa-YZrU)
- Nestea »Freiheit nach deinem Geschmack« 2015
- (https://www.youtube.com/watch?v=DLZLeV9rVM8).
- Freiheit, der Vegan-Spot mit Attila Hildmann (https://www.youtube.com/watch?v=KecZLHBPTbU)

Sie überlegen: Wie wird in den Spots Freiheit gezeigt und beschrieben? Können ein Auto, ein Handy oder Tee Freiheit bedeuten?

Der ›richtende Gott‹

Die Schülerinnen und Schüler vergleichen Dürers Holzschnitt »Jüngstes Gericht« (im Buch S. 164) mit dem »Heilsbronner Rechtfertigungsbild« (im Buch S. 179). Sie versuchen dabei zu erklären, was Rechtfertigung bedeutet.

Gott liebt uns – einfach so.

Die Schülerinnen und Schüler lesen oder hören den folgenden Abschnitt aus dem Buch »Die Farbe Lila.«[580] Die amerikanische Theologin Alice Walker schildert darin den Dialog zweier afroamerikanischen Frauen über Gott. Shug und Celie unterhalten sich: »Wenn wir mal das Gefühl haben, Gott liebt uns, dann tun wir alles, dass wir

580 Walker, Farbe, 138.

ihm Freude machen mit den (sic!), was uns Spaß macht.« ... »Willst du erzählen, Gott liebt euch, wo ihr noch nie was für ihn getan habt? Ich mein, nich in die Kirche geht, nich im Chor singt, dem Prediger kein Essen bringt und all das?« »Aber wenn Gott mich lieb hat, Celie, dann brauch ich das alles nicht zu tun. Außer ich wills. Gibt Massen andre Sache, die ich tun kann, wenn ich glaub, Gott hat sie gern.« »Was n das?« frag ich. »Na«, sagt sie, »ich kann mich einfach zurücklehnen und Sachen bewundern. Glücklich sein. Es schön haben.«

Die Schülerinnen und Schüler überlegen: Liebt Gott Menschen, die noch nie etwas für ihn getan haben? Was für ›Sachen‹ hat Gott gern?

5. Einladung zum Dialog

Theologische Anthropologie kann und muss sich in das interdisziplinäre Gespräch über den Menschen einbringen. Davon geht dieses Buch aus. In Kapitel zwei wurde deshalb der Kontext benannt, in dem theologisches Nachdenken über den Menschen heute steht. Von dorther haben sich Anregungen für weitere Überlegungen ergeben, die vor allem in Kapitel vier dargelegt wurden.

Umgekehrt bildet die theologische Anthropologie aber auch den Kontext für andere Zugänge. Diesen anderen Zugängen die theologische Perspektive zu erschließen und nachvollziehbar zu machen ist eine grundlegende Aufgabe der Theologie im Rahmen heutiger Diskurse. Die Rückbesinnung auf das biblische Reden vom Menschen in Kapitel drei und die systematisch-theologischen Ausführungen in Kapitel vier gaben hierzu die grundlegenden Impulse.

Auf dieser Grundlage ist es nun möglich, zusammenfassend einige Aspekte und Fragestellungen zu formulieren, die eine theologisch grundierte Anthropologie in ein gemeinsames Gespräch ergänzend und kritisch einbringen kann. Das ist der Schwerpunkt dieses abschließenden Kapitels, in dem es sowohl um herausfordernde Fragen an die Adresse der Theologie als auch um Anfragen der Theologie an die anderen Gesprächspartner geht. Das Buch geht am Schluss noch einmal auf das Mädchen Sofie ein, weil die Frage »Was ist der Mensch?« nicht im Allgemeinen stehen bleiben kann. Sie zielt auf persönliche Antworten.

»Generell ist anzuerkennen, dass die theologischen Anthropologien ... wichtige konkretisierende Zusatzaspekte für die Interpretation und humanitäts-orientierte spezifische Akzentuierungen ... aufweisen können, so dass es angezeigt scheint, ... theologische Perspektiven in der Anthropologie zu berücksichtigen. Der Mensch ist schließlich das transzendierende Wesen, das ... sich ... im Lichte und Spiegel dieser ›finalen‹ Orientierung reflektiert.«[581] Mit diesem Votum eines Philosophen wird deutlich: Die Theologie ist aufgefordert im aktuellen Diskurs um den Menschen auskunftsfähig und bereit zum Dialog sein. Ob es sich bei dem Beitrag der Theologie nun um »konkretisierende Zusatzaspekte« oder um grundlegende Überlegungen handelt, wird zwischen Philosophie, Theologie und Naturwissenschaften zweifellos unterschiedlich bewertet. Klar ist aber: Die unterschiedlichen Perspektiven haben einen je eigenen Geltungsanspruch, der zu wahren ist. Sie haben eigene Herangehensweisen

581 Lenk, Vielfachwesen, 398.

und Methoden im Blick auf das »Phänomen Mensch«, die sich ergänzen und gegenseitig fördern können. Es kommt deshalb abschließend darauf an, ihre jeweilige Bedeutung füreinander zu reflektieren.

5.1 Exemplarische Problemfelder

Neue Entwicklungen, insbesondere in den Naturwissenschaften, haben immer wieder zu tiefgreifenden Veränderungen der Vorstellungen vom Menschen geführt. In den letzten Jahren spielen dabei die rasanten Erkenntnisfortschritte der Neuro- und Kognitionswissenschaften eine besondere Rolle. Die dabei gewonnenen Erkenntnisse betreffen die Anthropologie an zentralen Punkten.

Fragt man heute nach einer Leitwissenschaft, der man zutraut, wichtige Lebensfragen zu beantworten, kommt man an der Biologie nicht vorbei. Darauf weist schon die Bezeichnung hin: *Bio*-logie, Wissenschaft vom Leben. Mit hauptsächlich naturwissenschaftlich orientierten Methoden erforscht sie den Körper und Geist des Menschen, die Gene, das Gehirn, die Evolution und vieles mehr. Soziobiologen beobachten und erklären das Verhalten von Menschen (und Tieren) in der Gruppe. Biotechnologie setzt Erkenntnisse der Forschung in technische Produkte um. Aus den vielfältigen Ergebnissen der Forschung sollen drei Problemfelder näher diskutiert werden.

1 Eine aktuelle und vielleicht die umfassendste Infragestellung der Vorstellung des Menschen von sich selbst geht gegenwärtig von der Neurobiologie aus. Ihre Forschungsergebnisse zu den neuronalen Grundlagen geistiger Vorgänge führen Denken und Empfinden auf biologische Vorgänge zurück und erheben den Anspruch, das Geheimnis des Bewusstseins zu klären. Aufgrund ihrer Forschungsergebnisse fordern einige Neurobiologen ein neues Menschenbild.[582]

Anzuerkennen ist, dass die Neurowissenschaften damit auf eine enge, untrennbare Verbindung zwischen Körper und Geist verweisen (die bereits in den biblischen Texten vorausgesetzt wird). Der Mensch besteht nicht nur aus Geist und Vernunft, ohne Körper ist menschliches Leben nicht »denkbar.« Dennoch ist zu fragen, ob sich der Mensch *allein* mit naturwissenschaftlichen Methoden messen und erklären lässt. Ist er letztlich nichts weiter als ein System biochemischer und neuroelektrischer Prozesse? »Lässt er sich bis in sein eigenes Selbstverständnis und seine persönlichsten Erfahrungen hinein kausal erklären?« oder »gehört zum Menschen mehr, anderes, als dasjenige, was auf physikalische Begrifflichkeit reduzierbar ist?«[583] Hier zeigt sich eine Grundfrage nach dem Verhältnis von Theologie und Naturwissenschaften. Wenn die Naturwissenschaften beanspruchen, alles über den Menschen aussagen zu können, was ausgesagt werden kann, muss die Theologie geradezu daran festhalten, dass der Mensch letztlich dem anderen Menschen unverfügbar bleibt. »Neuro- und naturwissenschaftliche Erklärbarkeit des Menschen hat ... ihre Grenzen ... in der grundsätzli-

582 Vgl. dazu vor allem Kapitel 2.1.4 und Kapitel 4.2.4.

583 Aus der Au, Gott, 108f.

chen Unverfügbarkeit des Menschen als erlebendes und erfahrendes Ich, das sich einer restlosen Verleiblichung entzieht.«[584]

Wo allein »Fakten« Wahrheit und Geltung beanspruchen, ist es die Aufgabe der Theologie, darauf zu bestehen, dass das Wesen des Menschen letztlich unbeweisbar ist. Sie muss auch auf das unaufhebbare methodische Dilemma verweisen, dass der Mensch zugleich untersuchendes Subjekt und zu untersuchendes Objekt ist. Die Menschlichkeit des Menschen lässt sich weder gänzlich verobjektivieren noch abschließend vermessen. Wo immer das versucht wurde oder versucht wird, wird der Mensch zugleich auf das festgelegt, was messbar ist.[585] Was aber ist, wenn Messergebnisse außerhalb einer Norm liegen, und wer legt die Normen fest? Die Frage, wann und unter welchen Bedingungen ein menschliches Wesen »Mensch« genannt werden kann – und wann nicht, ist dann unausweichlich und kann (lebens-) gefährlich werden.

2 Die wachsenden biotechnischen Möglichkeiten der Genanalyse ermöglichen nicht nur die Entschlüsselung der Gene, sondern auch Manipulationen an der Erbmasse von Tier und Mensch. Aus theologischer Perspektive ist anzuerkennen, dass durch diese Techniken Lebensmöglichkeiten geschaffen werden und die Lebensqualität vieler Menschen verbessert werden kann. Gleichwohl ist zu fragen: Gibt es Grenzen, die den technischen Möglichkeiten gesetzt werden (müssen)? Wer entwickelt dafür die Richtlinien und nach welchen Kriterien werden Entscheidungen getroffen? Wer verhindert, dass Menschen nach utilitaristischen Gesichtspunkten gezüchtet, ausgewählt und verworfen werden? Die Theologie besteht auf der Unverfügbarkeit und Unantastbarkeit des Einzelnen und fragt damit auch nach der Verantwortung für das Leben.

Ähnliches ist auch in Bezug auf neurotechnische Möglichkeiten des Eingriffs in das lebende Gehirn von Tier und Mensch zu bedenken. Die Möglichkeit, dadurch die Hirntätigkeit eines Menschen zu beeinflussen, kann Leben retten und eröffnet bislang ungeahnte medizinische Möglichkeiten. Hirnorganisch bedingte Krankheiten und Beeinträchtigungen lassen sich heilen oder lindern. Zugleich sind auch hier Gefahren zu benennen. Ist es z. B. erlaubt, das Gehirn gesunder Menschen technisch zu manipulieren, um sie z. B. in Kriegshandlungen besser einsetzen zu können?[586] Die Theologie vertritt eine Vorstellung vom Menschen, die auf Manipulation und Perfektion verzichten kann. Menschen müssen sich nicht auf ein normiertes Bild hin entwickeln. Als von Gott geliebte Wesen ist ihre Würde vorausgesetzt. »Zum Verständnis von ›Menschenwürde‹ kann die Biologie nichts beitragen, weil ein solcher Begriff im biologischen Kontext keine sinnvolle Bedeutung haben kann. Biologische und ethische wie anthropologische Perspektiven lassen sich auch nicht einfach addieren: Sie entstammen nicht nur unterschiedlichen Kontexten, sondern bleiben auch an ihre jeweiligen Sprach- und Wahrnehmungszusammenhänge gebunden.«[587]

---

584 Aus der Au, Gott, 110.

585 Vgl. Reinmuth, Einführung, 8.

586 Auf entsprechende Forschungen des us-amerikanischen Militärs verweist z. B. Könnecker, Menschen, 14. Mehr zum Thema bei Vaas, Neuro-Welt.

587 Schoberth, Einführung, 13.

3 Technik und vor allem digitale Techniken sind aus dem alltäglichen Leben nicht mehr wegzudenken. Sie haben wesentlich dazu beigetragen, den Alltag zu erleichtern. Sie beeinflussen in zunehmendem Maß Kommunikationsformen und Arbeitsfelder. Auf die »Selbstoptimierung« durch digitale Hilfsmittel und die damit verbundenen Veränderungen der Gesellschaft und der Vorstellung des Menschen von sich selbst, wurde oben schon hingewiesen.[588]

Zunehmend wird auch die Arbeit, die bislang Menschen verrichten, digitalisiert und damit unabhängig von menschlicher Tätigkeit. »Was wäre, wenn Maschinen und Roboter jeden Job übernehmen könnten und niemand je wieder eine formelle Beschäftigung annehmen müsste? Wer würde den Nutzen aus dieser gewaltigen Produktivitätssteigerung ziehen?«[589] fragt Steven Hill und fordert einen gesellschaftlichen Diskurs über Regelungen für die Nutzung der Technologien, um negative Folgen zu vermeiden.

Die theologische Anthropologie tritt für eine Vorstellung von Arbeit ein, die sich nicht in erster Linie an Leistung und Gewinn orientiert. Arbeit »ist nicht nur ein Mittel, in einer feindlichen Umwelt zu überleben. Sie ist Leben, Ausdruck dessen, was es bedeutet, ein Mensch zu sein, nämlich ein schöpferisches Wesen.«[590] Mit dieser Beschreibung ist eine kritische Infragestellung von entfremdeter Arbeit ebenso möglich wie die positive Würdigung der Arbeit als Grundbedürfnis des Menschen. Technologien, die dazu führen können, den Menschen in der Arbeitswelt überflüssig zu machen, sind darum zu hinterfragen.

4 Die Beispiele zeigen: Die Theologie ist herausgefordert zum »Streit um das Menschsein.«[591] Ich möchte allerdings lieber von Einladung zum Dialog sprechen als von Streit. »Verschiedene und kontroverse Antworten (sind) nicht nur legitim, sondern geradezu unverzichtbar. Gerade darin kommen die Selbstreflexion und die Würde des Menschen überein, dass sie die Anerkennung des anderen in seinem Anderssein und in seinen abweichenden Vorstellungen vom Menschsein implizieren.«[592] Dabei ist es erforderlich, dass eine theologische Anthropologie ihre Position und Anfragen deutlich formuliert und damit zur Diskussion herausfordert. Das soll im Folgenden ansatzweise versucht werden.

5.2 Positionen

Theologische Anthropologie bleibt nicht bei der Feststellung stehen, dass der Mensch sich selbst eine offene Frage ist. Sie »geht davon aus, der der Mensch, … in seiner Beziehung zu Gott gedacht werden muss. In dieser Beziehung findet die Fraglichkeit

588 Vgl. Kapitel 4.1.2, und Selke, Lifelogging.
589 Hill, You're fired, 10.
590 Sölle, Lieben, 125.
591 Grümme, Menschen, 26; ähnlich spricht Reinmuth vom »Streit um den Menschen« (Theologie,1).
592 Schoberth, Einführung, 15.

des Menschen ihre Sprache.«[593] Der Mensch ist sich selbst entzogen und auf Gott bezogen – das ist der Rahmen für theologische Rede vom Menschen. Mit dieser Voraussetzung transzendiert der Mensch seine eigenen Möglichkeiten der Erkenntnis und des Denkens und gewinnt eine Perspektive gleichsam von außen. Das lässt sich nicht empirisch überprüfen oder nachweisen. Es ist eine Prämisse, auf die man sich einlassen kann, um herauszufinden, wieweit sie trägt und zu welchen Ergebnissen man damit gelangen kann. Sie steht damit nicht selbst als erkennendes Subjekt außerhalb des Menschen, sondern lässt sich diese Perspektive gesagt sein. Überprüfen lässt sich die Prämisse an ihrer Tragweite für das Selbstverständnis des Menschen. Dies soll an drei Themenschwerpunkten ausgeführt werden.

1 »Im Anfang war die Beziehung«[594]: Mit diesen Worten beschreibt Dorothee Sölle ein Spezifikum christlicher Anthropologie. Sie spricht damit sowohl die Beziehung zu Gott an als auch die Beziehung der Menschen untereinander, zu den Mitgeschöpfen und zur Welt. Menschen können – theologisch betrachtet – nur aus diesem Verhältnis zu Gott heraus verstanden werden, das sie nicht von sich aus eingehen, sondern das vorgegeben ist. Menschen sind einbezogen in die Gegenwart und die Liebe Gottes. »Wir müssen uns selbst als Wesen verstehen lernen, die erwartet und geliebt wurden, schon bevor sie zur Welt kamen.«[595] Gott sagt Ja zum Menschen. Diese Entscheidung Gottes für den Menschen ist gegeben und kann nicht weiter hinterfragt werden nach Motiven und Gründen. Sie gilt ohne Vorbedingung und unabhängig davon, ob und wieweit der Mensch diesem Ja entspricht. Der Mensch kommt in christlicher Perspektive in den Blick als einer, an dem Gott handelt, den Gott rechtfertigt und zu dem er sich in Beziehung setzt. Der Mensch ist eingeladen, sich auf diese Beziehung einzulassen.

Dieses Bezogensein auf Gott ist vorgegeben, geht der Beziehungsfähigkeit eines Menschen voraus, ermöglicht sie und gibt ihr eine Richtung. Sie konstituiert das Dasein des Menschen. Die Gestaltung und Qualität der Beziehung der Menschen untereinander und zu ihrer Umwelt ist von der liebevollen Zuwendung Gottes geprägt und muss sich daran messen lassen. »Ob ein Wesen als Mensch zu bezeichnen ist und was vom Mensch aus christlicher Sicht zu sagen ist, hängt nicht ab vom Entwicklungsgrad seiner Befähigung, Beziehungen durch Wahl zu gestalten, sondern ausschließlich von seinem Bezogensein auf Gott, auf die Umwelt und auf sich selbst, das mit seinem Dasein gegeben ist. Mensch ist und Menschenwürde hat darum jedes Wesen, das vom Menschen abstammt.«[596]

In das Gespräch über den Menschen bringt Theologie die Fragen ein:

- Worauf beziehen wir uns, wenn wir den Menschen beschreiben?
- Vom wem oder was lassen wir uns leiten?
- Woher gewinnen wir die Perspektive?

593 Reinmuth, Theologie, 12.
594 Sölle, Lieben, 49. Sie bezieht sich dabei ausdrücklich auf Martin Buber.
595 Sölle, Lieben, 32.
596 Härle, Art. Mensch, 1069.

2 Das Bezogensein auf Gott konkretisiert sich in der Beschreibung des Menschen als Geschöpf und Ebenbild Gottes. Wenn die Bibel und ihr folgend die christliche Theologie vom Menschen als Geschöpf Gottes spricht, verweist sie zunächst auf den Ursprung menschlichen Lebens: Der Mensch verdankt sich der liebenden Zuwendung Gottes und antwortet mit seinem Leben auf die Anrede Gottes. Die Vorstellung einer verdankten Existenz sichert die Unantastbarkeit des Lebens und bewahrt vor Selbstabsicherung. Das Recht auf Existenz muss sich kein Mensch erwerben, dafür muss niemand etwas leisten oder Bedingungen erfüllen. »Menschen sind nicht Produkte ihrer Selbsterschaffung, sondern finden sich vor als Geliebte und Gewollte – in dieser Selbstentzogenheit wurzelt ihre Würde.«[597] Jedem Menschen kommt unantastbare Würde zu, die vom Ursprung her von Gott gegeben und verliehen ist. Sie ist unverfügbar und kann von Menschen nicht erworben, nur anerkannt werden.

Mit diesem Gedanken ist ebenfalls benannt, dass menschliches Leben begrenzt und unabgeschlossen zugleich ist. Es ist verletzlich, endlich und vergänglich – und von Gott gewollt. Diese Erkenntnis entlastet von Selbstüberschätzung und dem Zwang zur Perfektionierung um jeden Preis. Der Schöpfer sorgt für seine Geschöpfe, darum ist der Mensch frei für die Sorge um den Mitmenschen und die Welt.

Zugleich ist der Mensch auf eine Zukunft ausgerichtet, die mehr ist als die bloße Verlängerung der Gegenwart. Das Streben nach Veränderung, Entwicklung und das Überschreiten von Grenzen gehört zum Menschsein. Wir sind herausgefordert, an der Schöpfung Gottes mitzuwirken und unsere kreativen Kräfte zur Gestaltung der Welt im Sinne der Liebe Gottes einzusetzen. Dabei ist zu betonen: der Mensch ist nicht Meister und Besitzer der Natur. Die Welt ist ihm anvertraut zur fürsorglichen Pflege und Bewahrung.

In das Gespräch über den Menschen bringt Theologie die Fragen ein:

- Wer garantiert die Unantastbarkeit allen Lebens?
- Wie wird die Gleichwertigkeit der Menschen gewährleistet, die unabhängig von Eigenschaften oder Leistungen ist?
- Wie wird der förderliche und aufbauende Umgang mit der Natur gesichert?

3 Die Theologie beschreibt den Menschen als Sünder und Gerechtfertigten zugleich. Gemeint ist damit zum einen die Möglichkeit, dass Menschen ihr Leben verfehlen können, dass sie als Individuen oder als Gesellschaft hinter dem zurückbleiben, was im schöpferischen Willen und Auftrag Gottes angelegt ist. Unmenschlichkeit in vieler Hinsicht ist eine Möglichkeit des Menschseins. Die Bibel spricht in diesem Zusammenhang davon, dass Menschen zerstörerischen und Leben vernichtenden Mächten ausgeliefert sind, denen sie sich nicht entziehen können.

Die Bibel spricht zum anderen davon, dass die Zuwendung Gottes zum Menschen neue Perspektiven und neues Leben ermöglicht. Er wird als Gott der Befreiung beschrieben, der von Unterdrückung, Selbstbezogenheit und Mächten des Unheils befreit. In Jesus Christus wird zudem erkennbar, dass der Weg zur Befreiung des Men-

597 Reinmuth, Theologie, 7.

schen kein Weg der Gewalt ist. Gott liefert sich dem Menschen aus, er antwortet mit Liebe auf Dehumanisierung und übersteigt so moralische und ethische Dimensionen.

Der Mensch ist also zur Freiheit befreit. Es ist eine geschenkte Freiheit von der Sorge um sich selbst und eine anvertraute Freiheit zur Gestaltung von Leben in Entsprechung mit dem Willen Gottes.

In das Gespräch über den Menschen bringt Theologie die Fragen ein:

- Wie »gnädig« gehen wir miteinander um?
- Welche Mächte bestimmen über unser Leben und wieviel Recht geben wir ihnen?
- Wer oder was stellt Freiheit in Frage und wo ist Widerstand gefordert?

5.3 Was ist der Mensch? – Eine Glaubensfrage

Ohne Grundannahmen, die oft nicht thematisiert werden, d. h. ohne ein bestimmtes Bild vom Menschen, kommt keine Anthropologie aus. Im kritischen Dialog kommt es deshalb immer auch darauf an, sowohl das eigene Menschenbild darzulegen als auch andere Positionen auf ihr Menschenbild hin zu befragen. In diesem Sinn ist die Frage nach dem Menschen eine »Glaubensfrage«, nicht nur für die Theologie.

»Was ist der Mensch, dass du seiner gedenkst?« – diese staunende Frage aus dem 8. Psalm beschreibt die Ausgangssituation theologischen Nachdenkens über den Menschen. Sie zeigt zugleich: »Jeder Satz über Gott ist … ein Satz über den Menschen und umgekehrt.«[598] Das lässt sich darlegen und erläutern, aber nicht beweisen oder im Sinne empirischer Wissenschaften objektiv belegen. Es setzt voraus, dass Menschen sich darauf einlassen. Reinmuth spricht in diesem Zusammenhang im Blick auf das Neue Testament von einer »Anthropologie des Vertrauens. ... Vertrauen ist die Antwort auf die Unbeantwortbarkeit der Frage nach dem Menschen, der Frage nach Gott. Diese Antwort kann nur als Vertrauen auf den Gott gelebt werden, der nach unserer Menschlichkeit fragt.«[599] Theologisches Reden über den Menschen rechnet mit der Wirklichkeit Gottes, die menschliche und irdische Wirklichkeit übersteigt, und fragt nach dem Menschen in diesem weiten Horizont. Was über Gott und Mensch zu sagen ist, kann also nur aus einer Haltung des Vertrauens und der Offenheit gegenüber der Wirklichkeit Gottes heraus geschehen. Insofern ist »christliche Theologie ... eine Funktion des christlichen Glaubens« und »unterstellt sich und untersteht dem Kriterium, ob und inwieweit sie tatsächlich dem Glauben dient.«[600]

1 Im deutschen Sprachgebrauch hat das Wort »glauben« unterschiedliche Bedeutungen. Wenn jemand sagt: »Ich glaube, dass morgen die Sonne scheint«, dann bezieht sich das Wort auf einen Sachverhalt, den man (noch) nicht genau wissen kann. Meteorologische Vorhersagen und Kenntnisse machen diesen Satz mehr oder weniger

---

598 Bultmann, Theologie, 192. Zum Stichwort »Glaube« vgl. ausführlich Kuld, Gott.

599 Reinmuth, Theologie, 318f.

600 Härle, Dogmatik, 10f.

wahrscheinlich, aber wirklich und sicher wissen, ob die Sonne morgen scheint, kann man erst, wenn man es auch tatsächlich sieht und erlebt. Glauben steht hier im Gegensatz zu Wissen. Der geglaubte Sachverhalt kann bestätigt oder widerlegt werden. Insofern ist die häufig gehörte Äußerung: »ich glaube nur, was ich sehe!« genauso falsch wie der Satz: »ich glaube, dass 2+2=4 ist«. Was man wissen, überprüfen und nachvollziehen kann, braucht man nicht zu glauben.

»Ich glaube dir« ist dagegen eine Vertrauensaussage. Wenn jemand einen Sachverhalt beschreibt, den ich selber nicht überprüfen kann, hängt die Frage, ob ich die Sache für richtig oder falsch halte, mit den Erfahrungen zusammen, die ich mit diesem Menschen gemacht habe und ob ich ihn für glaubwürdig halte oder nicht. Je vertrauter mir ein Mensch ist, je besser ich ihn kenne, desto eindeutiger ist die Frage zu beantworten. Hier kommt es also nicht in erster Linie darauf an, ob der genannte Sachverhalt nachprüfbar ist, sondern ob ich den Menschen, der ihn äußert, für glaubwürdig halte.

Eine dritte Bedeutung zeigt sich in der Formulierung »ich glaube an« (jemanden oder etwas). »Ich glaube an die Liebe« sagt aus, dass ein Mensch darauf vertraut, dass die Liebe eine Macht ist, die sein Leben positiv bestimmt und als Orientierung für die eigene Lebensgestaltung dient.

»Ich glaube an Borussia Dortmund« sagt aus, dass ein Mensch mehr als ein Fußballfreund ist. Er ist Anhänger einer Mannschaft, identifiziert sich mit ihr, vertraut ihrer Leistung und trauert mit ihrem Misserfolg. Der Verein gibt Heimat und Orientierung, oft auch über den reinen Sport hinaus. Wer an eine Mannschaft glaubt, »bekennt« sich damit gegenüber anderen Fans zu ihr und zeigt seine Bindung durch äußere Zeichen und entsprechendes Verhalten. Nicht umsonst sind berühmte Fußballer begehrte und teuer bezahlte Werbeträger für Dinge, die gar nichts mit dem Sport zu tun haben.

2 »Ich glaube an Gott, den Vater« – So beginnt das apostolische Glaubensbekenntnis. Auch in diesem Fall bezeichnet Glaube ein Vertrauensverhältnis. Ob der Glaube gerechtfertigt ist, der Adressat des Glaubens glaubwürdig und zuverlässig ist, lässt sich mit empirischen Mitteln nicht überprüfen. Glaube als Vertrauen kann sich aber in den eigenen Lebenssituationen als tragfähig erweisen. Auch durch Menschen, die sich in ihrem Leben auf Gott verlassen haben, sich zu ihm bekennen und an ihm orientieren, kann die Glaubwürdigkeit und die Vertrauenswürdigkeit der Aussage nachvollziehbar werden.

»›Glaube‹ bezeichnet nach christlichem Verständnis das grundlegende, daseinsbestimmende Vertrauen oder Sich-Verlassen eines Menschen auf ein Gegenüber, vom dem man mit Luther ... sagen kann: Dasjenige, worauf ein Mensch sich so verlässt, ist sein Gott (oder sein höchstes Gut oder die oder die für ihn absolute Autorität).«[601] Martin Luther schreibt in seinem großen Katechismus: »›Einen Gott haben‹ heißt also nichts anderes als ihm von Herzen vertrauen und glauben; wie ich oft gesagt habe, dass allein das Vertrauen und Glauben des Herzens etwas sowohl zu Gott als auch zu einem Abgott macht ... Denn die zwei gehören zuhauf, Glaube und Gott.

601 Härle, Dogmatik, 56.

Woran Du nun, sage ich, dein Herz hängst und verlässest, das ist eigentlich dein Gott.«[602]

Die Frage ist nun, auf welchen »Gott« ein Mensch sein unbedingtes Vertrauen setzen kann. Martin Luther prüft in seiner Auslegung zum großen Katechismus einige mögliche Angebote, die zu seiner Zeit aktuell waren und erstaunlicherweise bis heute nichts an Brisanz verloren haben:

> »Es ist mancher, der meint, er habe Gott und alles genug, wenn er Geld und Gut hat, verlässt und brüstet sich darauf so steif und sicher, dass er auf niemand etwas gibt. Siehe, dieser hat auch einen Gott, der heißt Mammon, das ist Geld und Gut, darauf er all sein Herz setzt, welches auch der allergewöhnlichste Abgott ist auf Erden. Wer Geld und Gut hat, der weiß sich sicher, ist fröhlich und unerschrocken, als sitze er mitten im Paradies; und wiederum, wer keins hat, der verzweifelt und verzagt, als wisse er von keinem Gott. Denn man wird ihrer gar wenig finden, die guten Mutes sind, nicht trauern noch klagen, wenn sie den Mammon nicht haben; es klebt und hängt der Natur an bis in die Grube. Also auch, wer darauf traut und trotzt, dass er große Kunst, Klugheit, Gewalt, Gunst, Freundschaft und Ehre hat, der hat auch einen Gott, aber nicht diesen rechten, einigen Gott. Das siehst du abermal dabei, wie vermessen, sicher und stolz man ist auf solche Güter, und wie verzagt, wenn sie nicht vorhanden oder entzogen werden. Darum sage ich abermal, dass die rechte Auslegung dieses Stückes sei, dass einen Gott haben heißt: etwas haben, darauf das Herz gänzlich traut.«[603]

Für Martin Luther steht fest: keiner der genannten »Götter« – Geld, Klugheit, Macht, Ehre, Freundschaft und wohl auch nicht Borussia Dortmund – rechtfertigt unbedingtes Vertrauen. Alle sind und bleiben innerhalb der Grenzen des Menschlichen und haben Anteil an seiner Begrenztheit und Endlichkeit. Sie können nicht »über Sein und Nichtsein entscheiden bzw. dem Menschen das Heil gewähren.«[604] Ein Vertrauen, das die ganze Existenz betrifft, kann sich nur auf etwas oder an jemanden richten, das oder der menschliche Grenzen überschreitet. Für Christen ist das, worauf das Herz gänzlich vertrauen kann, allein von dem Gott zu erwarten, der sich in Jesus Christus gezeigt hat.

3 Christlicher Glaube ist also ein Akt unbedingten Vertrauens. Er bezieht sich auf Gott, der sich dem einzelnen Menschen erschlossen hat und ihn in Anspruch nimmt. Gerhard Sauter schreibt seine theologische Anthropologie deshalb überwiegend in der Ich-Form: »Glaube kommt aus dem Hören des Wortes Christi (Röm 10,17), aus dem Vernehmen der Gottesrede, die mich mir gegenüberstellt.«[605]

Dieses Hören bleibt nicht ohne Folgen für das Leben des Menschen. Es hat Auswirkungen auf das Verständnis von mir selbst, auf mein Verhältnis zu anderen Menschen und zur Welt. Es hat ebenso Konsequenzen für mein Verhalten und Handeln, also für meinen Lebensvollzug. In diesem Sinn spricht Wilfried Härle vom Glauben als einer »Lebensbewegung«.[606] Sie ist geprägt von der Ausrichtung des Menschen auf Gott. Ihre elementare Ausdrucksform ist das Gebet, das in Lob und Klage, Dank und

602 Luther, Großer Katechismus, 1. Hauptstück, www.ekd.de/glauben/grundlagen/grosser_katechismus_1.html (18.5.2016)

603 Luther, Großer Katechismus, Auslegung zum ersten Gebot.

604 Härle, Dogmatik, 61.

605 Sauter, Leben, 125.

606 Härle, Dogmatik, 64.

Bitte menschliches Leben vor Gott bringt. In Bezug auf den Glauben als persönliche Haltung des Vertrauens geht es also zunächst um persönliche Zugänge des Menschen zu sich selbst, zur Welt und zu Gott.

Ebenso grundlegend gehört zum christlichen Glauben aber auch das Nachdenken über den Glauben, das Formulieren von Fragen und Zweifeln und die gedankliche Klärung dessen, was den Glauben inhaltlich ausmacht und was er für das eigene Leben und das Leben der Menschen bedeutet.[607] Dazu gehört immer auch die Frage nach Gott.

5.4 Was ist der Mensch – wer bin ich?

Am Anfang des Buches stand Sofie, das Mädchen aus Jostein Gaarders »Sofies Welt«. Mit ihr soll das Buch auch schließen. Sofie erhält viele geheimnisvolle Nachrichten, die sie zum Nachdenken bringen. Der erste Brief, den Sofie in ihrem Briefkasten findet, hat nur eine kurze Frage: »Wer bist du?«[608] Damit beginnt eine lange, spannende Suche des Mädchens nach sich selbst und zugleich eine Reise in 3000 Jahre Philosophiegeschichte.

Die einfache Frage erweist sich als ziemlich kompliziert. Sofie denkt nach: »Wer bist Du? Wenn sie das wüsste! Sie war natürlich Sofie Amundsen, aber wer was das? Das hatte sie noch nicht richtig herausgefunden.«[609] Sie überlegt, ob sie vielleicht jemand anders wäre, wenn sie einen anderen Namen hätte. Sie befragt ihr Spiegelbild, doch von dort bekommt sie ihre Frage nur zurückgeworfen. Und sie wundert sich: »War es nicht ein bisschen komisch, dass sie nicht wusste, wer sie war? ... Ihre Freunde konnte sie vielleicht wählen, sich selber hatte sie aber nicht gewählt. Sie hatte sich nicht einmal dafür entschieden, ein Mensch zu sein. Was war ein Mensch?«[610]

Diese kurze Episode zeigt den engen Zusammenhang zwischen der persönlichen Suche nach sich selbst und dem philosophischen Nachdenken über den Menschen. Das allgemeine Nachdenken über *den* Menschen ist immer verknüpft mit einer individuellen und subjektiven Perspektive. »Der Anthropologie kann es ... nicht um eine ›objektive‹ Bestimmung des Menschen gehen; vielmehr gehört zu ihrem Sinn die ›subjektive‹ Dimension.«[611] Die Selbstreflexion von Menschen geschieht auf einer anderen Ebene als seine wissenschaftliche Erforschung. Anspruch auf allgemeine Objektivität hat sie nicht, was allerdings ihre Bedeutung und Notwendigkeit in keiner Weise schmälert.

Die Frage »Wer bin ich?«, mit der Frage dieses Buch begonnen hat, lässt sich nur persönlich beantworten. Ein für alle Mal klären lässt sie sich nicht. Solange ein Mensch lebt, wird er immer wieder Neues an sich entdecken. Das gilt auch für Sofie.

---

607 Das ist nicht nur, aber insbesondere eine Bildungsaufgabe. Vgl. dazu ausführlich Kuld, Gott

608 Gaarder, Welt, 8. Vgl. Kapitel 2.

609 Gaarder, Welt, 9.

610 Gaarder, Welt, 10.

611 Schoberth, Einführung, 12.

Wenn sie heranwächst und auf ihr Leben zurückblickt, wird sie Veränderungen wahrnehmen. Sie wird wachsen und reifen und zugleich die Verluste bemerken, die sie im Lauf ihres Lebens erlitten hat. Veränderungen bedeuten immer auch Verlust, Abschied von Früherem. Sie wird merken, dass sich nicht alle Wünsche und Träume erfüllt haben, die sie einmal bewegt haben. Mit manchen Verlusten kann sie einverstanden sein, andere werden sie traurig stimmen.

Sie wird an Erfolge denken, die sie errungen hat. Sie hat Ziele erreicht, die ihr fast unerreichbar schienen und die sie doch erreicht, weil sie dafür Kraft und Mut eingesetzt hat. Sie wird auch in manchen Dingen scheitern, wird ihre Grenzen kennenlernen und darunter manchmal leiden. Wenn sie ehrlich ist, wird sie auch das erkennen, was sie versäumt hat, was sie sich und anderen schuldig geblieben ist.

Sie wird an Beziehungen denken, die für sie hilfreich waren und noch sind. Unterstützungen und Kritik haben ihr geholfen zu dem Menschen zu werden, der sie ist. Auch Beziehungen, die gescheitert sind, haben sie geprägt. Und in all dem wird sie immer wieder neue Antworten erhalten auf die Frage: wer bin ich?

Wenn Sofie an ihre Zukunft denkt, wird sie vielleicht hoffen und wünschen, dass vieles so bleibt wie es jetzt ist. Das gibt ihr Sicherheit und Zutrauen. Anderes möchte sie ändern, hinter sich lassen oder neu ausprobieren. Sie muss nicht so bleiben, wie sie jetzt ist und sie kann es auch nicht. Sie wird Menschen treffen, die sie herausfordern und von denen sie sich unterscheidet. Sie wird Entscheidungen treffen müssen, die ihre Zukunft bestimmen. Und sie wird abhängig sein von Entscheidungen, die andere über sie treffen. Dabei wird sie sich verändern und merken: Die Frage »Wer bin ich?« lässt sich nie abschließend beantworten.

Vielleicht wird Sofie beim Nachdenken über sich selbst auch fragen: Woran soll ich mich orientieren? Wer sagt mir, wer ich sein kann und sein soll? Was ist die Bestimmung meines Lebens?

Sofies »literarischer Vater« hat sie auf eine Reise durch die Welt der Philosophie mitgenommen und ihr dabei Erkenntnisse vermittelt und Denkmöglichkeiten eröffnet.

Ich möchte ihr auch die Perspektive des christlichen Glaubens zeigen. Die Suche des Menschen nach sich selbst und der Bestimmung seines Lebens steht unter einer Zusage: Die Antwort auf die Frage »Wer bin ich?« muss ich mir nicht selber geben. Ich kann sie mir gesagt sein lassen. Kurt Marti[612] hat das in einem Gedicht so formuliert:

ich wurde nicht gefragt
bei meiner geburt
und die mich gebar,
wurde auch nicht gefragt,
bei ihrer geburt.
niemand wurde gefragt
außer dem Einen
und der sagte
ja

612 Marti, geduld, 7.

Literaturverzeichnis

Albertz, Rainer: Mensch II. Altes Testament. In: TRE 22, 464–474.

Ammicht-Quinn, Regina: Menschenwürde – auch für die »Anderen«? Zwischen Normalität, Perfektion und Angewiesensein. In: Wuckelt, A. / Pithan, A. / Beuers, Ch. (Hg.): »Und schuf dem Menschen ein Gegenüber…«. – Im Spannungsfeld zwischen Autonomie und Angewiesensein. Münster, 2011, 19–31.

Ammicht-Quinn, Regina: Leben mit allen Sinnen. In: Biser, E. / Hahn, F. / Langer M.: Der Glaube der Christen. Ein ökumenisches Handbuch, Band 1. München, 1999, 130–155.

Antonovsky, Aaron / Franke, Alexa: Salutogenese. Zur Entmystifizierung der Gesundheit. Tübingen, 1997.

Ariès, Philippe: Studien zur Geschichte des Todes im Abendland. München, 1981.

Aristoteles: Philosophische Schriften. Hamburg, 1995.

Augustinus: Confessiones. Bekenntnisse. Bibliothek der Kirchenväter, 1. Reihe, Band 18. Online verfügbar unter https://www.unifr.ch/bkv/buch19.htm. (28.2.2017)

Augustinus: De Trinitate. Fünfzehn Bücher über die Dreieinigkeit. Bibliothek der Kirchenväter, 2. Reihe, Band 13–14. Online verfügbar unter https://www.unifr.ch/bkv/buch205.htm. (28.2.2017)

Augustinus: Vorträge über das Johannes-Evangelium. Tractatus in Iohannis Euangelium. Bibliothek der Kirchenväter 1.Reihe, Band 8. Online verfügbar unter https://www.unifr.ch/bkv/buch79.htm. (28.2.2017)

Bach, Ulrich: Kraft in leeren Händen. Die Bibel als Kursbuch. Freiburg, 1983.

Bacon, Francis: Neues Organon, Lateinisch-deutsch, Teilband1. Hamburg, 1990.

Barth, Karl: Die kirchliche Dogmatik, Zweiter Band. Die Lehre von Gott, erster Halbband. Zürich, 1948.

Barth, Karl: Die kirchliche Dogmatik, Dritter Band. Die Lehre von der Schöpfung, zweiter Teil. Zürich, 1948.

Barth, Ulrich: Religion in der Moderne. Tübingen, 2003.

Barthel, Jörg: Jesaja, Jesajabuch. In: Calwer Bibellexikon, Band 1, 653–659.

Basilius von Cäsarea: Mahnwort an die Jugend über den nützlichen Gebrauch der heidnischen Literatur. Ad adolescentes. Bibliothek der Kirchenväter 1. Reihe, Band 47. Online verfügbar unter https://www.unifr.ch/bkv/buch171.htm. (28.2.2017)

Bauer, Joachim: Warum ich fühle, was du fühlst. Intuitive Kommunikation und das Geheimnis der Spiegelneurone. München, 2011(16).

Beckermann, Ansgar: Biologie und Freiheit. Zeigen die neueren Ergebnisse der Neurobiologie, dass wir keinen freien Willen haben? In: Schmidinger, H.M. / Sedmak, C. (Hg.): Der Mensch, ein freies Wesen? Autonomie, Personalität, Verantwortung. Darmstadt, 2005, 111–124.

Bell, Gordon / Gemmell, Jim: Your Life, uploaded. The digital way to better memory, health and productivity. New York, 2010.

Berger, Peter L. / Luckmann, Thomas: Die gesellschaftliche Konstruktion der Wirklichkeit. Eine Theorie der Wissenssoziologie. Frankfurt / Main, 2010(23).

Biehl, Peter: Symbole geben zu lernen 2. Neukirchen-Vluyn, 1991(2).

Boethius, Anicius M.S.: Die theologischen Traktate, Traktat V. Hamburg, 1988.

Bohlken, Eike (Hg.): Handbuch Anthropologie. Der Mensch zwischen Natur, Kultur und Technik. Stuttgart / Weimar, 2009.

Bohlken, Eike: Person. In: Bohlken, Eike (Hg.): Handbuch Anthropologie. Der Mensch zwischen Natur, Kultur und Technik. Stuttgart / Weimar 2009, 391–395.

Bohlken, Eike / Brüll, Hans-Martin: Autonomie in Beziehung als Leitidee für kirchliche Sozialunternehmen. Pädagogische Hochschule Weingarten, Institut für Bildung und Ethik. Online verfügbar unter https://hsbwgt.bsz-bw.de/files/9/autonomie_in_beziehung_als_leitidee.pdf. (8.2.2017)

Bonhoeffer, Dietrich / Bethge, Eberhard: Widerstand und Ergebung. Briefe und Aufzeichnungen aus der Haft. Gütersloh, 2016 (22).

Breun, Richard: Skizzen zur Anthropologie. Eine Annäherung. In: Ethik und Unterricht 24 / 2013, Heft 2, 7–13.

Buber, Martin: Der Glaube der Propheten. Heidelberg, 1984 (2).

Buber, Martin: Ich und Du. In: Martin Buber, Werke. Schriften zur Philosophie, Band 1. München / Heidelberg 1962.

Buber, Martin: Reden über Erziehung. In: Martin Buber (Hg.): Werke. Schriften zur Philosophie. Band 1. München / Heidelberg, 1962, 787–832.

Bultmann, Rudolf: Theologie des Neuen Testaments. Tübingen, 1958 (6).

Calvin, Johannes: Institutio Christianae Religionis. Unterricht in der christlichen Religion. Neukirchen-Vlyun, 1955.

Cardenal, Ernesto: Das Evangelium der Bauern von Solentiname. Gespräche über das Leben Jesu in Lateinamerika. Wuppertal, 1991 (3).

Cassirer, Ernst: Versuch über den Menschen. Einführung in eine Philosophie der Kultur. Hamburg, 2007.

Coenen, Christopher: Transhumanismus. In: Eike Bohlken (Hg.): Handbuch Anthropologie. Der Mensch zwischen Natur, Kultur und Technik. Stuttgart / Weimar, 2009, 268–276.

Corsten, Michael (Hg.): Der Mensch – nach Rücksprache mit der Soziologie. Frankfurt / Main, 2013.

Crüsemann, Frank: Autonomie und Sünde. Gen 4,7 und die ›jahwistische‹ Urgeschichte. In: Schottroff, W. / Stegemann, W. (Hg.): Traditionen der Befreiung. Sozialgeschichtliche Bibelauslegungen, Band 1. München, 1980, 60–77.

Dahrendorf, Ralf: Homo sociologicus. Ein Versuch zur Geschichte, Bedeutung und Kritik der Kategorie der sozialen Rolle. Wiesbaden, 2006 (16).

Darwin, Charles: Über die Entstehung der Arten im Thier- und Pflanzen-Reich durch natürliche Züchtung, oder Erhaltung der vervollkommneten Rassen im Kampfe um's Daseyn. Stuttgart, 1860.

Darwin, Charles: Die Abstammung des Menschen. Stuttgart, 1875 (3).

Denkhaus, Ruth: »Speziesismus.« Zu den Hintergründen einer folgenreichen Begriffsprägung. In: Dabrock, P. / Denkhaus, R. / Schaede, St. (Hg.): Gattung Mensch. Interdisziplinäre Perspektiven. Tübingen, 2010, 171–206.

Descartes, René: Die Prinzipien der Philosophie. Amsterdam, 1644. Online verfügbar unter http://www.zeno.org/nid/20009161228. (28.2.2017)

Descartes, René: Abhandlung über die Methode des richtigen Vernunftgebrauchs und der wissenschaftlichen Wahrheitsforschung. Stuttgart, 1998.

Descartes, René: Meditationen über die Grundlagen der Philosophie. Mit den sämtlichen Einwänden und Erwiderungen. Hamburg, 1994.

Denzinger, Heinrich / Schönmetzer, Adolf (Hg.): Enchiridion symbolorum definitionum et declarationum de rebus fidei et morum. Kompendium der Glaubensbekenntnisse und kirchlichen Lehrentscheidungen, Lateinisch-Deutsch. Freiburg, 1973 (35).

Dierk, Heidrun: Gott und die Kirchen. Orientierungswissen Historische Theologie. Stuttgart, 2015.

Dieter, Theodor: Ablass. In: Klitzsch, I. / Leppin, V. / Schneider-Ludorff, G.(Hg.): Das Luther-Lexikon. Regensburg, 2015, 39–41.

Dirscherl, Erwin (Hg.): In Beziehung leben. Theologische Anthropologie. Freiburg, 2008.

Dirscherl, Erwin: Über spannende Beziehungen nachdenken: Der Mensch als Geschöpf, als Ebenbild Gottes und seine Ambivalenz als Sünder. In: Erwin Dirscherl (Hg.): In Beziehung leben. Theologische Anthropologie, Freiburg, 2008, 46–89.

Distelhorst, Lars: Zum Begriff der Leistung. Die Glühbirne und der Möbelpacker. Über den Begriff ›Leistung‹ als leere Abstraktion. In: Klopotek, F. / Scheiffele, P. (Hg.): Zonen der Selbstoptimierung, Berichte aus der Leistungsgesellschaft. Berlin, 2016, 35–52.

Dörner, Klaus: Tödliches Mitleid. Zur sozialen Frage der Unerträglichkeit des Lebens. Neumünster, 2002.

Dülmen, Richard van: Historische Anthropologie. Entwicklung, Probleme, Aufgaben. Köln, 2000.

Elger, Christian E. / Friederici, Angela D. / Koch, Christoph; Luhmann, Heiko / Malsburg, Christoph von der / Menzel, Randolf et al.: Das Manifest. Gegenwart und Zukunft der Hirnforschung. In: Carsten Könneker (Hg.): Wer erklärt den Menschen? Hirnforscher, Psychologen und Philosophen im Dialog. Frankfurt / Main, 2007 (2), 77–84.

Erasmus: Diatribe. In: Werner Welzig (Hg.): Erasmus von Rotterdam. Ausgewählte Schriften. Darmstadt, 2006.

Erikson, Erik H.: Identität und Lebenszyklus. Frankfurt / Main, 1980.

Evangelische Kirche in Deutschland (EKD): Unser tägliches Brot gib uns heute. Neue Weichenstellung für Agrarentwicklung und Welternährung. Eine Studie der Kammer der EKD für nachhaltige Entwicklung, 2015. Online verfügbar unter http://www.ekd.de/EKD-Texte/ekd_texte_121.html. (10.11.2016)

Evangelische Kirche in Deutschland / Deutsche Bischofskonferenz: Gott ist ein Freund des Lebens. Herausforderungen und Aufgaben beim Schutz des Lebens, 1989. Online verfügbar unter http://www.ekd.de/EKD-Texte/44678.html. (10.11.2016)

Fischer, Joachim: Homo sociologicus. In: Eike Bohlken (Hg.): Handbuch Anthropologie. Der Mensch zwischen Natur, Kultur und Technik. Stuttgart / Weimar, 2009, 348–352.

Fraas, Hans-Jürgen: Bildung und Menschenbild in theologischer Perspektive. Göttingen, 2000.

Freud, Sigmund: Eine Schwierigkeit der Psychoanalyse. In: Sigmund Freud: Abriss der Psychoanalyse. Einführende Darstellungen. Frankfurt / Main, 1994, 187–194.

Fröhlich, Andreas D.: Basale Stimulation. Ein Konzept für die Arbeit mit schwer beeinträchtigten Menschen. Düsseldorf, 2015.

Fröhlich, Gerhard: Techno-Utopien der Unsterblichkeit aus Informatik und Physik. In: Becker, U. / Feldmann, K. / Johannsen, F. (Hg.): Tod und Sterben in Europa. Neukirchen-Vluyn, 1998, 184–213.

Fuchs, Thomas: Das Gehirn – ein Beziehungsorgan. Eine phänomenologisch-ökologische Konzeption. Stuttgart, 2009 (2).

Fuchs, Thomas: Leib, Geist und Kultur. Die Wahrnehmung des Menschen in Zeiten der Neurobiologie. Karlsruhe, 2014.

Fuchs, Werner: Todesbilder in der modernen Gesellschaft. Frankfurt / Main, 1973.

Gaarder, Jostein: Sofies Welt. Roman über die Geschichte der Philosophie. Wien, 1993.

Gahbauer, Ferdinand R.: Artikel Mensch V. Alte Kirche. In: TRE, Band 22, 493–501.

Gabriel, Karl: Religion und Menschsein im Kontext der Gesellschaft. Religionssoziologische Perspektiven. In: Schlag, Th. / Simojoki, H. (Hg.): Mensch – Religion – Bildung. Religionspädagogik in anthropologischen Spannungsfeldern. Gütersloh, 2014, 308–317.

Gehlen, Arnold: Der Mensch. Seine Natur und seine Stellung in der Welt. Wiesbaden, 1986 (13).

Gemeinsame Erklärung zur Rechtfertigungslehre des lutherischen Weltbundes und der Katholischen Kirche. Augsburg, 1999. Online verfügbar unter http://www.vatican.va/roman_curia/pontifical_councils/chrstuni/documents/rc_pc_chrstuni_doc_31101999_cath-luth-joint-declaration_ge.html. (28.2.2017)

Gertz, Jan Christian: Der zerbrechliche und zugleich königliche Mensch. Anmerkungen zum Menschenbild des Alten Testaments. In: Frank Martin Brunn (Hg.): Theologie und Menschenbild. Beiträge zum interdisziplinären Gespräch. Leipzig, 2007, 19–31.

Gloege, Gerhard: Gnade für die Welt. Kritik und Krise des Luthertums, Band 1. Göttingen, 1964.

Goffman, Erving: Wir alle spielen Theater. Die Selbstdarstellung im Alltag. München, 1983 (4).
Gollwitzer, Helmut: Krummes Holz-aufrechter Gang. Zur Frage nach dem Sinn des Lebens. München, 1973 (6).
Grümme, Bernhard: Die Parteilichkeit Gottes und die Ebenbildlichkeit des Menschen. Gerechtigkeit als Problem religiöser Bildung. In: Schlag, Th. / Simojoki, H. (Hrsg.), Mensch – Religion – Bildung. Religionspädagogik in anthropologischen Spannungsfeldern. Gütersloh, 2015, 108–116.
Grümme, Bernhard: Menschen bilden? Eine religionspädagogische Anthropologie. Freiburg im Breisgau, 2012.
Habermas, Jürgen: Vorbereitende Bemerkungen zu einer Theorie der kommunikativen Kompetenz. Frankfurt / Main, 1974.
Habermas, Jürgen: Theorie des kommunikativen Handelns. Zur Kritik der funktionalistischen Vernunft. 2 Bände. Frankfurt / Main, 1982 (2).
Hahn, Eberhard: Sünde. In: Calwer Bibellexikon, Band 2, 1292–1294.
Hahn, Ferdinand: Theologie des Neuen Testaments. Bd. I: Die Vielfalt des Neuen Testaments, Bd. II: Die Einheit des Neuen Testaments. Stuttgart, 2011 (3).
Hailer, Martin: »Was ist der Mensch, dass du seiner gedenkst?« Ein Bericht über Anthropologie in evangelischer Wahrnehmung. In: Katja Boehme (Hg.): »Wer ist der Mensch?« Anthropologie im interreligiösen Lernen und Lehren. Berlin, 2013, 75–99.
Hammerstein, Peter: Leben im Schatten des Bösen. Eine Vortragsreihe im Berliner Dom. Neukirchen-Vluyn, 2004.
Härle, Wilfried: Dogmatik. Berlin, 2000 (2).
Härle, Wilfried: Art. Mensch. In: RGG, Bd. 5, 1066–1071.
Härle, Wilfried: Autonomie – ein viel versprechender Begriff. In: Wilfried Härle (Hg.): Menschsein in Beziehungen, Studien zur Rechtfertigungslehre und Anthropologie. Tübingen, 2005, 213–241.
Härle, Wilfried: Der (un-)freie Wille aus reformatorischer und neurobiologischer Sicht. In: Wilfried Härle (Hg.): Menschsein in Beziehungen, Studien zur Rechtfertigungslehre und Anthropologie. Tübingen, 2005, 253–303.
Härle, Wilfried: Alle Menschen sind Personen. Auseinandersetzung mit dem Speziesismusvorwurf. In: Dabrock, P. / Denkhaus, R. / Schaede, St. (Hg.): Gattung Mensch. Interdisziplinäre Perspektiven. Tübingen, 2010, 207–225.
Härle, Wilfried (Hg.): Menschsein in Beziehungen. Studien zur Rechtfertigungslehre und Anthropologie, Tübingen, 2005
Härle, Winfried: Der Mensch Gottes. Die öffentliche Orientierungsleistung des christlichen Menschenverständnisses. In: Eilert Herms (Hg.): Menschenbild und Menschenwürde. Gütersloh, 2001, 529–543.
Härle, Wilfried: Selbstbestimmung oder Menschenwürde? In: Wilfried Härle (Hg.): Menschsein in Beziehungen. Studien zur Rechtfertigungslehre und Anthropologie. Tübingen, 2005, 243–251.
Hartung, Gerald: Natur des Menschen – Spielraum des Imaginären? In: Dabrock, P. / Denkhaus, R. / Schaede, St. (Hg.): Gattung Mensch. Interdisziplinäre Perspektiven. Tübingen, 2010, 63–81.
Hegel, Georg Wilhelm Friedrich: Werke. Frankfurt am Main, 1986.
Hegermann, Harald: Der Brief an die Hebräer. Berlin, 1988.
Heinzel, Friederike; Prengel, Annedore: Heterogenität als Grundbegriff inklusiver Pädagogik. Zeitschrift für Inklusion – online.net, 2012.
Herms, Eilert (Hg.): Menschenbild und Menschenwürde. Gütersloh, 2001.
Herms, Eilert: Würde des Lebens. In: RGG, Band 8, 1935–1936.
Herms, Eilert: Würde des Menschen. In: RGG, Band 8, 1736–1740.
Hill, Steven: »You're fired!«. Es gibt digitale Technologien, die man einfach verbieten muss. In: Die Zeit 8 / 2017, 10–11.
Hirschberger, Johannes: Geschichte der Philosophie, Band 1. Altertum und Mittelalter. Freiburg, 1965 (8).
Hobbes, Thomas: Leviathan. Hamburg, 1996.

Hoffmann, Ludger (Hg.): Sprachwissenschaft. Ein Reader. Berlin / New York, 2000 (2).

Hoffmann, Ludger: Sprache. In: Eike Bohlken (Hg.): Handbuch Anthropologie. Der Mensch zwischen Natur, Kultur und Technik. Stuttgart, Weimar, 2009, 426–430.

Holze, Heinrich: Sünde / Schuld und Vergebung VI. Alte Kirche. In: RGG Band 7, 1881–1883.

Horn, Dorit: Zur Herkunft und Bedeutung der Begriffe heterogen und Heterogenität. Ergebnisse einer Recherche in Wörterbüchern und philosophischen Lexika zu einem inklusionsrelevanten Begriff. In: Prengel, A. / Schmitt, H. (Hg.): Netzpublikationen des Arbeitskreises Menschenrechtsbildung in der Rochow-Akademie für historische und zeitdiagnostische Forschung an der Universität Potsdam. 2012

Hübener, Britta (Hg.): Wörter des Lebens. Das ABC evangelischen Denkens. Stuttgart, 2007.

Hume, David: Ein Traktat über die menschliche Natur. Hamburg, 2013.

Irenäus: Gegen die Häresien. Contra Haereses. Bibliothek der Kirchenväter 1.Reihe Band 3. Online verfügbar unter https://www.unifr.ch/bkv/buch62.htm.

Janowski, Bernd: Die lebendige Statue Gottes. Zur Anthropologie der priesterlichen Urgeschichte. In: Witte, M. / Kaiser, O. (Hg.): Gott und Mensch im Dialog. Berlin, 2004, 183–214.

Janowski, Bernd: Konfliktgespräche mit Gott. Eine Anthropologie der Psalmen. Neukirchen-Vluyn, 2009 (3).

Janssen, Claudia (Hg.): Paulus. Umstrittene Traditionen – lebendige Theologie ; eine feministische Lektüre. Gütersloh, 2001.

Joest, Wilfried: Dogmatik. 2 Bände. Göttingen, 1984–1986.

Josuttis, Manfred: Die permanente Passion. Predigten zur Wirkungsgeschichte Jesu. München, 1982.

Jüngel, Eberhard: Das Evangelium von der Rechtfertigung des Gottlosen als Zentrum des christlichen Glaubens. Eine theologische Studie in ökumenischer Absicht. Tübingen, 1998.

Kaiser, Gerhard / Mathys, Hans-Peter: Das Buch Hiob. Dichtung als Theologie. Neukirchen-Vluyn, 2006.

Kaiser, Otto: Der Gott des Alten Testaments. Göttingen, 1998.

Kaiser, Philipp (Hg.): Glauben, Wissen, Handeln. Beiträge aus Theologie, Philosophie und Naturwissenschaft zu Grundfragen christlicher Existenz. Würzburg, 1994.

Kämmerer, Thomas Richard / Metzler, Kai Alexander: Enūma eliš. Münster, 2010.

Kant, Immanuel: Werke in zehn Bänden. Darmstadt, 1983.

Kearns, Rollin: Menschensohn. In: Calwer Bibellexikon, Band 2, 900–902.

Kegler, Jürgen: Bund. In: Calwer Bibellexikon, Band 1, 211–213.

Kegler, Jürgen: Exodus. In: Calwer Bibellexikon, Band 1, 339–341.

Kegler, Jürgen: Sünde im Alten Testament. In: Glaube und Lernen 20 / 2005, Heft 2, S. 108–118.

Kittay, E.F: Die Suche nach einer bescheideneren Philosophie: Mentalen Beeinträchtigungen begegnen – herausfinden, was wichtig ist, 2006. Online verfügbar unter http://www.imew.de/index.php?id=269 (28.2.2017).

Klaiber, Walter: Gerecht vor Gott. Rechtfertigung in der Bibel und heute. Göttingen, 2000.

Klaiber, Walter (Hg.): Biblische Grundlagen der Rechtfertigungslehre. Eine ökumenische Studie zur gemeinsamen Erklärung zur Rechtfertigungslehre. Leipzig / Paderborn, 2012.

Kleeberg, Bernhard: Anthropologie als Zoologie. Bemerkungen zu Ernst Haeckels Entwurf des Menschen. Online verfügbar unter https://kops.uni-konstanz.de/bitstream/handle/123456789/11525/Anthropologie_als_Zoologie.pdf?sequence=1 (28.2.2017)

Klein, Gabriele / Kreie, Gisela / Kron, Maria / Reiser, Helmut: Integrative Prozesse in Kindergartengruppen. Über die gemeinsame Erziehung von behinderten und nichtbehinderten Kindern. Weinheim / München, 1987.

Klein, Günter: Gesetz III. Neues Testament. In: TRE, Band 13, 58–75.

Kleres, Jochen: Narrative des Mitgefühls. Methodischer Ansatz und Anwendung. In: Kleres, J. / Albrecht, Y. (Hg.): Die Ambivalenz der Gefühle. Über die verbindende und widersprüchliche Sozialität von Emotionen. Wiesbaden, 2015, 267–288.

Kollmann, Roland: Theodizee und Integration. In: Pithan, A. / Adam, G. / Kollmann, R. (Hg.): Handbuch integrative Religionspädagogik. Reflexionen und Impulse für Gesellschaft, Schule und Gemeinde. Gütersloh, 2002, 144–154.

Könneker, Carsten (Hg.): Wer erklärt den Menschen? Hirnforscher, Psychologen und Philosophen im Dialog. Frankfurt / Main, 2007 (2).

Kraus, Hans-Joachim: Psalmen. Neukirchen-Vluyn, 1960.

Kraus, Wolfgang (Hg.): Bioethik und Menschenbild bei Juden und Christen. Neukirchen-Vluyn, 1999.

Krombusch, Gerhard (Hg.): Weil du mich so magst. Religiöse Kinderlieder, Gebete. Drensteinfurt, 1989 (2).

Kruhöffer, Gerald: Der Mensch – das Bild Gottes. Göttingen, 1999.

Kuhse, Helga / Singer, Peter: Should the baby live? The problem of handicapped infants. New York, 1985.

Kuld, Lothar / Gönnheimer, Stefan: Compassion. Sozialverpflichtetes Lernen und Handeln. Stuttgart, 2000.

Kuld, Lothar: Gott und das Leben. Stuttgart, 2017 (im Druck).

Kuld, Lothar / Schmid, Bruno: Lernen aus Widersprüchen. Dilemmageschichten im Religionsunterricht. Donauwörth, 2001.

Laktanz: Vom Zorne Gottes, De ira dei. Bibliothek der Kirchenväter, 1.Reihe, 36. München 1919.

Laudato si: Über die Sorge für das gemeinsame Haus. Die Umwelt-Enzyklika des Papstes Franziskus (2015). Rom. Online verfügbar unter http://www.dbk.de/fileadmin/redaktion/diverse_downloads/presse_2015/2015-06-18-Enzyklika-Laudato-si-DE.pdf.

Lenk, Hans: Das flexible Vielfachwesen. Einführung in die moderne philosophische Anthropologie zwischen Bio-, Techno und Kulturwissenschaften. Weilerswist, 2010 (2)

Lenzen, Manuela: Nur ein Haufen Neurone? In: Gehirn und Geist, 2015, Heft 2, 38–43.

Leuser, Claudia: Die Frage nach dem Menschen. Freising, 2007.

Liedke, Ulf: Beziehungsreiches Leben. Studien zu einer inklusiven Anthropologie für Menschen mit und ohne Behinderung. Göttingen, 2009.

Liedke, Ulf: Menschenbilder und Bilderverbot. Eine Studie zum anthropologischen Diskurs in der Behindertenpädagogik. Bad Heilbrunn, 2013.

Liedke, Ulf / Wagner, Harald (Hg.): Inklusion. Lehr- und Arbeitsbuch für Professionelles Handeln in Kirche und Gesellschaft. Stuttgart, 2015.

Link, Christian: Menschenbild. Theologische Grundlegung aus evangelischer Sicht. In: Wolfgang Kraus (Hg.): Bioethik und Menschenbild bei Juden und Christen. Neukirchen-Vluyn, 1999, 57–71.

Link, Christian: Seele 3. Systematisch-theologisch. In: RGG, Band 7, 1103–1105.

Link, Christian: Theodizee. Neukirchen-Vluyn, 2015.

Locke, John: Ein Versuch über den menschlichen Verstand in vier Büchern. Berlin, 1872.

Luckmann, Thomas: Die unsichtbare Religion. Frankfurt / Main, 1991.

Luther, Henning: Religion und Alltag. Bausteine zu einer praktischen Theologie des Subjekts. Stuttgart, 1992.

Luther, Martin: Der kleine Katechismus. Online verfügbar unter https://www.ekd.de/glauben/grundlagen/kleiner_katechismus.html. (28.2.1017)

Luther, Martin: Disputatio D. Martini Lutheri De homine. Disputation D. Martin Luthers über den Menschen (1536). In: Wilfried Härle (Hg): Martin. Luther, Lateinisch-deutsche Studienausgabe, Band 1, Leipzig. 2006, 663–669.

Luther, Martin: De servo arbitrio. Vom unfreien Willensvermögen (1525). In: Wilfried Härle (Hg): Martin. Luther, Lateinisch-deutsche Studienausgabe, Band 1, Leipzig. 2006, 219–661.

Luther, Martin: Von der Freiheit eines Christenmenschen. In: D. Martin Luthers Werke, Kritische Gesamtausgabe 7. Band, Weimar, 1897. (WA)

Luther, Martin: Vorrede zum ersten Band der Gesamtausgabe seiner lateinischen Schriften. In: D. Martin Luthers Werke, Kritische Gesamtausgabe 54. Band. Weimar, 1928.

Luther, Martin: Römerbriefvorlesung. In: D. Martin Luthers Werke, Kritische Gesamtausgabe 56. Band. Weimar, 1938.
Luz, Ulrich: Die Jesusgeschichte des Matthäus. Neukirchen-Vluyn, 1993.
Lyotard, Jean-François: Das postmoderne Wissen, Ein Bericht. Wien, 2009 (6).
Magrabi, Amadeus: Die Wiederentdeckung des Willens. In: Gehirn und Geist, 2015, Heft 2, 78–82.
Mahnke, Hans-Peter: Reflexion auf sich selbst. In: Ethik und Unterricht 24 / 2013, Heft 2, 4–5.
Marquardt, Manfred: Gottes Bild. Zur Bedeutung der Imago-Dei-Lehre heute. In: Oorschot, J. / Iff, M. (Hg.): Der Mensch als Thema theologischer Anthropologie. Beiträge in interdisziplinärer Perspektive. Neukirchen-Vluyn, 2010, 146–177.
Marti, Kurt: Die gesellige Gottheit. Ein Diskurs. Stuttgart, 1989.
Marti, Kurt: Geduld und Revolte. Die Gedichte am Rand. Stuttgart, 2002.
Matussek, Matthias: Auf Teufel komm raus. In: Der Spiegel, 2010, Heft 7. Online verfügbar unter http://www.spiegel.de/spiegel/print/d-69065808.html.
Mead, George Herbert: Geist, Identität und Gesellschaft aus der Sicht des Sozialbehaviorismus. Frankfurt / Main, 1973.
Metz, Johann Baptist (Hg.): Die Theologie der Befreiung: Hoffnung oder Gefahr für die Kirche? Düsseldorf, 1988 (2).
Meyer-Drawe: Der lachende und der weinende Leib. Verständigung diesseits der Vernunft. In: Behinderte in Familie, Schule und Gesellschaft 1999, Heft 3.
Mohr, Lars: Schwerste Behinderung und theologische Anthropologie. Oberhausen, 2011.
Moltmann, Jürgen: Mensch. Christliche Anthropologie in den Konflikten der Gegenwart. Stuttgart / Berlin, 1971.
Moltmann, Jürgen: Gott in der Schöpfung. Ökologische Schöpfungslehre. München, 1985.
Moltmann, Jürgen: Der gekreuzigte Gott. Das Kreuz Christi als Grund und Kritik christlicher Theologie. Gütersloh, 2007 (9).
Moltmann-Wendel, Elisabeth: Das Land, wo Milch und Honig fließt. Perspektiven einer feministischen Theologie. Gütersloh, 1987 (2).
Moravec, Hans: Die Evolution des postbiologischen Lebens. Hg. v. Telepolis, 2017. Online verfügbar unter https://www.heise.de/tp/features/Die-Evolution-postbiologischen-Lebens-3445847.html (29.1.2017).
Müller, Peter: Bibel. In: Britta Hübener (Hg.): Wörter des Lebens. Das ABC evangelischen Denkens. Stuttgart, 2007, 32–36.
Müller, Peter: In der Mitte der Gemeinde. Kinder im Neuen Testament. Neukirchen-Vluyn, 1992.
Müller, Peter: Schlüssel zur Bibel. Eine Einführung in die Bibeldidaktik. Stuttgart, 2009.
Müller, Peter (Hg.): Alles Leben hat ein Ende. Theologische und philosophische Gespräche mit Kindern. Frankfurt / Main et.al., 2011
Müller, Peter: Gott und die Bibel. Stuttgart, 2015.
Müller, Peter: Würde und Recht des Menschen. Biblische Perspektiven. In: JRP, 2017: S. im Druck.
Müller-Friese, Anita: Miteinander der Verschiedenen. Theologische Überlegungen zu einem integrativen Bildungsverständnis. Weinheim, 1996.
Neef, Heinz-Dieter: Propheten (im AT). In: Calwer Bibellexikon, Band 2, 1082–1084.
Neef, Heinz-Dieter: Sinai. In: Calwer Bibellexikon, Band 2, 1244.
Nikolaus von Kues: Philosophisch-theologische Werke. Mutmaßungen; Der Laie über die Weisheit; Der Laie über den Geist. Lateinisch-deutsch. Hamburg, 2002(2).
Nussbaum, Martha C.: Die Grenzen der Gerechtigkeit. Behinderung, Nationalität und Spezieszugehörigkeit. Berlin, 2010.
Oberthür, Rainer: Stell dir vor … Gedankenspiele über dich, Gott und die Welt. München, 2016.
Ott, Ludwig: Grundriss der katholischen Dogmatik. Freiburg, 1981 (10).
Pannenberg, Wolfhart: Anthropologie in theologischer Perspektive. Göttingen, 1983.
Pannenberg, Wolfhart: Systematische Theologie. Göttingen, 1991.

Pannenberg, Wolfhart: Was ist der Mensch? Die Anthropologie der Gegenwart im Lichte der Theologie. Göttingen, 2006.

Pauen, Michael: Keine Freiheit in einer determinierten Welt? Neurowissenschaftliche Erkenntnisse und das menschliche Selbstverständnis. In: Hildt, E. / Engels, H. (Hg.): Neurowissenschaften und Menschenbild, Paderborn, 2005, 171–193.

Pauer-Studer, Herlinde: Autonom leben. Reflexionen über Freiheit und Gleichheit. Frankfurt / Main, 2000.

Pauer-Studer, Herlinde: Autonomie: Ein Begriff und seine Bedeutung. In: Schmidinger, H. / Sedmak, C.(Hg.): Der Mensch, ein freies Wesen? Autonomie, Personalität, Verantwortung. Darmstadt, 2005, 183ff.

Pemsel-Maier, Sabine: Gott und Jesus Christus. Stuttgart, 2016.

Peters, Albrecht: Bild Gottes, IV Dogmatisch. In: TRE, Band 6, 506–515.

Pietsch, Michael (2012): Väterverheißungen. Online verfügbar unter https://www.bibelwissenschaft.de/stichwort/33963/ (28.2.1017)

Pirner, Manfred L.: Inklusion und christliches Menschenbild. Christlich-pädagogische Perspektiven. In: Martin Schreiner (Hg.): Aufwachsen in Würde. Münster, 2012, 101–113.

Platon: Werke. In acht Bänden, griechisch und deutsch. Darmstadt, 1990 (3).

Plessner, Helmuth: Anthropologie II, Philosophisch. In: RGG (3), Band 1, 410–414.

Plessner, Helmuth: Die Stufen des Organischen und der Mensch. Einleitung in die philosophische Anthropologie. Berlin, 1975 (3).

Pöhlmann, Horst Georg: Abriss der Dogmatik. Ein Repetitorium. Gütersloh, 1973.

Precht, Richard David: Wer bin ich, und wenn ja, wie viele? Eine philosophische Reise. München, 2007.

Prengel, Annedore: Egalitäre Differenz in der Bildung. In: Lutz, H. / Wenning, N. (Hg.): Unterschiedlich verschieden. Differenz in der Erziehungswissenschaft. Opladen, 2001, 93–107.

Prengel, Annedore: Pädagogik der Vielfalt. Verschiedenheit und Gleichberechtigung in interkultureller, feministischer und integrativer Pädagogik. Wiesbaden, 2006 (3)

Prengel, Annedore (2009): Zur Dialektik von Gleichheit und Differenz. Impulse der Integrationspädagogik. In: Hans Eberwein (Hg.): Handbuch Integrationspädagogik. Kinder mit und ohne Beeinträchtigung lernen gemeinsam. Weinheim / Basel, 2009 (7), 140–147.

Prengel, Annedore: Inklusion in der Frühpädagogik. Der Übergang vom Kindergarten in die Schule. In: frühe Kindheit 14, 2011, Heft 6, 34–39.

Pröpper, Thomas: Theologische Anthropologie, 2 Bände. Freiburg, 2011.

Rad, Gerhard von: Theologie des Alten Testaments. München, 1968 (5).

Rad, Gerhard von: Weisheit in Israel. Neukirchen-Vluyn, 1982 (2).

Radtke, Peter: Dialog in asymmetrischen Beziehungen. In: Wuckelt, A. / Pithan, A. / Beuers, Ch. (Hg.): »Und schuf dem Menschen ein Gegenüber…« Im Spannungsfeld zwischen Autonomie und Angewiesensein. Münster, 2011, 9–19.

Rager, Günter / Brück, Michael von: Grundzüge einer modernen Anthropologie, Teil 1. Naturwissenschaftliche und philosophische Perspektiven. Göttingen, 2012.

Rahner, Karl: Grundkurs des Glaubens. Einführung in den Begriff des Christentums. Freiburg / Basel / Wien, 1976 (8).

Rahner, Karl: Schriften zur Theologie, Band VIII. Einsiedeln / Zürich / Köln, 1962.

Ratzinger, Joseph (Benedictus): Einführung in das Christentum. Vorlesungen über das apostolische Glaubensbekenntnis. Augsburg, 2005.

Reinisch, Anna Luise: Die Theologie der Befreiung. Begriff, Inhalt und Verbreitung. Online verfügbar unter http://www.quetzal-leipzig.de/lexikon-lateinamerika/befreiungstheologie-19093.html#sthash.bhuLkShW.dpuf (28.2.2017)

Reinmuth, Eckart: Anthropologie im Neuen Testament. Tübingen, 2006.

Rendtorff, Rolf: Theologie des Alten Testaments. Ein kanonischer Entwurf, Band 2: Thematische Entfaltung. Neukirchen-Vluyn, 2001.

Ricœur, Paul: Die Interpretation. Ein Versuch über Freud. Frankfurt / Main, 2004.

Rieger, Reinhold: Mensch VI, Kirchengeschichtlich. In: RGG, Band 5, 1061–1063.

Rödler, Peter: Die Theorie des Sprachraums als methodische Grundlage der Arbeit mit »schwerstbeeinträchtigten« Menschen. In: Rödler, Peter et. al. (Hg.): Es gibt keinen Rest! – basale Pädagogik für Menschen mit schwersten Beeinträchtigungen. Neuwied, 2001, 86–101.

Rose, Christian: Gesetz. In: Calwer Bibellexikon, Band 1, 431–433.

Rösel, Martin: Die Geburt der Seele in der Übersetzung. Von der hebräischen näfasch über die psyche der LXX zur deutschen Seele. In: Andreas Wagner (Hg.): Anthropologische Aufbrüche, Alttestamentliche und interdisziplinäre Zugänge zur historischen Anthropologie. Göttingen, 2009, 151–170.

Roth, Gerhard: Wie der Geist im Gehirn entsteht. In: Universitas 55 / 2000, 103–106.

Roth, Gerhard (2007): Gleichtakt im Neuronennetz. In: Carsten Könneker (Hg.): Wer erklärt den Menschen? Hirnforscher, Psychologen und Philosophen im Dialog. Frankfurt / Main, 2007 (2), 23–31.

Rousseau, Jean-Jacques: Schriften, 2 Bände. Frankfurt / Main, 1988.

Rupp, Hartmut: Lernfortschritte beim Theologisieren. In: Peter Müller (Hg.): Alles Leben hat ein Ende. Theologische und philosophische Gespräche mit Kindern. Frankfurt / Main, 2011, 161–168.

Saal, Fredi: Warum sollte ich jemand anderes sein wollen? Erfahrungen eines Behinderten. Neumünster, 2002.

Sauter, Gerhard: Rechtfertigung IV, Das 16. Jahrhundert. In: TRE, Band 28, 315–328.

Sauter, Gerhard: Das verborgene Leben. Eine theologische Anthropologie, Gütersloh, 2011.

Schaede, Stephan: Herausforderungen theologischer Speziesbestimmungen. In: Dabrock, P. / Denkhaus, R. / Schaede, St. (Hg.): Gattung Mensch, Interdisziplinäre Perspektiven. Tübingen, 2010, 33–62.

Scheler, Max: Die Stellung des Menschen im Kosmos. Bonn, 2002 (15).

Schmidt, Georg: Der Dreißigjährige Krieg. München, 2006 (7).

Schmitt, Hans-Christoph: Schöpfung, Schöpfungsgeschichte. In: Calwer Bibellexikon, Band 2, 1203–1206.

Schnädelbach, Herbert: Animal rationale. In: Eike Bohlken (Hg.): Handbuch Anthropologie. Der Mensch zwischen Natur, Kultur und Technik. Stuttgart / Weimar, 2009, 296–300.

Schneider-Flume, Gunda: Grundkurs Dogmatik. Nachdenken über Gottes Geschichte. Göttingen, 2004.

Schnelle, Udo: Theologie des Neuen Testaments. Stuttgart, 2007.

Schoberth, Wolfgang: Einführung in die theologische Anthropologie. Darmstadt, 2006.

Schockenhoff, Eberhard: Ethik des Lebens. Grundlagen und neue Herausforderungen. Freiburg, 2009.

Schoenborn, Paul Gerhard: Kirche der Armen. Basisgemeinden und Befreiung. Wuppertal, 1989 (Publik-Forum, 57).

Schottroff, Luise: Die Lieder und das Geschrei der Glaubenden. Rechtfertigung bei Paulus. In: Evangelische Theologie 60 / 2000, Heft 5, 332–347.

Schreiner, Martin (Hg.): Aufwachsen in Würde. Münster, 2012.

Schröder, Bernd: »...apparebit nos de Homine pene nihil scire«, Anthropologie der Unterscheidung bei Martin Luther. In: Schlag, Th. / Simojoki, H. (Hg.): Mensch – Religion – Bildung. Religionspädagogik in anthropologischen Spannungsfeldern. Gütersloh, 2014, 142–153.

Schür, Stephanie: Inklusion und Diversity Management. Perspektiven einer Pädagogik für alle Kinder. In: Zeitschrift für Inklusion, 2010, Heft 3. online verfügbar unter: http://www.inklusion-online.net/index.php/inklusion-online/article/view/125 (28.2.2017)

Schwanz, Peter: Imago Dei als christologisch-anthropologisches Problem in der Geschichte der Alten Kirche von Paulus bis Clemens von Alexandrien. Halle, 1970.

Schweiker, Wolfhard: Prinzip Inklusion. Grundlagen einer interdisziplinaren Metatheorie in religionspädagogischer Perspektive. Göttingen, 2017.

Schweiker, Wolfhard: Kommunikation des Evangeliums – auch in leiblicher Form? Praktisch-theologische und heilpädagogische Reflexionen. In: *Wege zum Menschen.* (2018, im Druck)

Schweitzer, Albert: Die Ehrfurcht vor dem Leben. München, 2008 (9).

Schweizer, Eduard: Jesus, das Gleichnis Gottes. Was wissen wir wirklich vom Leben Jesu? Göttingen, 1995.

Schwöbel, Christoph: Menschsein als Sein-in-Beziehung. Zwölf Thesen für eine christliche Anthropologie. In: Christoph Schwöbel (Hg.): Gott in Beziehung, Studien zur Dogmatik. Tübingen, 2002, 193–226.

Seidel, Johannes: Schon Mensch oder noch nicht? Zum ontologischen Status humanbiologischer Keime. Stuttgart, 2010.

Selke, Stefan: Lifelogging, Wie die digitale Selbstvermessung unsere Gesellschaft verändert. Berlin, 2014.

Seybold, Klaus (2001): Feindbild und Menschenwürde. Das Zeugnis der Psalmen. In: Eilert Herms (Hg.): Menschenbild und Menschenwürde. Gütersloh, 2001, 307–319.

Shariff, Azim F. / Vohs, Kathleen D.: Eine Welt ohne freien Willen? In: Gehirn und Geist, 2015, Heft 2, 84–87.

Singer, Peter: Praktische Ethik, Stuttgart, 1984 (2).

Singer, Wolf (2005): Selbsterfahrung und neurobiologische Fremdbestimmung. Zwei konfliktträchtige Erkenntnisquellen. In: Schmidinger, H. / Sedmak, C. (Hg.): Der Mensch, ein freies Wesen? Autonomie, Personalität, Verantwortung. Darmstadt, 2005, 135–160.

Söling, Caspar: Befreiungstheologie und Kultur des Lebens. Vortrag am 20.2.2006. online abrufbar unter www.haushall.de/Publikationen/Vorträge (28.2.2017).

Sölle, Dorothee: Lieben und arbeiten. Eine Theologie der Schöpfung. Hamburg, 1999.

Sünde, Themenheft, Glaube und Lernen 2005, Heft 2.

Tamez, Elsa: Die Rechtfertigung durch den Glauben aus der Sicht der Ausgeschlossenen. In: Ökumenische Rundschau (ÖR) 48 / 1999, 324–340.

Thomas von Aquin: Summe der Theologie. Die katholische Wahrheit oder die theologische Summa des Thomas von Aquin deutsch wiedergegeben durch Ceslaus Maria Schneider. Regensburg, 1886–1892, online verfügbar unter http://www.unifr.ch/bkv/summa/buch1.htm.

Thomas von Aquin: Über die Einheit des Geistes gegen die Averroisten. De unitate intellectus contra Averroistas ; Über die Bewegung des Herzens = De motu cordis. Stuttgart, 1987.

Tillich, Paul: Das religiöse Symbol. In: Paul Tillich (Hg.): Gesammelte Werke, Band 5, Die Frage nach dem Unbedingten. Berlin, 1964, 196–244.

Tipler, Frank J. / Leipold, Inge: Die Physik der Unsterblichkeit. Moderne Kosmologie, Gott und die Auferstehung der Toten. München, 1994.

Trillhaas, Wolfgang: Dogmatik. Berlin / New York, 1967.

Oorschot, Jürgen van: Tendenzen der Hiobforschung. In: Theologische Rundschau Neue Folge, 60 / 1995, 351–388.

Oorschot, Jürgen van: Menschenbild, Gottesbild und Menschenwürde – ein Beitrag des Hiobbuches. In: Eilert Herms (Hg.): Menschenbild und Menschenwürde. Gütersloh, 2001, 320–343.

Vereinte Nationen: Die Allgemeine Erklärung der Menschenrechte. Resolution 217 A (III) vom 10.12.1948. Online verfügbar unter http://www.ohchr.org/EN/UDHR/Pages/Language.aspx?LangID=ger. (28.2.2017)

Vorgrimmler, Herbert: Die Vergänglichkeit des Menschen. In: Eugen Biser / Ferdinand Hahn / Michael Langer: Der Glaube der Christen. Ein ökumenisches Handbuch, Band 1. München, 1999.

Wagner, Andreas (Hg.): Anthropologische Aufbrüche. Alttestamentliche und interdisziplinäre Zugänge zur historischen Anthropologie. Göttingen, 2009.

Wagner, Andreas: Wider die Reduktion des Lebendigen. In: Andreas Wagner (Hg.): Anthropologische Aufbrüche. Alttestamentliche und interdisziplinäre Zugänge zur historischen Anthropologie. Göttingen, 2009, 183–199.

Waldenfels, Bernhard / Giuliani, Regula: Das leibliche Selbst. Vorlesungen zur Phänomenologie des Leibes. Frankfurt / Main, 2000.

Walker, Alice: Die Farbe Lila. Berlin, 2015.

Wartenberg-Potter, Bärbel: Der Gerechtigkeit Gottes begegnen, Anmerkungen zum Diskurs über die Rechtfertigungslehre aus ökumenisch-feministischer Perspektive. In: Evangelische Theologie 60 / 2000, 360–370.

Weber, Max: Wirtschaft und Gesellschaft. Grundriss der verstehenden Soziologie. Tübingen, 1976 (5).

Weinhardt, Joachim: Naturwissenschaften und Theologie. Methodische Ansätze und Grundlagenwissen zum interdisziplinären Dialog. Stuttgart, 2010.

Weltgesundheitsorganisation (WHO): Verfassung der Weltgesundheitsorganisation,1946. Online verfügbar unter https://www.admin.ch/opc/de/classified-compilation/19460131/201405080000/0.810.1.pdf, (3.2.2017).

Werner, Hans-Joachim: Martin Buber. Frankfurt / Main / New York, 1994.

Westermann, Claus (1999): Genesis, Teilband 1. Genesis 1–11. Neukirchen-Vluyn, 1999 (4).

Westermann, Claus / Müller, Hans Peter: Der Mensch im Alten Testament. Münster, 2000.

Weth, Rudolf: Menschenbild und Menschenwürde in der Kontroverse mit der Bioethik aus diakonisch-theologischer Sicht. In: Baldermann, I. / D. Hanson, P. (Hg.): Menschenwürde. Göttingen, 2000, 293–310.

WHO (2001): Internationale Klassifikation der Funktionsfähigkeit, Behinderung und Gesundheit. Online verfügbar unter www.dimdi.de (28.2.2017).

Wiefel, Wolfgang: Das Evangelium nach Matthäus. Berlin, 1998.

Wilckens, Ulrich: Der Brief an die Römer. Zürich, 1980.

Wischmeyer, Oda: Neues Testament. In: Christian Frevel, Ch. / Wischmeyer, O.(Hg.): Menschsein. Würzburg, 2003, 61–118.

Wolff, Hans Walter / Janowski, Bernd: Anthropologie des Alten Testaments. Gütersloh, 2010.

Wolter, Michael: Geist und Leib: Aspekte paulinischer Anthropologie. In: Frank Martin Brunn (Hg.): Theologie und Menschenbild, Beiträge zum interdisziplinären Gespräch. Leipzig, 2007, 33–40.

Wulf, Christoph: Vom Menschen. Handbuch historische Anthropologie. Weinheim, 1997.

Wulf, Christoph: Anthropologie. Geschichte – Kultur – Philosophie. Köln, 2009.

Zachhuber, Johannes: Seele. Dogmen- und theologiegeschichtlich. In: RGG, Band 7, 1101–1103.

Zenger, Erich: Einleitung in das Alte Testament. Stuttgart, 2012 (8).

Zimmermann, Mirjam: Sünde in der Kindertheologie. In: Glaube und Lernen 20 / 2005 Heft 2, 142–152.

Zirfas, Jörg (2013): Vervollkommnung und Vollkommenheit. Über Identität und Differenz. In: Ethik und Unterricht 24 / 2013, Heft 2, 18–21.

Zumstein, Jean: Das Johannesevangelium. Göttingen, 2016.

Zwickel, Wolfgang: Die Welt des Alten und Neuen Testaments. Ein Sach- und Arbeitsbuch. Stuttgart, 1997.

Register

Die weiteren Titel der Reihe

Theologie elementar

Sabine Pemsel-Maier

Gott und Jesus Christus

Orientierungswissen Christologie

2016. 238 Seiten mit 4 Abb. Kart.
€ 29,–
ISBN 978-3-17-023414-7

Die Frage nach Jesus als dem Christus führt ins Zentrum des christlichen Glaubens. Zugleich stellen christologische Themen eine besondere Herausforderung dar, nicht nur, weil sich das persönliche Bekenntnis zu Christus jeglicher Vermittlung entzieht, sondern auch, weil die christologische Sprache der Tradition vielfach nicht mehr verstanden wird und einer Übersetzung bedarf.
Diese Darstellung ermöglicht Zugänge zur Christologie besonders für den Kontext Schule. Sie ist an christologischen Grundthemen ausgerichtet, bezieht die in der empirischen Forschung erhobenen Deutungen von Kindern und Jugendlichen ein und eröffnet didaktische Perspektiven für die Unterrichtspraxis.

Heidrun Dierk

Gott und die Kirchen

Orientierungswissen Historische Theologie

2015. 228 Seiten mit 13 Abb. und 1 Tab. Kart.
€ 34,99
ISBN 978-3-17-023007-1

Im Unterschied zu vorliegenden kirchengeschichtlichen Überblicksdarstellungen geht es in diesem Band darum, durch bestimmte Frageperspektiven eine Problemorientierung im Sinne einer Konzentration und Fokussierung zu erzielen. Die einzelnen kirchengeschichtlichen Epochen oder Themenschwerpunkte sollen dabei in dreifacher Hinsicht beleuchtet werden: Welche theologischen Motive bestimmen die Zeit, welcher Gott wird verehrt? Welche inneren Entwicklungen christlicher Gemeinschaft(en) lassen sich erkennen? Welches Potenzial zur Weltgestaltung hat das Christentum entfaltet? Von besonderem Interesse für Lehrkräfte sind die zu jeder Epoche gegebenen didaktischen Anregungen.